Eumerika

Das InselReich, auf dem die Seele heilt

Almut Resoma

WAGNER VERLAG®
www.wagner-verlag.de

Ein Buch aus dem WAGNER VERLAG

Korrektorat: lektorat-hamerski.de
Umschlaggestaltung: Wagner Verlag GmbH

1. Auflage

ISBN: 978-3-86279-372-3

Bibliografische Information der Deutschen Nationalbibliothek:
Die Deutsche Nationalbibliothek verzeichnet diese Publikation in der
Deutschen Nationalbibliografie; detaillierte bibliografische Daten sind
im Internet über http://dnb.d-nb.de abrufbar.

Die Rechte für die deutsche Ausgabe liegen beim
Wagner Verlag GmbH,
Langgasse 2, D-63571 Gelnhausen.
© 2012, by Wagner Verlag GmbH, Gelnhausen
Schreiben Sie? Wir suchen Autoren, die gelesen werden wollen.

Über dieses Buch können Sie auf unserer Seite www.wagner-verlag.de
mehr erfahren!
www.wagner-verlag.de/presse.php
www.facebook.com/meinverlag
Neue Bücher kosten überall gleich viel.
Wir verwenden nur FSC-zertifiziertes Papier.

Druck: Heimdall Verlagsservice, Rheine, info@lettero.de

* Inhalt

Eumerika

Eumerika ist ein Land zwischen Europa und Amerika. Das Besondere an Eumerika ist, dass sich auf jeder Insel eine andere Kultur entwickelt hat. Die Menschen werden in eine bestimmte Art des gesellschaftlichen Miteinanders hineingeboren, die ihre Kindheit prägt. Da die unterschiedlichen Lebensweisen sehr nah beieinanderliegen, kann jeder seine ganz persönlichen Erfahrungen sammeln. Wenn die Menschen erwachsen sind, entscheiden sie, in welcher Kultur- und Gesellschaftsform sie leben möchten. Jede dieser Formen ist auf allen Inseln respektiert.

Eumerika besteht aus vier verschiedenen Inseln, die Nestland, Liebland, Heilland und Erdland heißen.

In Nestland leben Menschen, die den Menschen in Europa und Amerika sehr ähnlich sind. Für sie besteht das Leben aus ihrem Beruf, den Verpflichtungen gegenüber ihrer Familie und der Verbundenheit mit ihren Freunden.

Der Glaube spielt für sie bei der Gestaltung ihres Alltags kaum eine Rolle. Die meisten gehen sonntags zum Gottesdienst und feiern die kirchlichen Feiertage. Gott ist für sie eine Schicksalsmacht, der gegenüber sie sich mehr oder weniger hilflos ausgeliefert fühlen und zu der man in Krisenzeiten betet. Manchmal schimpfen sie auf ihr Schicksal und gerne sehen sie bei anderen die Ursache für ihre Probleme.

Auf Liebland ist das Sozialverhalten sehr ausgeprägt. Die Menschen dort wissen rein instinktiv, dass humanitäre Werte wie Verständnis, Hilfsbereitschaft und Wohltätigkeit für ein ausgewogenes soziales Gefüge notwendig sind. Ihnen ist bewusst, dass man sich mit egozentrischem Verhalten letztlich immer selbst schadet. Sie vergleichen egoistisches Verhalten gerne mit einem Krebsgeschwür. Wer alles für sich alleine haben möchte, schadet der Gemeinschaft und damit letztendlich sich selbst. Liebland ist ein Schmelztiegel verschiedener gesellschaftlicher Strukturen und Strömungen, die auf friedvolle und harmonische Weise nebeneinander existieren.

Auf Heilland beschäftigen sich die Menschen mit Heilung. Sie erleben Gott als eine Kraft, auf die sie sich voll und ganz verlassen können, die sie bedingungslos darin unterstützt, ihren ganz persönlichen Weg zu gehen. Auf diesem individuellen Weg gibt es keine Schuld, sondern nur Erfahrung und Konsequenz. Sie finden diese göttliche Kraft im Außen und in ihrem Innern. Je mehr sie die Verantwortung für ihre Entscheidungen und Handlungen übernehmen, umso tiefer spüren sie die Einheit mit Gott. Die Heilländer gestalten ihr Leben aktiv. Sie sind gesunde, zufriedene und glückliche Menschen. Sie wissen, dass sie, bevor sie auf diese wunderbare Erde kamen, einen Plan hatten. Dass in diesem Plan festgelegt ist, was sie auf der Erde erleben wollen, welche Prüfungen sie meistern und welche Hindernisse sie überwinden. Der Mensch hat ihrer Erkenntnis nach vergessen, wer er in Wahrheit ist. Er kann dieses Wissen auf unterschiedlichen und manchmal sehr verschlungenen Pfaden zurückgewinnen, um dann ganz bewusst er selbst zu sein.

Sie üben sich täglich in Meditation, um die göttliche Kraft aufzunehmen. Die göttliche Energie folgt einer inneren Ordnung. Diese innere Ordnung zu erforschen, erfahrbar zu machen und ins tägliche Leben zu integrieren, ist das Ziel der Menschen von Heilland. Den Menschen auf Heilland macht es große Freude, ihr Wissen zur Verfügung zu stellen, um

Menschen auf ihrem ganz persönlichen Lebensweg zu unterstützen.

Die vierte Insel heißt Erdland. Hier sind die Menschen sehr erdverbunden. Sie verehren Mutter Erde, verfügen über uraltes Wissen und leben in Einklang mit der Natur. Auf Erdland gibt es viele Schamanen und heilkundige Frauen.

Obwohl die Lebensweise der Eumerikaner unserer sehr ähnelt, sind sie uns doch in gewissen Dingen um einiges voraus. Sie haben das Glück, ganz unterschiedliche Lebensarten und Sozialsysteme in ihrer Nachbarschaft zu finden. Dies ist wohl auch der Grund, weshalb sie allem Neuen und Unbekannten mit einer gesunden Portion Neugier und großer Toleranz begegnen. Sie erlauben fließende Übergänge zwischen den unterschiedlichen Lebensweisen, sind bereit von anderen zu lernen und die Verantwortung für ihr Leben zu übernehmen.

Viktoria wird geboren

Viktoria wird geboren. Alle freuen sich und der ganze Ort steht Kopf: endlich wieder ein Mädchen. Dass ein Mädchen geboren wird, ist eigentlich nichts Besonderes. In diesem Fall liegt die Besonderheit in der Tragödie, die Viktorias Geburt vorausgegangen ist.

Ihr Vater ist Fischer Sam, der im ganzen Ort durch seinen Erfolg großes Ansehen genießt. Ihre Mutter Irene verkauft den Fisch, den Sam gefangen hat, in ihrem Laden. Fischer Sam und seine Frau Irene haben erst vor 3 Monaten ihre erstgeborene Tochter Lisa bei einem schweren Unfall verloren.

Die kleine Lisa ist erst sieben Jahre alt als sie unter den Trecker von Sam gerät. Sie sucht nach dem Ball, der ihr beim Spielen mit ihrem jüngeren Bruder Timm weggerollt ist. Als sie ihn unter dem Trecker hervorholen will, hat Sam gerade das Gespräch mit seinem besten Geschäftsfreund beendet. Er setzt zurück, um die Fischkörbe in die Lagerhalle zu fahren. Dabei kann er Lisa nicht sehen. Das kleine Mädchen ist sofort tot. Lisas Mutter ist mit Viktoria im 7. Monat schwanger und steht unter Schock.

Irene kann nicht wirklich trauern. Sie spürt schon das neue Leben unter ihrem Herzen und möchte es vor dem unendlichen Schmerz und der grenzenlosen Trauer beschützen. Außerdem muss es doch irgendwie weitergehen und die vielen Kunden wollen bedient werden. Dann sind da noch die großen Schulden, die bezahlt werden müssen.

Nur ja jetzt nichts fühlen, sonst bricht sie zusammen. Sie kann es kaum ertragen. Sie macht sich Vorwürfe, weil sie schon längst eine junge Frau als Kindermädchen einstellen wollte.

Irene verdrängt den Schmerz und die damit verbundenen Schuldgefühle. Die Kinder haben immer so schön zusammen gespielt und Lisa hat stets gut auf ihren 2 Jahre jüngeren Bruder Timm aufgepasst. Doch jetzt ist es zu spät.

Sam macht Irene bittere Vorwürfe.

„Hättest du besser auf die Kinder aufgepasst, wäre das nicht passiert. Du wolltest dich doch um ein Kindermädchen kümmern."

„Ja, aber ich hatte doch keine Zeit, es gab doch so viel zu tun, und du wolltest doch, dass ich dir helfe." Sam braucht die Vorwürfe, die er Irene macht, um nicht selbst unter der Last seiner eigenen Schuldgefühle zu zerbrechen.

Und Irene? Irene helfen die Schuldzuweisungen von Sam, sich zu rechtfertigen und ihr schlechtes Gewissen zu verdrängen. Gegenseitige Vorwürfe bestimmen ihren Tagesablauf und machen eine gemeinsame Trauer schwer.

Beide versuchen alles, um ihren Schmerz erträglicher werden zu lassen. Da kommt die viele Arbeit wie gerufen. Nur jetzt ja nicht so viel denken. Die Arbeit und der Aufbau ihres Geschäfts verbindet sie in dieser schweren Zeit.

Timm versteht nicht, was mit seiner Schwester passiert ist. Er hat gerade noch so schön mit Lisa gespielt und jetzt bringen die Erwachsenen sie weg. Sie weinen und er soll in sein Zimmer gehen.

Keiner erklärt ihm, was mit seiner Schwester geschehen ist. Timm spürt, dass etwas Entsetzliches geschehen sein muss. Erst nach einer gefühlten Ewigkeit nimmt seine Mutter sich Zeit für ihn. Sie erklärt ihm: „Lisa ist tot. Sie ist jetzt bei den Engeln im Himmel." Dabei fließen bittere Tränen ihre Wange hinab. Timm streicht seiner Mutter über die Wange und fühlt die Nässe auf ihrer Haut. Er versteht nicht.

„Wann kann ich Lisa wiedersehen?", fragt er Irene.

„Du kannst Lisa nicht wiedersehen. Lisa ist tot."

Timm weint.

„Ist ja nicht so schlimm", tröstet ihn seine Mutter, „bald wirst du wieder ein Geschwisterchen haben, mit dem du spielen kannst." Doch was heißt das, Lisa ist tot? Und was soll er mit einem neuen Geschwisterchen?

Timm fühlt sich in seinem unendlichen Schmerz vollkommen allein gelassen. Da keiner Zeit für ihn hat, spürt er die Einsamkeit umso deutlicher. Zwischendurch streichelt jemand über seinen Kopf und fragt: „Wie geht es dir denn ohne deine Schwester?" Aber keiner will seine Antwort wirklich hören.

Er wird gewaschen, seine Haare werden gebürstet, er bekommt zu essen, aber liebevolle Zuwendung und Aufmerksamkeit bekommt er kaum. Er vermisst seine große Schwester sehr. Sie haben immer so schön miteinander gespielt und Lisa hatte so wunderbare Ideen. Sie war die Einzige, die Zeit für ihn hatte. Und jetzt ist sie weg. Er versteht das nicht.

Zu Lisas Beerdigung durfte er nicht. Er sei noch zu klein dazu, hat man ihm erklärt. Nach einer unendlichen Zeit der Einsamkeit und unbeantworteten Fragen nehmen seine Eltern ihn endlich mit auf den Friedhof. Sie zeigen ihm ein kleines Stückchen Erde, auf dem viele Kränze und Blumen liegen.

„Hier liegt deine Schwester begraben", erklärt ihm die Mutter. Timm weint bitterlich.

Er steckt seinen Kopf zwischen den Rock seiner Mutter und ruft: „Ich will zu Lisa, wo ist Lisa?" Doch Lisa kommt nicht. Ihr kleiner Körper soll unter den Blumen in dem Beet liegen. Das versteht er nicht.

Zwei Wochen nach Lisas Beerdigung feiert Timm seinen 5. Geburtstag. Es ist der traurigste Geburtstag seines kurzen Lebens. Er kann sich nicht richtig freuen und die vielen Geschenke machen ihm auch keinen Spaß. Mit Lisa zu spielen war immer lustig, doch jetzt soll er vernünftig sein.

„Du bist doch schon ein großer Junge und musst begreifen, dass deine Schwester nicht mehr wiederkommt", sagt ihm die Mutter.

Jeden Tag schleicht er sich heimlich von zu Hause fort und besucht Lisas Grab. Die vielen Kränze sind mittlerweile weggeräumt. Dafür gibt es dort jetzt einen Grabstein mit einem Engel. Vor dem Grabstein sind Blumen in die weiche Erde gepflanzt worden. Dort redet er mit Lisa und erzählt ihr all seinen Kummer und all seine Sorgen. Hier hört ihm endlich einmal jemand zu, hier kann er Lisa sein ganzes, kleines Kinderherz ausschütten.

Und manchmal, wenn es ganz still wird, bekommt er auch Antwort. Dann hört er eine leise, feine Stimme in seinem Herzen, die tröstend zu ihm spricht: „Du bist nicht allein. Ich werde immer bei dir sein. Mutti und Papi haben so viel zu tun. Deshalb haben sie so wenig Zeit. Sie haben dich lieb, aber sie können es dir in ihrem Schmerz nicht zeigen."

Wenn Timm bei Lisa am Grab ist, geht es ihm gut. Er fühlt sich nicht mehr so allein. Er fühlt sich verstanden und wird ruhig. Timm hat das Gefühl, seine große Schwester hört ihm zu und ist ganz für ihn da. Diese Art der Zuwendung tut ihm unglaublich gut.

Seine Eltern merken nicht, wenn Timm weg ist. Sie denken er spielt in seinem Zimmer und sind erleichtert, dass er sie nicht mehr bei ihrer Arbeit stört. Erst als Irene Timm zum Essen rufen will, merkt sie, dass er nicht mehr da ist. Sie fragt Sam, ob er Timm gesehen hat. Keiner weiß, wo Timm steckt. Niemand hat mitbekommen, wo er hingegangen ist.

Sam und Irene suchen ihn überall. Nach einer endlos erscheinenden Zeit finden sie ihn an Lisas Grab. Er sitzt dort ganz in sich versunken und fährt erschreckt hoch, als seine Eltern auf ihn zu stürmen.

„Was machst du hier? Wie kannst du einfach weglaufen, ohne Bescheid zu sagen?", wirft ihm Sam vor.

Sie verstehen nicht, dass ihm das gut tut. Es macht ihnen Angst. Und was soll das? Bald wird doch auch wieder ein neues Geschwisterchen da sein, mit dem er spielen kann. Die Erwachsenen haben kein Verständnis dafür, dass er mit seiner toten Schwester spricht.

Nur Irene glaubt Timm, dass er sich mit Lisa unterhalten kann. Sie nimmt ihn auf den Arm, tröstet ihn bei seinem Kosenamen – Stümmelchen. Doch diese Augenblicke sind selten. Irene hat so wenig Zeit und Angst vor dem Schmerz, den ihr der Tod von Lisa bereitet. Auch soll das Kind unter ihrem Herzen davon nichts mitbekommen.

Wie gut, dass ihr Mann und ihre Schwiegermutter immer etwas für sie zu tun haben. Das lenkt ab und so kann sie vielleicht ihren Fehler wieder gut machen. Lisa würde sicher noch leben, wenn sie sich rechtzeitig um ein Kindermädchen gekümmert hätte. Irene sucht Liebe und Anerkennung und gibt sich Mühe, allen Wünschen gerecht zu werden. Dabei gerät Timm immer mehr in den Hintergrund.

Das neue Leben in Irenes Bauch wird immer spürbarer. Irene freut sich auf das Kind, das in ihr heranwächst. Hoffentlich bekommt es von all dem Schmerz und der Trauer nichts mit. Schon allein deshalb muss es weitergehen. Wenn es ein Mädchen wird, soll es Viktoria heißen.

Viktoria reagiert in Irenes Bauch sehr sensibel auf das, was außerhalb von ihr geschieht. Sie spürt jede Regung und alle Stimmungsschwankungen. Sie versucht ihre Mutter aufzuheitern, wenn sie traurig ist, indem sie sich ganz leicht bewegt und sie dadurch streichelt. Dann spürt Viktoria eine Hand auf dem Bauch und es durchströmt sie wohlig und warm.

Doch eines Tages geht ein heftiger Schmerz durch den gesamten Körper ihrer Mutter. Schock! – Die Mutter und Viktoria fühlen sich wie erstarrt. Viktoria ist irritiert. Sie versteht das nicht. Es muss etwas Schlimmes passiert sein. Immer wieder tauchen Bilder von Tod und Schmerz auf und das Bild eines leblosen kleinen Körpers in den Armen einer Frau, das sie nicht einordnen kann. Tränen, die fließen wollen und nicht fließen können. Starre, Schreck, Tod, Schmerz und die Weigerung, das alles fühlen zu müssen fließen ungefiltert durch den kleinen Körper, der erst noch im Werden ist.

Viktoria will ihre Mutter trösten, will ihr den Schmerz abnehmen. Sie spürt, dass die Mutter aus Rücksicht auf sie nicht weinen will, nicht weinen kann. Ach, wenn ich nur nicht wäre, dann könnte meine Mutter ihre erlösenden Tränen weinen. Dann könnte sie sich mehr um Timm kümmern, hätte nicht so viel Angst, ihren Schmerz und ihre Schuld zu fühlen. Sie fühlt die Ohnmacht, die ihre Eltern durch diesen harten Schicksalsschlag erleben und leidet mit ihnen und ihrem Bruder Timm. Und sie fühlt ihre eigene Ohnmacht, nicht helfen zu können.

Viktoria nimmt Anteil an den Gefühlen ihrer Mutter, doch alles kommt nur noch wie durch Watte bei ihr an. Auch Timms Schmerz fühlt sie durch diese Watte. Sie weiß nicht, wie sie Timm erreichen soll. Auch hat sie keinen Kontakt mehr zu ihrer Schwester. Früher fühlte sie oft die Hand von Lisa auf dem Bauch ihrer Mutter. Sie spürte die Freude von Lisa, wenn sie sich im Bauch bewegte.

„Wann wird mein Geschwisterchen da sein?", hatte Lisa dann ihre Mutter gefragt. Jetzt ist dieser Kontakt abgebrochen.

Lisas Seele hat sich von Viktoria verabschiedet und Lebewohl gesagt. Warum ist sie gegangen? Sie haben doch miteinander auf der anderen Seite vereinbart, zusammen durch dieses Leben zu gehen. Lisa wollte ihre große Schwester sein. Deshalb hat sie sich zugetraut, die vor ihr liegenden Aufgaben zu meistern. Und nun soll sie nicht mehr da sein. Jetzt ist sie dort, wo Viktoria her kommt. Und ihr, Viktoria, ist der Rückweg versperrt. Sie hat Angst allein, ohne Lisa dieses Leben zu beginnen.

Aber sie wird es auch so schaffen. Viktoria verbringt den Rest der Zeit im Leib ihrer Mutter in einer Art Starre und innerem Trotz.

Die Geburtswehen wecken Viktoria unsanft und befördern sie nach draußen ins Leben. Ihr Vater schaut sie an und stellt fest: „Das ist ja ein Schwarzes." Damit meint er Viktorias *dunkle Haare*, die sie von ihrer Mutter geerbt hat. Ihre beiden älteren Geschwister waren bei der Geburt blond. Für Sam unterstreicht das sein Fremdheitsgefühl gegenüber Viktoria.

Irene ist glücklich. Gott sei Dank wieder ein Mädchen. Das macht es leichter, den Unfall von Lisa zu vergessen. Jetzt will sie ganz für dieses neue Wesen da sein. Trauern ändert sowieso nichts. Voller Stolz zeigt sie Timm seine neue Schwester und hofft, dass er dadurch Lisa leichter vergessen kann.

Doch Timm ist von Viktoria genervt. Dieses kleine Wesen soll der Ersatz für seine große Schwester sein? Nie und nimmer! Mit der ist ja gar nichts anzufangen, so klein wie die ist. Jeder schaut jetzt nur noch auf Viktoria. Keiner trauert mehr um seine Lisa, keiner sieht ihn. Und Rücksicht soll er auch noch nehmen, und sich freuen. Worüber denn, dass alle Lisa vergessen haben, dass er total abgeschrieben ist?

Timm ist sauer auf Viktoria. Er versteht das alles nicht. Wenn sie nicht wäre, hätten alle viel mehr Zeit für ihn. Jeder freut sich über Viktoria. Endlich wieder ein Mädchen. Als ob damit alles wieder so ist wie früher. Er hasst Viktoria. Doch das darf er nicht zeigen. Also versucht er, mit Viktoria zurechtzukommen. Schlägt sie heimlich, wenn keiner es sieht. Sollen die doch stolz auf den lieben Timm sein, der so nett zu seiner kleinen Schwester ist. Wenn die wüssten!

Viktorias Kindheit

Die Geburt von Viktoria macht Irene überglücklich. Endlich wieder ein Mädchen, das ihr hilft, den Kummer um den Verlust von Lisa zu vergessen.

Auch Viktorias Vater ist stolz. Jeder freut sich mit ihm. Er steht nach dem tragischen Tod seiner ältesten Tochter im Mittelpunkt der Aufmerksamkeit. Das genießt er. Schuld an ihrem Tod empfindet er nicht. Es war die Aufgabe der Mutter auf das Kind aufzupassen. Die Tochter war nicht da, wo sie sein sollte. Für ihn ist die Sache klar. Er kennt es nicht, auf andere zu achten. Er ist es gewohnt, dass jeder auf ihn Rücksicht nimmt, auf ihn achtet. Und wenn das einmal nicht so ist, kann er befehlen, Anweisungen geben. Das war schon immer so. Aber dass jeder sich mit ihm freut, an seinem Schmerz Anteil nimmt, tut ihm gut. Das kennt er, das genießt er.

Den Schmerz seiner Frau kann er nicht fühlen, nicht teilen. Das hat man ihm nie beigebracht. Er fühlt sich hilflos. Diese Hilflosigkeit setzt er um in materiellen Besitz. Er möchte seiner Frau, seinen Kindern etwas bieten. Alle sollen sehen, wie gut er als Fischer für seine Familie sorgen kann und was er sich erarbeitet hat.

Seine Tochter ist ihm fremd, mit ihren braunen Augen und dem braunen Haar. Die anderen Kinder waren – wie er – blond und blauäugig.

Nach dem Tod von Lisa hat Sam Angst, Viktoria auf den Arm zu nehmen. Kleine Kinder sind so zerbrechlich, ihre Reaktionen unverständlich. So geht er auf Abstand. ‚Wie sieht das denn aus, wenn ein Mann ein Kind auf dem Arm hat?‘ Mit diesem Satz hat er sich schon immer vor dem Kontakt mit seinen Kindern geschützt. Hinter diesen Worten verbirgt er seine Unbeholfenheit. Und dieser Schutz ist jetzt, nach Lisas Tod, noch wichtiger.

Sam hat keinen körperlichen Kontakt zu der kleinen Viktoria. Er schaut sie immer nur aus der Ferne an.

Dadurch bekommt Viktoria zu ihrem Vater keine Verbindung und kann seine *Liebe* nicht spüren. Sie fühlt seine Not und sucht seine Nähe. Mit seiner Zurückweisung kann sie schlecht umgehen. Mit ihrer Mutter hat sie einen engen Kontakt. Sonntags im Bett wird gekuschelt, schmiegt sie sich in Mamas Arme. Der Papa steht dann auf. Er weiß nicht, was er tun soll, wie er sich in die Familie einbringen kann. Er geht die Sonntagszeitung kaufen und liest. Später fährt er mit seiner Familie auf dem Boot nach draußen. Da erlebt Viktoria ihn in seinem Element. Mit Wasser, dem Wind und dem Meer kennt er sich aus. Hier kann er Befehle und Anweisungen geben. Er weiß, was zu tun ist und fordert von seinen Kindern Disziplin. Es tut ihm gut, wenn sie machen, was er sagt, wenn er ihnen zeigen kann, wie wohl er sich auf dem Wasser fühlt.

Timm mag seine Schwester nicht besonders. Sie ist so klein und wenn die Eltern nicht da sind, soll er auf sie aufpassen.

Während der Woche arbeitet die Mutter im eigenen Fischladen. Viktoria darf neben ihr in einem der leeren Fischkörbe sitzen. Sie schaut der Mutter bei der Arbeit zu und spielt ab und zu mit einem Hering. Timm muss in dieser Zeit bei der Oma sein.

‚Warum darf Viktoria mit im Laden sein und ich nicht?‘, fragt er sich oft im Stillen. Er ist eifersüchtig auf seine kleine Schwester. Sie ist für ihn schuld an dem Tod seiner Schwester. Wenn doch nur Viktoria nicht wäre und dafür Lisa noch leben würde. Das wäre viel schöner! Und spielen kann man auch nicht mit ihr. Sie versteht nichts. An alles will sie ran. Sie hört nicht auf ihn, will ihre eigene Welt entdecken.

Er hat jetzt anstelle seiner Schwester einen Freund. Beide finden Mädchen blöd. Darin sind sie sich einig. Viktoria stört die Jungs nur und es macht ihnen Freude, sie zu ärgern.

Viktoria fühlt sich durch das Verhalten von Timm und seinem Freund ausgeschlossen. Sie möchte gerne mit den Jungs spielen und toben. Doch die lassen sie nicht. Und dann soll Timm auf sie aufpassen. Das nutzt er aus, um ihr Befehle zu erteilen. Sie hasst Befehle. Wenn sie nicht tut, was er sagt, schlägt er sie heimlich. Sie sagt dazu nichts zur Mutter. Schließlich will sie nicht petzen, das ist doch Ehrensache.

Viktoria lernt, dass es normal ist, wenn man grob zu ihr ist. Es wird so schon richtig sein. Sie fühlt Timms Schmerz um den Verlust seiner Schwester und glaubt, die Ursache dafür zu sein. Die anderen Kinder im Dorf spielen auch nicht so gerne mit ihr. Sie stinkt nach Fisch sagen sie. Das ist gemein. Sie möchte doch so gerne dazugehören.

Als Viktoria in die Schule kommt, sitzt sie hinten in der Klasse. Nur Maria will neben ihr sitzen. Der Lehrer ist nett, doch bei den vielen Kindern in der Klasse kann er nicht alles sehen. So bekommt er nicht mit, wie die anderen Kinder sie hänseln.

Wenn Viktoria sich sehr einsam fühlt, ist ihre Sehnsucht nach einer großen Schwester besonders stark. Dann weint sie sich nachts in den Schlaf. Ach, wäre Lisa nur ja nicht gestorben. Dann würde es ihr viel besser gehen. Ihre Schwester würde sie verstehen. Sie würde sie beschützen und ihr beistehen, wenn ihr Bruder und sein Freund oder die anderen Kinder sie ärgern.

Viktoria möchte so gerne dazugehören. Deshalb tut sie manchmal Dinge, die andere Kinder sich nicht trauen. Sie fragt den Nachbarn, ob sie den Ball wiederhaben kann, den ein Klassenkamerad in seinen Garten geschossen hat. Sie widerspricht, wenn eines der Kinder falsch verdächtigt wird. Jetzt darf sie für zwei oder drei Tage mitspielen. Sie fühlt sich wohl, wenn sie zusammen mit den anderen spielen darf. Doch nach einiger Zeit ist das wieder vorbei. Dann stinkt sie für die anderen wieder nach Fisch. Nur ihre Freundin Maria spielt noch mit ihr.

Maria ist auch viel allein. Ihr Vater arbeitet auf dem Feld und hat nicht so viel Geld wie andere Eltern. Die anderen Schüler finden Maria blöd. Viktoria spielt gerne mit Maria. Doch wenn sie mit ihren Mitschülern spielt, wollen die, dass Maria nicht mitspielt. Dann fühlt sich Viktoria hin und her gerissen. Einerseits wünscht sie sich, dass Maria dabei ist, andererseits freut sie sich riesig, ein Teil der Gruppe zu sein. Maria ist während dieser Zeit nicht mehr so wichtig. Sie lässt Maria dann oft allein und freut sich, dazuzugehören.

In der zweiten Klasse wird Viktoria viel geschlagen. Zwei Jungs haben ihre Freude daran, ihr auf dem Heimweg aufzulauern. Sie schubsen und stoßen sie, schlagen ihr Lederriemen um die nackten Beine. Viktoria fühlt sich in einem Gewissenskonflikt gefangen. Einerseits will sie Fritz und Uli nicht verpetzen, denn das macht man nicht, andererseits hat sie Angst vor den Schlägen, und die abfälligen Worte tun ihr weh.

Es gibt drei Wege nach Hause. Jeden Tag überlegt sie, auf welchem Weg sie ungeschoren davonkommt. Nach einem Jahr Angst und Schrecken vertraut Viktoria sich ihrer Mutter an.

Die will erst mal 4 Wochen abwarten. Auch als Viktoria ihr sagt, dass das schon ein ganzes Jahr geht, ändert dies nichts.

Vor Viktoria liegen noch vier weitere kummervolle Wochen, bis die Mutter dann zu Ulis Eltern geht. Am nächsten Morgen begegnet sie den beiden.

„Da ist sie ja wieder", reibt sich Fritz die Hände. „Da können wir sie ja nach der Schule wieder in die Mangel nehmen."

„Mit mir nicht mehr", sagt Uli, „gestern war ihre Mutter bei meinen Eltern. Ich hatte so viel Ärger. Die fasse ich nicht mehr an. Beim nächsten Mal will die auch zu deinen Eltern gehen." Das ist das letzte Mal, dass Viktoria in der Schule geschlagen wird.

In der Zwischenzeit ist ihr Vater mit dem Fischgeschäft sehr erfolgreich geworden. Er kauft den Fisch der örtlichen Fischer auf und veräußert ihn in großen Mengen im Landesinneren. Auch andere Waren sind im Laufe der Zeit hinzugekommen, sodass er nicht mehr nur allein vom Fischfang lebt. Auf diese Weise hat er seinen Betrieb vergrößert und ein kleines Vermögen angehäuft. Da er in seiner Kindheit viel Armut erlebt hat, ist es ihm wichtig, dass er seinen Erfolg allen zeigen kann. Dies tut er, indem er sich seine Wünsche nach Statussymbolen erfüllt. Zunächst darf keiner wissen, wenn er sich ein neues Auto kauft, ein Wochenendhaus im Landesinneren baut oder sich ein Sportboot geleistet hat. Doch nach einer kurzen Zeit ist er der Erste, der seinen Freunden Bilder davon zeigt, sie auf das Boot, ins Haus oder zu einer Spritztour mit dem neuen Auto einlädt. Er ist stolz auf das, was er erreicht hat und was er seiner Familie bieten kann. Es ist seine Art, für seine Familie zu sorgen und ihr seine Liebe zu zeigen.

Dass Viktoria unter diesem Verhalten leidet, weiß ihr Vater nicht. Viktoria würde es ihm auch niemals sagen. Sie weiß, wie stolz ihr Vater auf seinen Besitz ist, wie sehr er unter der Armut des eigenen Vaters gelitten hat und dass er von seinen Verwandten um sein Erbe betrogen wurde. Jetzt ist es ihm eine Genugtuung, seinen Verwandten zu zeigen, dass er auf das Erbe nicht angewiesen ist. Im Gegenteil, er hat mittlerweile mehr Geld als seine Verwandten. Nein, Viktoria würde ihm nicht erzählen, wie schlimm das für sie ist. Manche Kinder beschimpfen sie wegen des Reichtums ihres Vaters als Millionärstochter. Das tut ihr sehr weh. Nein, eine Millionärstochter möchte sie nicht sein. Dann ist man ausgegrenzt, gehört nicht dazu und darf nicht mitspielen. Nur manchmal läuft sie weinend zu ihrer Mutter und erzählt ihr davon. Mutter sagt dann: „Das ist doch nicht so schlimm. Sag' einfach, ein Cent fehlt noch." Nein, die Mutter versteht sie nicht.

Ob ihre Eltern tatsächlich Millionäre sind, weiß Viktoria nicht. Sie erlebt, dass sie viel sparen, um sich all diese teuren Dinge leisten zu können. Ihre Mutter ist eine genügsame Frau, der es wichtig ist ihrem Mann dabei zu helfen, sich seine Wünsche zu erfüllen. Für beide sind ein Auto oder ein Haus bleibende Werte. Man hat davon mehr als von anderen Dingen. Essen gehen, Kleidung und schöne Spielsachen sind rausgeschmissenes Geld. Nein, da unterstützt sie lieber ihren Mann beim Erwerb seines Sportboots oder des Ferienhauses. Das gibt Irene Sicherheit nach den schweren Jahren am Beginn ihrer Ehe.

Im Sommer ist Sam immer etwas großzügiger als zu anderen Zeiten im Jahr. Dann fängt er besonders viel Fisch und verkauft auch andere Güter an die Hotels und Restaurants. Es sind dann viele Touristen auf der Insel, die alle den leckeren frischen Fisch genießen wollen. Während dieser Zeit macht er Anschaffungen, lädt seine Freunde ein und verspricht den Kindern schöne Geschenke zu Weihnachten. Je mehr es allerdings auf Weihnachten zugeht und umso stürmischer das Meer wird, desto geringer ist der Fischfang. Die Touristen bleiben aus und das Geld wird knapper. Dann spart Sam an seinen Brötchen und an dem Glas Wein, das er so gerne in der Abendsonne trinkt. Er hat dann jedes Mal Angst, bankrott zu gehen.

In dieser Phase dürfen die Kinder ihren Freunden zu Hause keine Scheibe Brot anbieten. ,Was das schon wieder kostet', schimpft der Vater sie dann aus. Die Weihnachtsgeschenke schrumpfen jedes Mal auf ein Mindestmaß zusammen. Das hinterlässt Enttäuschungen bei Timm und Viktoria, auch wenn sie das mittlerweile von ihrem Vater so kennen.

Wie gesagt, Millionärstochter ist für Viktoria eines der schlimmsten Schimpfwörter. Die anderen Kinder sind neidisch und spielen nicht mit ihr. Und den Reichtum, den die anderen damit verbinden, erlebt sie zu Hause nicht. Im Gegenteil, die anderen Kinder bekommen von ihren Eltern Fahrräder, Puppenhäuser und Eisenbahnen. Viktorias Mutter findet das übertrieben und viel zu teuer.

„Wo soll das alles hin führen", sagt sie dann gerne und ist stolz darauf, dass sie mit ihrem Mann das Geld so gut zusammenhält.

„Später, wenn sie groß sind, sind unsere Kinder abgesichert", ist ihre Meinung. Und dafür will sie alles tun, denn sie selbst hat in ihrer Kindheit so viel Not und Elend erlebt.

So zeigen ihre Eltern nach außen hin den Reichtum, den sie sich mittlerweile erarbeitet haben und nach innen sind sie sparsam.

„Ein Ferienhaus haben und Klimmzüge am Brotkasten machen", witzelt Timm heimlich hinter dem Rücken seiner Eltern.

Die einzige Person, mit der Viktoria sich gut versteht ist ihre Freundin Maria. Sie können gut miteinander spielen. Beide sind Außenseiter. Maria, weil ihr Vater nicht so viel Geld hat und Viktoria, weil ihre Eltern mit Fisch zu Reichtum gekommen sind.

Deshalb trifft es Viktoria besonders hart, als ihr Lieblingslehrer in der 8. Klasse sie und ihre Freundin für seinen Anschauungsunterricht nutzt. Er bezeichnete ihren Vater als Kapitalist und ihre Freundin als armes Arbeiterkind. Das sitzt. Viktoria weiß nicht, wo sie sich vor Schuld und Scham verstecken soll. Auch auf einer Feier zum Erntedank auf der Insel will sie am liebsten vor Scham im Erdboden versinken.

„Das, was bei ihren Eltern aus der Lagerhalle stinkt, sei nicht der Fisch, sondern das Geld", hört sie die Leute von der Tribüne ihre Witze machen.

Bei all diesen Äußerungen zieht sich Viktoria immer mehr in sich zurück. Sie fühlt sich von ihren Eltern nicht verstanden, von ihrem Bruder abgelehnt und aus der Gemeinschaft des Dorfes ausgeschlossen.

So weint sie nachts oft um ihre tote Schwester. Wenn die noch da wäre, würde es ihr besser gehen. Lisa würde sie beschützen. Des Nachts wünscht sie sich auch heiß und innig, dass ihre Eltern so arm sind wie Marias Eltern. Maria wird nicht verspottet.

Zum Spielen wird sie nur hin und wieder von den anderen Kindern eingeladen. Und zwar nur dann, wenn sie sich etwas traut, was die anderen sich nicht trauen, wenn sie sozusagen die Kohlen für sie aus dem Feuer holt. So lernt Viktoria, dass man Anerkennung und Zuwendung nur bekommt, wenn man sich für andere einsetzt und aufopfert.

Viktoria wird ein ruhiges Mädchen, das in sich zurückgezogen lebt. Sie blüht nur auf, wenn sie gebraucht wird und für andere da sein kann.

Sich selbst etwas zu wünschen, hat sie im Laufe der Jahre verlernt. Timm kann das viel besser. Deshalb ist sie manchmal neidisch auf ihren Bruder. Vor allem, wenn er diese teuren Dinge bekommt, die sie sich nicht zu wünschen wagt. Sehr oft nimmt sie schon das Nein ihrer Eltern vorweg. Das geht sowieso nicht! Wenn sie sich dann doch einmal traut, einen Wunsch zu äußern, ist sie oft überrascht, wie selbstverständlich die Mutter ihr diesen Wunsch erfüllt.

So benötigt sie ganze 6 Wochen bis sie es wagt, die Frage nach den ersten Nylons zu stellen. Alle in ihrer Klasse tragen schon welche. Nur sie nicht. Das hätte ihre Mutter doch auch sehen können. Aber ihre Mutter bemerkt das nicht. Sie ist mit der Arbeit im Betrieb ihres Mannes beschäftigt. Doch jetzt endlich, nach 6 Wochen Anlauf, gelingt es ihr, diese Frage über ihre Lippen zu bekommen.

„Muuutti, alle in meiner Klasse tragen Nylonstrümpfe, kann ich auch welche haben?"

„Aber natürlich, mein Kind", antwortet die Mutter, als ob es das Selbstverständlichste von der Welt ist. In der Mittagspause gehen sie die heiß ersehnten Strümpfe kaufen. Viktoria ist außer sich vor Freude. Sie tanzt auf dem Weg nach Hause mit den Nylons in der Hand die Straße entlang. Nie hätte sie es für möglich gehalten, dass ihre Mutter so schnell ja sagt. Warum hat sie sich nur nicht früher getraut zu fragen? Endlich steht sie den anderen Mädchen in der Klasse nicht mehr nach. Endlich ist sie auch eine von denen, die stolz Nylonstrümpfe tragen.

An den Wochenenden treffen sich ihre Klassenkameraden zum Spielen oder gehen alle miteinander ins Schwimmbad. Viktoria ist nie dabei. Ihre Eltern wollen, dass sie stattdessen mit ihnen die Zeit auf dem Boot verbringt. Im Winter, wenn das Meer zu rau ist, geht es ins Landesinnere zum Skifahren ins Wochenendhaus.

Sam ist so stolz, dass er sich das leistet. Es ist ihm sehr wichtig, dass er seiner Familie etwas bieten kann. Und da die Mutter dafür sorgt, dass die Leistung des Vaters auch gebührend gewürdigt wird, fordert sie Viktoria und Timm, nach fast jedem Wochenende auf, dem Vater danke zu sagen. ‚Danke für das schöne Wochenende', quetschen sich dann beide über ihre Lippen.

Viktoria ist gar nicht nach einem Danke zumute. Sie hätte viel lieber mit ihren Klassenkameraden gespielt. Stattdessen verbringt sie ihre Zeit mit den Eltern auf dem ungeliebten Schiff. Der Vater will, dass sie stille sitzt oder ihm beim Saubermachen hilft. Die Mutter hat Kuchen und Nudelsalat mitgebracht. Sie spielt mit den Kindern Karten und sorgt dafür, dass der Vater in seiner Sonntagsruhe nicht gestört wird. Es ist ihr sehr wichtig, dass die Kinder Verständnis für den Vater haben und es keinen Streit gibt. Sie achtet sehr auf die Harmonie in der Familie. Und sie hat genaue Vorstellungen, auf welche Weise ihre Kinder dazu beitragen.

Viktoria kommt in die Pubertät

Viktorias Schulzeit in dem kleinen Dorf Port Lucky nähert sich dem Ende. Sie hat schon einen Platz auf einer weiterführenden Schule im Landesinneren. Dort kennt man nur sie und nicht ihre Familie. Viktoria blüht an der neuen Schule auf. Sie kommt mehr aus sich heraus, beteiligt sich am Unterricht und genießt es, einfach nur Viktoria zu sein. Plötzlich kann Schule Spaß machen. Viktoria hat sich mit drei Mitschülerinnen angefreundet, die sich ebenfalls rege beteiligen, während die restlichen Schülerinnen sich eher zurückhalten.

Die Freude an der Schule wird getrübt, als die ersten Zeugnisnoten besprochen werden. Viktoria und ihre 3 Freundinnen bekommen wegen ihrer guten Mitarbeit eine bessere Note auf dem Zeugnis. Das finden die anderen Schülerinnen ungerecht.

„Wir konnten uns nicht am Unterricht beteiligen, weil die Vier immer so schnell sind. Wir brauchen mehr Zeit zum Nachdenken", beschweren sie sich bei den Lehrern.

Wir sollen schuld an deren schlechten Noten sein? Das wollen sich die Vier nicht sagen lassen. Sie vereinbaren, sich zwei Wochen lang nicht am Unterricht zu beteiligen, damit ihre Klassenkameraden die Gelegenheit haben, beim Unterricht mitzumachen.

Doch was geschieht? Keine einzige Schülerin meldet sich. Niemand beantwortet die Fragen der Lehrer. Die Lehrer fühlen sich wie Fische auf dem Trockenen. Es ist für sie schwer, auf die Schüler einzugehen. Zum einen, weil sie nicht wissen, ob sie verstanden worden sind und zum anderen, weil Unterricht nun einmal auch ein Dialog ist.

Das ist also geklärt. Viktoria und ihre Freundinnen haben nichts mit den schlechten Noten der anderen Klassenkameradinnen zu tun. Was bleibt ist eine Kluft aus Neid zwischen den Engagierten und den Zaghaften.

Während die anderen Mädchen am Wochenende in die Disco gehen und ihre ersten Kontakte mit Jungen haben, verbringt Viktoria den Samstag und Sonntag mit ihren Eltern auf dem Boot. Sie langweilt sich sehr und möchte sich viel lieber mit den anderen Mädels in der Disco amüsieren.

Stattdessen genießt es ihr Vater, wenn Viktoria ihn einmal im Jahr auf das Fest zur Ehrung der besten Fischer begleitet. Er hat diesen Wettbewerb ins Leben gerufen. Es werden Preise für den besten Fisch und den größten Fang vergeben. Die Fischer tauschen ihre Erfahrungen aus und bestaunen die neuen Fangschiffe. In Port Lucky gibt es mittlerweile nur noch einen Fischer, ihren Vater. Seine Kollegen kommen aus den Dörfern der Umgebung oder von den Nachbarinseln. Sam begrüßt alle eintreffenden Fischer mit einer Flasche Wein. Viktoria hat die Aufgabe, ihn zu begleiten und den Ehefrauen eine Nelke zu überreichen. Sam schmückt sich gern mit ihr, denn er ist stolz auf seine hübsche Tochter. Er lässt sich viel lieber mit ihr, als mit seiner Frau in der Öffentlichkeit sehen.

Von fast jedem Fischer wird Sam auf einen Kaffee oder ein Glas Wein eingeladen. Viktoria sitzt gelangweilt dabei und hört sich die Gespräche der Erwachsenen an. Die erfolgreichsten Fischer schimpfen über die gestiegenen Preise, vor allem von Kaffee oder Coca Cola. An diesen Preisen lässt sich wohl am besten die Preissteigerungsrate ablesen. Die Steuern sind ebenfalls ein beliebtes Thema. ‚Es lohnt sich kaum noch zu arbeiten', ist die einhellige Meinung, ‚keiner, der alle Steuern

zahlt, hat genug zum Leben. Man wird gezwungen Schwarzgeld zu machen.'

Diese Gespräche interessieren Viktoria nicht besonders.
Interessant findet sie, dass die Leute mit dem meisten Geld
sich am meisten über die gestiegenen Preise aufregen und am
wenigsten bereit sind, Steuern zu zahlen.

Menschen mit geringerem Einkommen haben ganz andere
Themen. Sie unterhalten sich über ihre Interessen und was in
ihrem Leben so alles in der Zwischenzeit passiert ist. In der
Regel sind sie auch großzügiger. Sie beobachtet, dass sie
höhere Trinkgelder geben, andere freizügiger einladen und
auch sonst viel mehr Spaß miteinander haben. Während die
Reichsten darum wetteifern, wer das größte Boot mit der
neuesten Technik hat, geht es bei den weniger Reichen viel
lustiger zu. Bei ihnen fühlt sich Viktoria zu Hause.

An einem der Wochenenden nimmt Irene ihre Tochter auf die
Seite. „Was möchtest du lieber, beim Papi im Büro arbeiten
oder zusammen mit der Mutti Fisch verkaufen?" Zu beidem
hat sie keine rechte Lust. Da sie vermutet, dass hinter dieser
Frage steht, wen von den beiden sie mehr liebt, entscheidet
sich Viktoria, etwas ganz anderes zu lernen. Doch was könnte
das sein?

Auf der Schule im Landesinneren lernt sie die Arbeit mit
Kindern und Kranken kennen. Mit den Kindern fühlt sie sich
wohl. ‚Das ist eine Arbeit, die mir gefällt', denkt sie. Und bei
den Eltern muss sie auch nicht bleiben. So entscheidet sie sich,
auf die größere Nachbarinsel Liebland zu gehen und Erzieherin zu werden.

Nicht, dass Viktoria denkt, ihre Eltern lieben sie nicht. Das tun sie schon. Aber sie haben nie wirklich Zeit. Immer muss alles schnell gehen. ‚Mach, mach, mach', ist die Devise. Die Kunden gehen vor. Und über Konflikte wird nie wirklich gesprochen. ‚Wir wollen doch keinen Streit', heißt es dann immer. Timm gibt nach, ohne sich damit wirklich glücklich zu fühlen. Nur Viktoria will sich nicht immer alles gefallen lassen. Dann gibt es einen großen Streit mit ihrem Vater. So auch, als Viktoria eines Tages um 18:00 Uhr aus der Schule kommt. Sie ist vom Bahnhof den ganzen langen Weg gerannt, um dann ganz außer Atem die Tür aufzuschließen, den Ranzen in die Ecke zu schmeißen und auf Toilette zu laufen. Endlich, das war knapp. Erleichtert setzt sie sich auf die Toilette.

Als sie danach auf dem Weg in ihr Zimmer ist, kommt ihr Sam entgegen.

„Was macht dein Schulranzen den ganzen Nachmittag hier auf dem Boden?", schreit er sie an.

„Ich musste ganz dringend auf Toilette, ich räume ihn jetzt weg", erwidert Viktoria.

„Du lügst", ereifert sich Sam, „er liegt schon seit 14:00 Uhr hier."

„Nein, das stimmt nicht", verteidigt sich Viktoria. Viktoria pocht darauf, im Recht zu sein. Der Streit zwischen beiden eskaliert. Viktoria hat nicht die zurückhaltende Art ihres Bruders oder die Diplomatie ihrer Mutter. Sie kämpft. Am Ende brüllt Sam: „Du bist meine Tochter nicht mehr, ich bringe dich um."

Das lässt Viktoria sich nicht zweimal sagen. Sie nimmt ihre Jacke und geht. Sie will zu ihrer Mutter in den Fischladen am Marktplatz von Port Lucky, und dann nur noch weg. Wohin weiß sie noch nicht.

Sam geht ihr hinterher, steigt in sein Auto und holt sie auf halbem Weg ein. Er zerrt sie ins Auto und fährt mit ihr zu Irene.

„Schau dir deine Tochter an", sagt er ganz aufgebracht zu seiner Frau, „sie behauptet erst um 18:00 Uhr aus der Schule gekommen zu sein."

„Das stimmt", erwidert Irene, „dienstags hat sie immer so lange Schule." Sam schnappt nach Luft, dreht sich auf dem Absatz um und geht. Er zieht auf sein geliebtes Boot und kommt weder zum Essen noch zum Schlafen nach Hause. Im Büro verrichtet er seine Arbeit und ist sofort wieder weg, ohne auch nur ein Wort mit seiner Familie zu wechseln.

Sam erwartet eine Entschuldigung von Viktoria. So darf keiner mit ihm reden, auch seine Tochter nicht. Schließlich ist er der Vater und hat Respekt verdient.

Irene weiß, was ihr Mann von seiner Tochter erwartet. Sie redet sanft auf ihre Tochter ein. Doch Viktoria will nicht.

„Ich bin doch im Recht", sagt sie zu ihrer Mutter.

„Ich weiß, aber du weißt doch, wie dein Vater ist. Wir sind doch eine Familie, sei doch vernünftig."

Nach einer Woche lenkt Viktoria ein. Sie kann die traurige Stimmung zu Hause nicht mehr ertragen, die leisen Vorwürfe der Mutter und ihre stummen Blicke, die ihr die Schuld daran geben, dass der Vater noch nicht wieder zu Hause wohnt.

Auch sonst lässt es ihre Mutter nie wirklich auf einen Streit ankommen. Oft gibt sie klein bei. Wenn sie etwas durchsetzen will, bittet sie Freunde, dem Vater das vorzuschlagen, was sie gerne möchte. Das nennt Irene Diplomatie. Viktoria könnte ihrer Meinung nach auch etwas diplomatischer sein. Dann könnte sie ihren Vater um den Finger wickeln. Warum muss sie nur immer so stur sein?

Auf andere hört Sam gerne. Nur ja nicht auf die eigene Frau hören, das ist ein Zeichen von Schwäche. Ansonsten zieht er sich manchmal einfach nur zurück. ‚Macht doch, was ihr wollt‘, grummelt er dann und geht zu seinem Stammtisch.

Wenn Irene unglücklich ist, weil der Vater eine Freundin hat, oder er wieder einmal vor anderen Witze auf ihre Kosten macht, weint sie sich bei Viktoria aus. Viktoria muss sie dann trösten. Doch wenn es darauf ankommt, steht sie fest hinter ihrem Mann. Dann kann keiner dagegen an, auch die Kinder nicht.

Viktoria mag ihren Vater gar nicht, wenn er so ungerecht ist. Wenn die Mutter unter ihm leidet, weil er sie betrügt oder vor anderen herabsetzt, tut ihr das weh. Sie fühlt sich dann mit ihrer Mutter und ihrem Bruder in der Ablehnung gegen den Vater als Leidensgemeinschaft. Sam spürt das. Er fühlt sich dann von seiner Familie ausgeschlossen und ungeliebt. ‚Ihr seid ja alle gegen mich‘, hat er in solch einer Situation gelegentlich schon einmal gesagt.

Andererseits liebt Viktoria ihn. Er ist ihr Vater. Viktoria weiß nicht so genau, warum sie ihn liebt. Sie kann so vieles aufzählen, was sie an ihm nicht mag. Sie hat in ihrer frühen Kindheit so viel unter seinem Geltungsbedürfnis gelitten. Sie weiß nur, da ist auch viel Liebe. Und manchmal mag sie gar nicht, wenn die Mutter auf ihren Vater schimpft. Sie verändert ja eh nichts. Sie will nicht immer gegen ihn sein. Viktoria hat oft das Gefühl, sich zwischen den beiden entscheiden zu müssen und das kann sie nicht. Sie liebt doch beide. Sie kann sich keine andere Mutter und keinen anderen Vater vorstellen.

Der erste Beruf

Viktoria ist froh, auf Liebland zu sein, weit weg von ihrem Elternhaus. Endlich nichts mehr von den Streitereien zu Hause mitbekommen. Hier kann sie ihre eigenen Wege gehen und ganz sie selbst sein. Viktoria macht auf Liebland ihre Ausbildung zur Erzieherin. Sie liebt die Arbeit mit den Kindern. Die 3- bis 6-Jährigen schenken ihr etwas, das sie bis dahin noch nicht kennengelernt hat: Aufmerksamkeit, Anerkennung und Wertschätzung.

Aber das größte Geschenk für Viktoria ist, dass die Kinder sie lehren sich zu freuen. Die Kinder haben so viel Spaß am Spiel, dass es gar nicht so wichtig ist, ob das Ergebnis perfekt ist. Sie vergessen alles um sich herum und tauchen ab in ihre Fantasiewelt, die für sie in dem Moment ganz real ist. Aus einer Pappschachtel wird dann eine echte Puderdose, aus dem alten Tuch eine echte Windel, aus der Puppe ein Baby und aus dem kleinen Markus eine echte Mama. ‚Wenn ich groß bin, werde ich Mama', verkündet er voller Stolz, oder Vater'.

Auch in der Schule macht das Lernen nun richtig Spaß, die Themen sind interessant, sie kann sich gut in Menschen einfühlen und bringt hervorragende Leistungen. Viktoria hat zum ersten Mal in ihrem Leben das Gefühl, das alles stimmt.

Dieses Gefühl endet ganz abrupt an dem Tag, als ihr Lieblingslehrer, zu ihr sagt: „Viktoria, du bist ja in der Theorie sehr gut, aber ich kann mir nicht vorstellen, dass du eine gute Erzieherin wirst."

Für Viktoria bricht eine Welt zusammen. Warum sagt er das und woher nimmt er diese Gewissheit?

Er hat sie doch noch nie mit den Kindern erlebt. Viktoria wird traurig und sehr nachdenklich. Sie schätzt diesen Lehrer sehr. Ob er vielleicht doch recht hat? Kann sie sich so sehr in sich selbst täuschen?

Die Erzieherinnen im Kindergarten schätzen Viktoria und ihre Arbeit. Sie machen sie auf Fehler aufmerksam und zeigen, was sie besser machen kann. Doch trotz all der Liebe zu ihrer neuen Arbeit und den Kindern bleibt ein Selbstzweifel in ihr zurück.

Auf Liebland lernt Viktoria ihre erste große Liebe kennen – Michael. Durch ihn wird sie das erste Mal in ihrem Leben Teil einer Clique und erlebt, was es heißt, anerkannt und beliebt zu sein. Mit der Clique unternimmt sie viel. Sie machen Nachtwanderungen, gehen schwimmen, fahren campen und haben vor allen Dingen viel Spaß miteinander. Sie genießt es sehr, dass keiner nach ihrer Herkunft oder ihrem Vater fragt. Zum ersten Mal in ihrem Leben muss sie nicht gegen Vorurteile ankämpfen.

Michael studiert Elektrotechnik. Er ist von seinem Studium sehr in Anspruch genommen. Er freut sich am Wochenende auf Viktoria und die Clique. Michael und Viktoria verbringen eine wundervolle Zeit miteinander.

Nach 2 Jahren Ausbildung macht Viktoria ihren Abschluss an der Erzieherschule. Gleich im Anschluss findet sie eine Stelle für ihr Anerkennungsjahr. Die neue Arbeit nimmt sie sehr in Anspruch. Als Jüngste im Team überträgt man ihr die verantwortungsvolle Aufgabe, eine Kindergartengruppe ganz neu aufzubauen. Das heißt, eine Gruppe, in der die meisten Kinder 3–4 Jahre alt sind, keine Spiele kennen und nicht wissen, was von ihnen erwartet wird.

Viktoria ist mit dieser Situation sehr gefordert. Es hat zwar einen großen Reiz, etwas ganz neu aufzubauen und selbst die Regeln vorzugeben, doch ganz alleine ist es sehr anstrengend. Wie gut, dass die Kinder nur halbtags da sind. Viktoria kommt nicht auf die Idee, um Unterstützung zu bitten. Sie ist es von ihren Eltern gewohnt, Anforderung zu erfüllen, ohne sie infrage zu stellen.

Es dauert seine Zeit, bis die Kinder die neuen Spiele, die Regeln des Miteinanders kennengelernt haben. Es müssen Streitereien geschlichtet und Kinder getröstet werden. Viktoria zeigt den Kindern, wie man Sandbilder fertigt. Das ist einfach und faszinierend. Es gibt ihr die Zeit, sich intensiver mit einzelnen Kindern zu beschäftigen und sie gezielt zu fördern. Sie muss sich immer wieder etwas Neues ausdenken, mit den Eltern sprechen, die Arbeit vorbereiten, basteln, Wochenpläne erstellen. Das fordert ihre gesamte Kraft und Aufmerksamkeit.

Nach 6 Wochen besucht die Lehrerin sie in der Einrichtung. Sie ist enttäuscht. Frau Müller hat erwartet, dass die Gruppe schon mehr zusammengewachsen ist, die Kinder schon selbstständiger spielen, nicht mehr durcheinanderlaufen, der Tagesablauf ruhiger ist. Viktorias Erklärungsversuche werden überhört. Sie fühlt sich allein gelassen. Ist sie vielleicht doch nicht so eine gute Erzieherin? Hat ihr Lehrer recht gehabt?

Doch nach 3 Monaten hat Viktoria diese Aufgabe gemeistert. Der nächste Besuch ihrer Lehrerin verläuft wesentlich besser.

Nach erfolgreichem Abschluss des Anerkennungsjahres geht sie zurück nach Nestland. Hier findet sie eine Stelle in einem Heim für schwer erziehbare Jugendliche. Michael begleitet sie. Er beginnt in Nestland ein Pädagogikstudium. In diesem Studiengang sind die Anforderungen wesentliche geringer als in dem Elektrotechnikstudium davor. Dadurch hat er mehr Zeit und er kann sein Leben besser genießen.

Viktoria arbeitet in einer Gruppe mit 8 Kindern und 3 weiteren Erziehern. Die Kinder sind zwischen 12 und 16 Jahre alt. Der Gruppenleiter hat die Kinder fest im Griff. Er unternimmt viel mit ihnen und greift hin und wieder hart durch. Zweimal muss ein Kissen in die Schneiderei, weil es kaputt gegangen ist.

Sebastian ist der Jüngste. Er wird von den anderen Kindern oft gemobbt. Er wehrt sich, indem er provoziert oder den Clown spielt. Gunter und Frank möchten, dass ihre Eltern sie bald nach Hause holen. Vor allem Gunter wünscht sich das sehr. Jedes Mal, wenn seine Mutter zu Besuch war, ist er sauer, weil sie schon wieder ihr Versprechen gebrochen hat, ihn bald nach Hause zu holen.

„Die Erzieher haben gesagt, dass du noch nicht soweit bist", rechtfertigt sie sich. Das findet Gunter gemein. Er lässt seine Wut an den Erziehern aus.

„Was ist denn los mit dir?", fragt Viktoria.

„Geh, lass mich in Ruhe, nur wegen euch darf ich immer noch nicht nach Hause."

„Wer hat dir das denn gesagt?"

„Meine Mama." Er wendet sich ab, will alleine sein. Den Erziehern hat die Mutter gesagt, dass sie Gunter noch nicht nach Hause nehmen kann. Sie fühlt sich dazu noch nicht in der Lage und hat nicht den Mut, ihrem Sohn die Wahrheit zu sagen. Es ist einfacher zu behaupten, die Erzieher hätten es verboten, als den Ärger ihres Sohnes auszuhalten. Gunter fällt es schwer, den Erwachsenen zu vertrauen, die nicht eingehaltenen Versprechen tun ihm in seiner Seele weh.

Nach einem Jahr kündigen der Gruppenleiter und eine Erzieherin. Viktoria und Martin beschließen, gemeinsam die Gruppenleitung zu übernehmen. Beide sind ein gutes Team.

Die zwei ältesten Jungen werden vor den Sommerferien entlassen. Herr Schröder, der Heimleiter verspricht, dass für die nächsten 3 Monate kein neues Kind in der Gruppe aufgenommen wird. Die Jungens sind seit 2 bis 4 Jahren in der Gruppe und haben in dieser Zeit 18 unterschiedliche Erzieher erlebt. Herr Schröder weiß, dass sich die Gruppe erst wieder neu finden muss.

Nach dem Sommerurlaub sind Martin und Viktoria zurück an ihrem Arbeitsplatz. Sie haben zwei neue Kolleginnen. Beide besitzen keinerlei praktische Erfahrung. Beate kommt frisch von der Uni, Andrea beginnt mit ihrem Anerkennungsjahr als Erzieherin.

Am ersten Arbeitstag erfahren Viktoria und Martin, dass sie zwei neue Kinder in die Gruppe aufnehmen müssen, weil die Heimleitung das Geld braucht. Markus ist mit seinen 15 Jahren jetzt der Älteste in der Gruppe. Seine Mutter hat seine Heimunterbringung beantragt, weil er sie geschlagen hat. Er ist ein aufgeweckter Bursche, der schnell zum Anführer wird. Mit seinen coolen Sprüchen, seinem Machoverhalten imponiert er den anderen Jungs.

Die Veränderungen machen den Jungs schwer zu schaffen. Durch den Weggang der beiden langjährigen Erzieher haben sie ein Stück Halt verloren. Markus füllt das Loch, das die beiden entlassenen Jungs hinterlassen haben. Es entstehen Kämpfe um die Rangordnung in der Gruppe. Die Pubertät und das Gefühl allein und ungeliebt zu sein führen schließlich dazu, dass die Jugendlichen in ein ,es ist doch alles scheiß egal' Syndrom verfallen. Sie fühlen sich im Stich gelassen, haben keinen Bock und sind enttäuscht, von ihren Eltern und den Erziehern. Sie beginnen die Schule zu schwänzen, laufen weg und lassen sich von den neuen Erzieherinnen nicht viel sagen.

Im September geben die Jungs vor den älteren Jugendlichen der Nachbargruppe an. Sie wollen stärker sein und drohen ihnen mit Prügel. Danach haben sie große Angst. Was ist, wenn die großen Jungs sie ernst nehmen? Aus Angst brechen sie in der Werkstatt im Keller ein, füllen ihre Socken mit Nägeln, um sie als Wurfgeschosse zu verwenden.

Als Viktoria an diesem Tag in den Dienst kommt, ist alles in großer Aufregung. Martin hat frei und die neue Erzieherin Andrea weiß sich nicht zu helfen.

„Viktoria, gut dass du da bist. Ich weiß nicht weiter. Die Jungs laufen rein und raus und wollen auf die Nachbargruppe losgehen." Vor Erleichterung zieht sie sich erst einmal zurück ins Dienstzimmer.

Viktoria spricht mit den Jungs, schickt sie in ihre Zimmer. Im Zimmer angekommen klettern sie zum Fenster wieder hinaus. In der Zwischenzeit telefoniert Viktoria mit der anderen Gruppe, redet mit den Jungs. Nach 2 Stunden Stress und Überzeugungsarbeit ist es geschafft. Alle Jungs sind in ihren Zimmern, die Wurfgeschosse eingesammelt und es ist für alle klar, dass die großen Jungs die Jüngeren nicht ernst genommen haben. Endlich ist Ruhe eingekehrt.

Als die Kinder schlafen sitzt Viktoria traurig im Dienstzimmer. Warum hat der Heimleiter sein Versprechen nicht eingehalten?

Es wäre so wichtig gewesen, den Jungs die Zeit zu geben, sich an die Veränderungen anzupassen. Auch ihr, Martin und den neuen Erzieherinnen hätte es gut getan, Zeit zu haben, um als Team zusammenzuwachsen.

Die Heimleitung muss das Chaos ja nicht ausbaden. Die Psychologen lesen in der Dienstbesprechung aus schlauen Büchern vor, aber tatsächliche Hilfe kommt nicht. Im Gegenteil: Hauptsache die Kasse stimmt. Dafür verraten sie gerne auch mal ihre eigenen Konzepte.

In den nächsten Wochen wird es langsam etwas ruhiger. Die Hierarchiekämpfe unter den Jungen lassen nach. Nach 3 Monaten kündigt Martin. Er hat kapituliert. Seine Beziehung ist kaputt, die vielen Überstunden und der Stress haben ihn zermürbt.

Durch Martins Weggang müssen viele Überstunden gemacht werden, aber man hofft, durch die Einstellung eines neuen Erziehers Entlastung zu finden. Vor allem brauchen die Jungs dringend eine männliche Bezugsperson, an der sie sich reiben und orientieren können. Das ist vor allem für Markus wichtig, der seine Mutter geschlagen hat.

Nach den Herbstferien gibt es erneut Stress in der Heimschule. Frau Bender hat die Klasse der Jungs übernommen. Sie ist gerade mit dem Referendariat fertig und hat an einer staatlichen Schule keine Stelle bekommen. Sie versteht die Jugendlichen nicht. Wenn sie in ihrem Porsche vor der Schule parkt, merkt man, dass sie aus einer ganz anderen Schicht kommt, eine ganz andere Sprache spricht. Bei den Jungs kommt das nicht gut an. Sie wollen sich von ihr nichts sagen lassen und verlassen einfach den Unterricht. Sie treiben sich in den Weinbergen, die das Heimgelände umgeben, herum. Um die

Mittagszeit plagt sie das schlechte Gewissen. Sie trauen sich jetzt doch nicht so einfache nach Hause. Weil sie wissen, dass ihr Verhalten seine Konsequenzen haben wird, beschließen sie wegzulaufen.

Sie haben ein Messer mitgenommen und streifen durch die Wälder und Weinberge. Als man sie ganz zerzaust aufgreift sind sie 5 Tage unterwegs gewesen. Sebastian, der Jüngste, vertraut sich Viktoria an. Er ist von Markus und den anderen verdroschen worden, weil er das Messer unterwegs verloren hat. Markus war sauer und hat ihn an einen Baum gebunden. Sie haben ihn geschlagen und er musste alle Jungs sexuell befriedigen. Es geht ihm gar nicht gut.

Viktoria informiert den Heimleiter, Herrn Schröder, und bittet um Unterstützung. So etwas deckt ihre Erzieherausbildung nicht mehr ab. Da müssen Psychologen ran.

Zwei Tage später kommt einer der Psychologen, Herr Schwarz, zum Gespräch in die Gruppe. Er fragt, was geschehen ist. Markus und die Jungs sind kleinlaut und halten sich zurück. Sebastian druckst herum und erzählt schließlich, was mit ihm passiert ist. Er will ja eigentlich nicht petzen. Was werden die Großen hinterher mit ihm machen, wenn er die Wahrheit sagt? Außerdem möchte er auch gerne dazugehören, anerkannt und ein Teil der Gruppe sein. Markus und den Jungs tut es auch ein Stück leid, was da passiert ist. Sie spüren, dass sie über das Ziel hinausgeschossen sind.

Herr Schwarz verabschiedet sich nach etwa einer Stunde und deutet an, dass es weitere Gespräche geben wird.

Nach diesem Gespräch passiert nichts mehr. Keine Therapie für das Opfer, keine Hilfe für die Täter. Die Heimleitung hüllt sich in Schweigen. Viktoria und ihre Kolleginnen fragen nach, was jetzt passieren soll und wann mit einem neuen Kollegen zu rechnen ist – keine Antwort.

Im Frühjahr stellt sich ein Erzieher in der Dienstbesprechung vor. Er besucht zwei Gruppen.

„Warum kommt er nicht auch zu uns?", fragt Viktoria Herrn Schröder.

„Wir haben doch schon jemanden für ihre Gruppe eingestellt", ist seine verblüffende Antwort.

„Wieso weiß keiner von uns etwas davon?"

„Wir wollten sie nicht verunsichern. Sie sind doch auch so schon überfordert."

„Wann soll der Neue denn anfangen?"

„In drei Wochen wird sie da sein."

„Eine Frau? Wir brauchen doch unbedingt einen Mann für die Gruppe. Können wir sie denn wenigstens vorher einmal kennenlernen?"

„Nein, das halten wir für keine gute Idee", beendet Herr Schröder die Unterhaltung. Viktoria verlässt verdutzt das Haupthaus. Noch ganz bestürzt erzählt sie ihren Kolleginnen, was sie in der Dienstbesprechung erfahren hat. Alle sind geschockt. Keiner versteht diese Reaktion und alle fühlen sich hintergangen.

Kurz vor Ostern erscheint eine Frau, klein, rundlich, um die 50 Jahre alt. Sie stellt sich als Frau Hellwig vor und ist seit 20 Jahren in der Heimarbeit tätig. Aus der Jungengruppe wird eine gemischte Gruppe. Zwei der älteren Jungs werden verlegt und zwei neue Mädels kommen dazu. Frau Hellwig ist jetzt die Leiterin der Gruppe. Sie führt strenge Regeln ein, die die anderen Erzieher nur von den Kindern erfahren.

Die Kinder haben Angst vor der neuen Erzieherin. Aus dem partnerschaftlichen wird ganz schnell ein autoritärer Erziehungsstil. Plötzlich müssen öfter mal wieder Kissen in die Näherei. ‚Wieso sind plötzlich wieder Kissen kaputt?', fragt sich Viktoria. Auch wenn es in der letzten Zeit hoch her gegangen ist, zerrissene Kissen hat es keine gegeben. Die letzten Kissen waren in der Näherei, als der alte Gruppenleiter noch im Dienst war.

Langsam dämmert es Viktoria. Es gibt Erzieher, die die Kinder mit den Kissen schlagen, damit ihnen keiner was nachweisen kann. Ach, so sieht also die Durchsetzungskraft mancher Gruppenleiter aus. Die Kinder sind so eingeschüchtert, dass sie sich nicht einmal mehr ihr anvertrauen.

Der Heimleitung ist alles recht, solange nur nach außen hin alles ruhig zugeht. Man hinterfragt nicht, was der eigene Beitrag an der misslichen Lage ist. Hauptsache die Kasse stimmt.

Viktoria ist enttäuscht. Sie hat ihre ganze Kraft eingesetzt, alles gegeben. Sie hat so gekämpft, weil sie es schaffen wollte. Und jetzt das. Die Kinder trauen sich nicht, etwas ohne die Erlaubnis von Frau Hellwig zu tun. Viktorias Versprechen gelten nichts mehr. Warum hat sie sich nur so angestrengt? Nein, unter der neuen Leitung will sie nicht arbeiten. Mit dieser Frau ist keine Teamarbeit möglich. Die Heimleitung hat sich gedrückt und eine externe Lösung gesucht, die nicht partnerschaftlich ist. Sie verrät ihre eigenen Konzepte und schaut weg, wenn Erzieher heimlich Gewalt ausüben.

Viktoria kündigt. Sie will ihre alten Ideale zurückgewinnen. Sie möchte Abitur machen und danach studieren. Sie möchte lernen, wie den Kindern wirklich zu helfen ist. Das hier macht alles keinen Sinn.

Auch ihre Beziehung zu Michael hat gelitten. Er hat jetzt viel Zeit und sie muss ständig arbeiten. Wenn sie nach Hause kommt, ist sie müde. Sie hat keine Kraft mehr etwas mit ihm zu unternehmen, keine Kraft mehr sich mit ihm auseinanderzusetzen. Meistens nimmt er das hin, geht seine eigenen Wege. Manchmal wirft er ihr vor, ‚du bist mir nicht alternativ genug'. Alternativ sein ist sein neuer Lebensweg.

Wieder steigt schleichend das Gefühl in ihr hoch, nicht gut genug zu sein. Das etwas anderes von ihr erwartet wird, als das, was sie ist. Sie kennt dieses Gefühl noch sehr gut aus ihrer Kindheit.

Jahre des Lernens, Wachsens und Studierens

Viktoria kann es kaum erwarten, dass es endlich Sommer wird und sie ihre Arbeit los ist. Das macht keinen Sinn mehr. Frau Hellwig bespricht mit ihr und den Kolleginnen nichts und stellt sie stattdessen vor vollendete Tatsachen. Auf diese Weise hat sie den Kindern gezeigt, wer das Sagen hat. Gleichzeitig hat sie die Kinder mit kleinen Geschenken und Vergünstigungen auf ihre Seite gebracht. Wie gut, dass diese Zeit bald zu Ende ist.

Ihre erste Liebe hat mittlerweile einen ziemlich starken Knacks. Michael genießt sein neues Studium in vollen Zügen. Er hat viel Zeit, gewinnt neue Eindrücke, Gedanken und Ideen und ist dabei, sich aus alten einengenden Strukturen zu befreien. Er besucht Selbsterfahrungsseminare, möchte mehr sexuelle Freizügigkeit und stellt sein bisheriges Leben infrage. Viktoria hat da den Anschluss verpasst und bei den vielen Überstunden hat sie keine Zeit, sich mit seinen Gedanken auseinanderzusetzen. Michael möchte, dass sie seinen Weg teilt und überhäuft sie mit seinen Ansprüchen. ,Du könntest doch auch mal in eine Frauengruppe gehen.' ,Das Urschreiseminar ist wirklich klasse gewesen. Warum machst du so etwas nicht mit?' ,Warum bist du so spießig angezogen? Trag doch mal etwas Flippigeres!', sind nur einige der vielen Sätze, die sie zu hören bekommt.

Darauf hat Viktoria gar keine Lust und beschäftigt sich lieber mit anderen Dingen. Sie hat das Gefühl, bei dem rasanten Tempo seiner Veränderungen nicht mithalten zu können. Die alten Gefühle der Ablehnung tauchen wieder aus der Versenkung auf. Sie fühlt, dass sie seine Anforderungen nicht erfüllen kann. Viktoria ist traurig, verletzt. Es war so schön mit Michael, als er sie so nahm, wie sie war, es war so leicht und einfach. Jetzt fühlt sie sich, als wenn sie mit Michael durch einen Wald joggt. Er ist viel schneller und rennt vor, während sie zusehen muss, wie sie hinterher kommt. Sie kommt dabei ganz außer Atem und kann ihn sowieso niemals einholen. Nein, da bleibt sie lieber stehen und pflückt am Wegesrand Blümchen.

Ihre Freunde hat Viktoria zusammen mit Michael kennengelernt. Sie haben wie Michael mehr Zeit, das Leben zu genießen und neue Erkenntnisse zu sammeln. Viktoria fühlt sich nicht mehr dazugehörig.

Sie ist traurig und enttäuscht, hat das Gefühl, versagt zu haben in ihrem Beruf, in ihrer Beziehung, in ihrem Leben. Sie kapituliert innerlich und möchte nur noch weg, ganz weit weg, wo es anders ist, wo es schöner ist, wo sie sein kann, wie sie ist, wo sie das Gefühl hat, dass sie sich und ihre Träume verwirklichen kann, ihren Traum von einer Arbeit, mit der sie etwas bewirkt, einer Partnerschaft von gegenseitiger Achtung, Liebe und Wertschätzung und Menschen, die in einem das sehen, was man ist. In dieser Zeit liest Viktoria viele Märchen, entflieht sie in eine Welt, in der die Wirklichkeit sie nicht erreicht.

Wenn Viktoria aus ihrer Märchenwelt auftaucht, sucht sie nach Alternativen. Sie will Abitur machen, um später Sozialpädagogik studieren zu können, damit sie lernt, wie man den Kindern im Heim wirklich helfen kann. So wie sie es an diesem Arbeitsplatz kennengelernt hat, macht das Ganze keinen Sinn. Sie sucht nach Lösungen für die Situationen, die sie als ungut und destruktiv erlebt und will ihre Illusionen wiederfinden.

Im August ist es dann soweit, die neue Schule beginnt. Dort findet Viktoria neue Freundinnen. Sie hat jetzt auch mehr Zeit für sich, kommt zur Ruhe und gewinnt neue Eindrücke.

Nur mit Michael läuft es nicht so recht. Sie geht auf Distanz zu dem, was ihn bewegt. Als er ihr eines dienstagabends ganz begeistert von einer neuen Therapierichtung vorschwärmt, entgegnet sie bissig: „Schon wieder eine neue Mode?" Michael zieht sich zurück. Viktoria merkt nicht, wie sie ihn damit verletzt und die Kluft sich zwischen ihnen vergrößert. Sie muss erst mal bei sich ankommen und das, was sie im Heim erlebt hat verarbeiten.

Im nächsten Frühjahr trennt sich Michael. Er hat eine andere Frau kennengelernt und ist total verliebt. Viktoria ist sehr verständnisvoll und hofft, dass sie ihm damit zeigt, dass sie die bessere Frau ist und er zu ihr zurückkehrt. Bis Michael eine neue Bleibe gefunden hat, schläft er meistens bei einem Freund. Seine Neue will mit der ersten Nacht warten, bis sie verheiratet ist. Das passt für Viktoria so gar nicht zu Michael, denn Sexualität war ihm immer sehr wichtig.

An einem Wochenende im Mai möchte Viktoria ihre Eltern besuchen. Michael fragt vorsichtig: „Kannst du nicht von Donnerstag auf Freitag bei Güni übernachten? Dann könnte ich, bis du wieder da bist, in unserer Wohnung sein?"

Viktoria will großzügig sein, außerdem ist es ihre gemeinsame Wohnung. So sagt sie ja. Güni ist von Donnerstag auf Sonntag bei seiner Freundin. Als sie seine Wohnung betritt, stapelt sich die schmutzige Wäsche auf dem Sofa, Geschirrberge türmen sich in der Küche und auch alles andere sieht sehr schmutzig und chaotisch aus. Viktoria fühlt sich überhaupt nicht wohl. Ihre Einsamkeit und ihr Schmerz sind in

Günis Wohnung besonders stark zu spüren. ‚Nein, das halte ich nicht aus', denkt sie, packt ihre Sachen und fährt zu Michael in die gemeinsame Wohnung. Dort liegt er mit seiner Neuen auf ihrem gemeinsamen Bett. Den Anblick kann sie kaum ertragen.

„Raus", stammelt sie, „ich kann das nicht." Beide verlassen die Wohnung.

‚Puuh, endlich wieder in den eigenen vier Wänden', denkt sie erleichtert. Viktoria merkt, wie sehr sie sich überfordert hat.

Am nächsten Tag fährt sie zu ihren Eltern und bekommt dort glücklicherweise nicht mehr mit, was zwischen Michael und seiner Neuen läuft.

Kurz darauf hat Michael ein Zimmer in einer Wohngemeinschaft gefunden.

Viktoria ist allein. Das Ende ihrer ersten Liebe tut weh. Es fällt ihr schwer, das zu akzeptieren und es wird noch fast ein Jahr dauern, bis sie begreift, was passiert ist.

Eine Woche nach Michaels Auszug zieht Paul bei ihr ein. Sie teilen sich die Wohnung, um Kosten zu sparen. Er mag sie sehr und sie findet ihn auch nett. Paul ist sehr einsam und Viktoria hat die Trennung von Michael noch nicht überwunden. So sitzen sie des Öfteren abends zusammen und trösten sich gegenseitig. Nach einem netten Abend landen sie zusammen im Bett. Viktoria mag Paul, doch er ist nicht der Typ Mann, in den sie sich verliebt. Deshalb möchte sie die alte Distanz wiederherstellen. Paul kann das nur sehr schwer akzeptieren. Er bedrängt sie immer wieder. Sie versucht, Abstand zu halten und Paul gleichzeitig nicht zu sehr durch ihre Zurückweisung zu verletzen. Paul versteht das nicht und wird immer aufdringlicher, er will sich nehmen, was ihm zusteht.

Viktoria kennt den Spruch: ,Wer A sagt muss auch B sagen' und fühlt sich schuldig. Vielleicht war sie doch nicht klar genug. Und so lässt sie geschehen, was sie nicht will, sie lässt mit sich schlafen und ist dabei ganz regungslos und unbeteiligt. Danach steht sie auf und verlässt wortlos den Raum. Paul ist jetzt für sie unten durch. Da, wo sie vorher nicht die Kraft hatte eine Grenze zu setzen, ist sie jetzt hart und unnahbar. Am nächsten Tag fordert sie Paul auf auszuziehen. Sie hat nie gedacht, dass ihr das jemals passieren würde. Paul darf danach nicht mehr in ihr Zimmer. Doch er lässt sie auch in der Zeit danach nicht in Ruhe. Immer wieder schleicht er sich an und droht: ,Das nächste Mal mach ich es wieder.' Als er dann endlich auszieht, ist Viktoria erleichtert.

Nach der Trennung von Michael passiert mit Viktoria etwas Erstaunliches. Je mehr der Druck der Arbeit und der Beziehungsstress von ihr abfallen, umso wohler fühlt sie sich, umso mehr wecken neue Eindrücke und Impulse ihr Interesse. Viktoria geht in eine Frauengruppe, liest Bücher über Selbsterfahrung und sucht für sich selbst nach neuen Wegen.

Dazu gehört auch, dass sie ihre Pläne für die Zukunft infrage stellt. Sie ist auf diese Schule gegangen, weil sie später Sozialpädagogik studieren möchte. Aber ist es auch das Richtige für sie, wenn sie in Zukunft mit Menschen arbeitet, die ihre Hilfe nur annehmen, weil sie gesetzlich verordnet ist, aber in Wirklichkeit gar nicht so richtig wollen? Vielleicht sollte sie etwas ganz andres tun? Fototechnik, vielleicht ist Fototechnik der richtige Beruf für sie, kommt es ihr spontan in den Sinn. Bilder hat sie schon immer gerne entwickelt. An ihrer Schule in Port Lucky hat sie an einer Arbeitsgruppe für Fototechnik teilgenommen.

Sie fährt eine Woche später nach Liebland, um sich dort genauer zu erkundigen. In der Studienberatung rät man ihr ab. Sie wäre eine von 3–5 Frauen unter 250 Männern und müsste viel Mathematik und Chemie lernen, außerdem arbeitet man in diesem Beruf hauptsächlich an Maschinen und in der Spionage. Mathe und Chemie haben Viktoria schon immer interessiert, doch tagtäglich Maschinen bedienen, damit das Auto nach einem Unfall wieder in der ursprünglichen Farbe erstrahlt, ist nichts für sie. Und Spionage, das kommt für Viktoria gar nicht infrage, es erinnert sie an ihre Alpträume in der Kindheit. Dann wäre da noch in einem kleinen Umfang die Arbeit in der Archäologie und Medizin, die für Viktoria spannend ist. Aber diese Stellen sind äußerst selten und sie hat kein Vertrauen in ihr Glück, eine solche Stelle zu ergattern. Zudem braucht sie den Kontakt mit Menschen, das Gefühl nützlich und gebraucht zu sein. So bleibt sie bei ihrem ersten Entschluss und geht ein Jahr später nach Liebland, um Sozialpädagogik zu studieren.

In Liebland wird sie herzlich empfangen. Zwei Bewohner aus Nestland erleichtern ihr den Einstieg. Fast alle Studenten sind neu in der Stadt und suchen Anschluss. Die ersten zwei Wochen dienen der Begegnung und Orientierung unter den Studenten. Man lernt sich beim Frühstück, in der Kneipe oder beim Spiel näher kennen. Als nach zwei Wochen die Seminare beginnen, begegnet man mindestens einem vertrauten Gesicht. Viktoria ist beliebt und hat viele Freunde. Manchmal ist es ihr schon fast zu viel. Mit all den Menschen, die sich mit ihr verabreden wollen, kann sie sich ja gar nicht treffen, denn dazu fehlt die Zeit. Zu manchen findet sie auch keinen rechten Kontakt, weil deren Wesen ihr fremd ist.

Michael kommt sie im ersten halben Jahr einmal in Liebland besuchen. Aber nachdem sie ein Wochenende miteinander verbracht haben, weiß Viktoria, dass diese Zeit vorbei ist.

Für Viktoria beginnt in Liebland eine wundervolle Zeit, in der sie sich entfaltet, neu entdeckt, sich frei und wohl fühlt. In den Seminaren zu Beginn des Studiums werden viele Selbst-erfahrungsseminare angeboten, durch die Viktoria sich selbst besser kennenlernt. Sie entdeckt, welch schlechte Meinung sie von sich selbst hat, mit welchen Gedanken über sich selbst sie sich im Wege steht. Und dennoch, es ist wunderschön, wenn man sich selbst besser versteht!

In einem Seminar zur Männer- und Frauensozialisation sieht sie Peter. Peter sieht aus wie Paul, redet wie Paul und bewegt sich wie Paul. Die Erinnerungen kommen alle wieder hoch und sie weiß nicht, wie sie sich verhalten wird. Peter hat ihr doch gar nichts getan. Aber da sind diese unguten Gefühle und sie möchte Peter nicht Unrecht tun. Also spricht sie ihn an: „Peter, es kann sein, dass ich etwas komisch zu dir bin. Das hat mit dir jedoch gar nichts zu tun. Ich habe einmal einen Mann gekannt, der mich sehr bedrängte und meine Grenzen ignorierte. Du erinnerst mich sehr an ihn. Du sprichst wie er und siehst aus wie er. Ich möchte, dass du weißt, dass das mit dir nichts zu tun hat."

Peter erstarrt: „So etwas ist mir auch schon einmal mit einer Frau passiert." Für Viktoria ist damit die Sache erledigt. Ihr geht es prima und alle unguten Gefühle sind wie weggeflogen.

Drei Wochen später lädt Petra sie zu ihrem Geburtstag ein.

„Was hast du denn mit Peter gemacht?", möchte sie wissen.

„Wieso, gar nichts. Ich habe ihm nur gesagt, dass er ungute Gefühle in mir auslöst. Danach ging es mir viel besser"

„Als ich Peter zu meinem Geburtstag einladen wollte, hat er als Erstes gefragt, ob du auch kommst. Als ich das bejahte, hat er spontan gesagt: „Wenn die kommt, dann komme ich nicht. Ihm ist es nach dem Gespräch mit dir an dem ganzen Wochenende schlecht gegangen." Schuldbewusst schaut Viktoria sie an.

Das hat sie nicht beabsichtigt. Sie wollte doch nur, dass es ihr besser geht. Dass es Peter danach schlechter gehen könnte, auf diese Idee ist sie nicht gekommen. Vielleicht hätte sie allein damit zurechtkommen sollen? Vielleicht war es falsch, ihn direkt auf die unguten Gefühle anzusprechen, die er in ihr auslöste? Sie hatte gedacht, dass es besonders gut ist, wenn sie offen ist und sich mitteilt. Darüber muss sie erst einmal nachdenken.

Viktoria beginnt, sich infrage zu stellen, Antworten zu suchen. Sie möchte lernen, sich mit Menschen anders, als nur über Sprache, auszutauschen. Sprache macht vieles so schwer. Sie erlebt, dass Sprache nicht ausdrücken kann, was in ihr vorgeht, sie missverstanden wird. Neulich, als sie Gerhard gefragt hat: „Können wir gleich das Referat miteinander besprechen?", ist er fast an die Decke gegangen.

„Kannst du nicht warten? Du siehst doch, dass ich hier noch etwas kopiere."

Erschrocken fragt sie: „Was ist denn los?"

„Du bist wie meine Mutter, alles muss immer sofort sein." Viktoria ist erstaunt und irritiert. In ihrer Familie hieß ‚gleich' so viel wie ‚nachher'. Manchmal musste sie eine ganze Stunde warten, bis ihre Eltern nach einem ‚gleich' Zeit für sie hatten, wenn sie nicht sogar ganz vergessen wurde. Viktoria gibt sich Mühe, in Gerhards Gegenwart das Wort gleich nicht mehr zu benutzen. Aber es gelingt ihr kaum. Worte, die man von Kindheit an benutzt, sind manchmal tief eingebrannt. Und Gerhard? Jedes Mal wenn Viktoria das Wörtchen ‚gleich' rausrutscht, geht er an die Decke, obwohl er mittlerweile weiß, wie sie es meint. Auch er ist auf eine Reaktion programmiert, die er nur schwer stoppen kann.

Also Sprache ist wirklich nicht ganz einfach. Keiner kann dem Anderen hinter die Stirn schauen und wissen, was gemeint ist. Es kommt so oft zu Missverständnissen und wenn Viktoria Worte benutzt, um sich zu erklären, wird das Missverständnis mit jeder weiteren Erklärung nur größer, bis das Chaos am Ende perfekt ist.

Zu sprachlichen Missverständnissen sagt ihre Freundin Petra: ‚Verstehen ist auch immer ein verstehen wollen, Fritz Schleiermacher'. Das Beste an dem Satz ist, dass der Autor des Zitats Schleiermacher heißt.

Viktoria ist frustriert. Was kann man tun, wie kann man diese sprachliche Kluft überwinden? Es muss doch eine andere Möglichkeit geben, sich zu verstehen, eine Kommunikation ohne Worte.

„Viktoria, wir wollen eine Massagegruppe gründen. Machst Du mit?", fragt Petra sie in den nächsten Tagen, „wir haben auch schon jemanden, der es uns beibringt." Das findet Viktoria klasse. Im letzten Urlaub hat sie eine Massage bekommen und sich dabei sehr wohl gefühlt. Wenn man sich gegenseitig massiert, spürt man, dass der andere es gut meint. Hierbei kommt es bestimmt nicht zu Missverständnissen.

Das erste Treffen ist klasse. Tom, der Massagelehrer ist super. Besonders Viktoria wird von ihm für ihre Massage gelobt.

„Ihr seid eine prima Gruppe, ich komme gerne wieder", verabschiedet er sich.

Am Dienstagabend sind alle wieder zur Stelle. Nur Tom ist nicht da. Sie warten eine ganze Stunde, dann wissen sie, dass sie versetzt worden sind. Enttäuscht vereinbaren sie, nach einem neuen Lehrer zu suchen. Drei Wochen später ist eine Frau da, die sie unterrichten will. Ilse ist sehr nett und gibt sich viel Mühe. Doch auch sie kommt nur einmal. So geschieht es noch mit zwei weiteren Personen. Am Anfang sagen sie zu und nach dem ersten Mal werden sie nicht mehr gesehen. Die Gruppe löst sich langsam auf. Einer nach dem anderen beginnt zu resignieren. Es gibt nur noch einen harter Kern von vier Personen, darunter Viktoria und Petra.

Ende November trifft Viktoria im Flur der Uni auf Gisela.

„Wie geht es dir?", fragt sie.

„Ohh, eigentlich ganz gut", antwortet Viktoria, „ich bin nur traurig, weil es mit der Massagegruppe nicht so klappt. Gestern sind wir zum vierten Mal versetzt worden."

„Du, ich habe da einen Aushang gesehen. Da bietet jemand eine Massageausbildung an." Eigentlich wollte Viktoria keine Ausbildung machen. Aber wenn das alles nicht klappt, kann sie vielleicht selbst Massage lernen und es den anderen dann zeigen.

„Wo ist der Aushang?", fragt sie nach.

„Dort hinten, hinter der Cafeteria, bei den Wohnungsanzeigen habe ich ihn gesehen." Viktoria bedankt sich und schaut nach. Dort ist kein Aushang zu finden. Mit hängenden Schultern geht sie weiter.

Eine Woche später trifft Viktoria wieder auf Gisela.

„Hast du den Aushang gefunden?", erkundigt sich Gisela. Den hatte Viktoria schon ganz vergessen.

„Nein, da war nichts mehr."

„Ich habe mir die Nummer aufgeschrieben. Wenn du magst, rufe ich dich morgen an und gebe sie dir."

„Gerne!" Danach geht jede wieder in ihre Vorlesung.

Gisela ruft tatsächlich am nächsten Tag an und gibt Viktoria die Telefonnummer. Es ist eine Nummer von Heilland, einer Insel, die auch zu Eumerika gehört.

„Ja, sie kann an der Ausbildung teilnehmen. Es ist noch ein Platz frei. Die Ausbildung beginnt in einer Woche. Aber es gibt auch einen Einführungskurs im Dezember. Er ist für die nächste Ausbildung, die aber erst im Februar beginnt."

In einer Woche schon damit anfangen? Das geht Viktoria dann doch zu schnell. Sie möchte gerne vorher genauer wissen, worum es geht. So bucht sie das Einführungsseminar im Dezember.

Ganz gespannt fährt sie im Dezember nach Heilland. Dort ist sie noch nie gewesen. Heilland ist ein Ort, an dem unterrichtet wird, wie das Leben funktioniert, was Spiritualität ist und wie man sein Leben erfolgreich meistert. Es wird viel von Spirit, Gott und den geistigen Gesetzen gesprochen. Das zieht Menschen an, die auf der Suche nach dem Sinn und Zweck ihres Lebens sind.

Die, die den Sinn und Zweck ihres Lebens bereits gefunden haben, nennt man die Erwachten. Sie wissen, dass es nichts nutzt, wenn der Hund zu einer Katze, die unter Hunden aufgewachsen ist, sagt, ‚du bist eine Katze, sei wie eine Katze.' Die Katze kann das nicht begreifen, weil sie nicht gelernt hat, wie sich eine Katze benimmt. Sie muss das in sich selbst entdecken und dabei kann ihr keiner helfen. Die einzige Unterstützung, die man ihr geben kann, ist, ihr Mut zu machen, genau das zu sein, was sie ist. Das ist das, was in Eumerika und ganz besonders in Heilland geschieht. Man macht sich gegenseitig Mut das zu sein, was man in Wahrheit ist.

Aus diesem Grund wird Spiritualität auf ihre Alltagstauglichkeit hin überprüft. Wer das nicht tut, gilt als verantwortungslos. Spiritualität und Realität sind in Heilland untrennbar miteinander verbunden, so wie essen und trinken, arbeiten und schlafen, Kinder und Eltern.

Damit jeder lernt und Nutzen aus seinen Erfahrungen zieht, schreibt keiner dem anderen vor, auf welchem Weg er seine ganz persönlichen Erfahrungen sammelt. Jeder spürt in sein Herz, ob die Anregung, die er gerade erhält, für ihn richtig ist. Man weiß, dass es so viele spirituelle Wege gibt wie Menschen auf der Erde leben. Man weiß, dass sich zum richtigen Zeitpunkt immer wieder Türen öffnen, die einen weiterbringen und für eine verpasste Gelegenheit das Universum 3 neue Möglichkeiten bereithält. Jede ungenutzte Gelegenheit ist eine verpasste Wachstumschance, für die man selbst verantwortlich ist.

Genauso, wie das Reifen der Früchte auf dem Feld seine Zeit braucht, ganz genauso braucht das Reifen der menschlichen Seele seine Zeit. Und unreife Seelen sind genau wie unreife Früchte nur sehr schwer genießbar. Deshalb hat man in Heilland gelernt, den Dingen und Menschen ihre Zeit zu lassen. In Heilland können die Menschen sein und andere sein lassen. Sie haben die Gewissheit, dass sie zur rechten Zeit schon am rechten Ort sind. Keiner stört absichtlich das Gleichgewicht im Anderen.

Viktoria wird auf Heilland freundlich empfangen. In dem Kurs sind ganz unterschiedliche Menschen, die von allen Inseln Eumerikas angereist sind. Ihr Lehrer kommt aus Japan. Er trägt ein weißes Gewand, hat lange wallende schwarze Haare und einen langen, lockigen Bart. Beim Unterricht hockt er auf seinen Knien. Das nennt er den japanischen Sitz. Vor jedem Unterrichtsbeginn verneigt er sich mit gefalteten Händen und drückt seine Stirn auf den Boden. Das sieht sehr heilig aus. Viktoria wird es dabei ganz ehrfürchtig ums Herz.

Die Leute sind ganz anders, als die, die sie sonst kennt. Manche haben schon mehrere Seminare in Geistheilung besucht. Von Heilland aus haben sie Menschen in Nestland geheilt. ‚Wie soll das denn gehen?', fragt sich Viktoria innerlich.

Die Massage macht ihr Freude. Manche Stellen tun entsetzlich weh. Das wird wohl an ihr liegen. Dass sie so viele Blockaden hat, hätte sie nicht gedacht. Viktoria kam sich eigentlich immer ganz gesund vor.

In einer Unterrichtsstunde zeigt der Lehrer an ihr, wie die Schüler sich massieren sollen. Seine Hände sind so sanft und ihr Körper wird unter seinen Fingern weich wie Butter. Viktoria ist beeindruckt, das möchte sie auch können. Während dieser Massage taucht ein Bild aus ihrer Kindheit auf. Sie war damals zutiefst verletzt worden. Ob man mit dieser Massage alte Kindheitsschmerzen lösen kann? Sie fragt den Lehrer am Ende des Kurses.

„Ja, natürlich", ist seine Antwort.

„Können sich die Dinge auch während der Ausbildung lösen?"

„Ja sicher!"

Viktoria ist beeindruckt. Sie wollte Massage lernen, um anders mit Menschen kommunizieren zu können. Sie wollte einen Weg finden, auf dem man auch fühlt, was der andere meint, damit es keine Missverständnisse mehr gibt. Jetzt hat sie etwas gefunden, das ihr hilft, die emotionalen Verletzungen ihrer Kindheit zu heilen. Und nach Japan wollte sie immer schon einmal. Sie hat dafür gespart und jetzt ist Japan hier in Heilland. Warum also nicht das Geld für die Ausbildung in Akupressur ausgeben? Auf diese Weise kommt Japan eben zu ihr nach Eumerika.

Im Februar beginnt Viktoria mit ihrer Akupressur Ausbildung. Zweimal im Jahr fährt sie deshalb während der Semesterferien für einen Monat nach Heilland. Ihre Kommilitonen verstehen nicht so recht, was sie da macht. Doch Viktoria macht diese Ausbildung Spaß. Sie kommt zur Ruhe und bekommt ein besseres Gefühl für ihren Körper. Sie lernt seine Schmerzgrenzen und die der anderen Teilnehmer zu achten, wird einfühlsamer. Anjai, ihr Akupressur Lehrer, zeigt, wie sie Energie in die Hände und von dort in den gesamten Körper fließen lassen. Das ist spannend. Es kribbelt und fühlt sich warm an. Gleichzeitig sollen sie fühlen, wie die Energie im Körper des anderen fließt. Viktoria ist verunsichert. Sie weiß nicht, ob das, was sie da spürt, ein Muskel, ein Nerv, eine Blutader oder besagte Energie ist.

Die zusätzlich angebotenen Meridiandehnübungen und das Tai Chi tun ihr gut. Nur die Meditation fällt ihr schwer. Sie muss so lange stille sitzen. Das macht sie unruhig. Von tief drinnen erfüllt sie eine Unruhe, die sie sonst nicht spürt.

Viktorias Problem in der Ausbildung ist die Sprache. Ihr Lehrer Anjai kann kein Eumerikanisch und spricht Englisch. Heidrun, Anjais Assistentin, übersetzt. Doch da Viktoria die Einzige ist, die schlecht Englisch versteht, wird die Übersetzung oft vergessen. Viktoria interessiert sehr, was Anjai alles zu erzählen hat. ‚Das ist nicht so wichtig', wiegeln die anderen dann gerne ab, wenn sie nicht möchten, dass der Redefluss von Anjai unterbrochen wird.

Er weiß so schöne Geschichten zu erzählen und wenn er unterbrochen wird, könnte er damit aufhören und auf das eigentliche Thema zurückkommen. Dieses Risiko möchten sie lieber nicht eingehen.

Nach einer solchen Zurückweisung weint Viktoria vor lauter Ärger und Enttäuschung. Anjai ist bestürzt. Von nun an achtet er sehr darauf, dass auch Viktoria alles mitbekommt.

Durch Anjai lernt Viktoria zum ersten Mal Gott auf eine Weise kennen, mit der sie etwas anfangen kann. ‚Gott ist mein bester Freund', sagt Anjai.

Das hat Viktoria so vorher noch nie gehört. Natürlich glauben die Menschen in Eumerika, dass es Gott gibt. Die meisten von ihnen sind Christen, aber es gibt auch andere Glaubensgemeinschaften. Viktoria ist getauft und als sie 12 Jahre alt wurde, war ihr Vater sehr darauf bedacht, dass sie jeden Sonntag mit Timm in die Kirche ging. Warum, wusste sie nicht so genau, denn er selbst ging nie in die Kirche. Ihre Mutter ging nur einmal im Jahr an Weihnachten zur Christmette in die Kirche. Im Religionsunterricht lasen sie in der Bibel, doch das interessierte Viktoria nicht besonders. Die meisten Religionslehrer machten einen langweiligen Unterricht. Sie sprachen von Moral und Nächstenliebe, hielten sich aber selbst oft genug nicht daran. Jesus wirkte auf Viktoria sympathisch, doch weiter hatte sie sich bisher noch keine Gedanken über die Kirche gemacht.

Dass Gott für jemanden der beste Freund sein kann, ist ihr neu. Außerdem kann Anjai Gott erklären, sodass Viktoria ihn versteht. Er spricht vom Körper, der Seele und dem Geist. Von der Seele hat sie schon vorher im Religionsunterricht gehört, aber ihr hat noch niemand erklären können, was damit gemeint ist. Sie weiß, dass es seelische Krankheiten gibt. Im Studium ist das ein anderer Begriff für psychische Krankheiten.

Anjai erklärt den Unterschied zwischen Körper, Seele und Geist so: „Körper, Seele und Geist sind Prinzipien. Dahinter steckt eine immer gleiche Struktur. Je nachdem, auf welcher Ebene wir diese Struktur betrachten, stellt sie etwas anderes dar. Mal ist sie etwas stofflicher, ein anderes Mal ungreifbarer. Vom Prinzip her bleibt sie jedoch jedes Mal gleich.

Nehmen wir den Vorgang des Trinkens. Wenn ihr Durst habt, gibt der Körper ein Signal. Dieses Signal bedeutet, dass der Körper Flüssigkeit braucht. Dies entspricht dem körperlichen Prinzip.

Wenn der Mensch Durst verspürt, heißt das noch lange nicht, dass er etwas trinkt. Er muss den Wunsch haben, seinen Durst auch zu stillen. Diesen Wunsch, dieses Ziel, den Durst zu stillen, nennt man das seelische Prinzip. Doch wo ist dieser Wunsch zu trinken zu Hause? Das kann kein Wissenschaftler sagen. Ein Wissenschaftler kann vielleicht sagen, dass der Mensch in seinem Gehirn denkt, doch wie dieses Denken stattfindet, wie dieser Wunsch entsteht und woher er kommt, kann er nicht zeigen.

Und was lässt den Menschen trinken? Wo ist die Stelle in uns, die sagt, dass wir durch Trinken und nicht durch Essen unseren Durst stillen können? Auch das kann man nicht sehen. Dieser Gedanke, der einem sagt, was zu tun ist, nennt man das geistige Prinzip."

Anjai überträgt dieses Beispiel auch auf andere Bereiche.

„Nehmen wir ein Buch. Die Buchstaben darin entsprechen dem körperlichen Prinzip. Warum ihr dieses Buch lest, was ihr damit erreichen wollt, entspricht dem seelischen Prinzip. Und dass ihr das Buch lest und nicht damit spazieren geht, Kaffee trinkt oder ein Bild hineinmalt, entspricht dem geistigen Prinzip."

Er spricht auch von Liebe.

„Manchmal spürt ihr ein Gefühl auf der Haut und in eurem Körper, das euch sagt, es wäre schön, in den Arm genommen zu werden. Das sind Signale eures Körpers. Euer Wunsch, euer Ziel geliebt zu werden, ist das seelische Prinzip und was ihr dafür tut, um dieses Ziel zu erreichen, ist das geistige Prinzip. Jungen in der Pubertät ärgern in diesen Momenten oft die Mädchen und die Mädchen fangen an zu kichern. Frustrierte Frauen essen häufig Kuchen oder gehen einkaufen und frustrierte Männer glänzen mit ihren Statussymbolen. Doch wer sagt einfach nur, ich mag dich, ich liebe dich, darf ich dich einmal in den Arm nehmen?

Und wie sieht es mit Gott aus, was ist bei ihm das körperliche, seelische und geistige Prinzip? Auch hier existiert diese Dreiheit. Das körperliche Prinzip von Gott ist das Licht, sein

Leuchten, das seelische Prinzip ist seine Allmacht, seine Mächtigkeit, seine Liebe und das geistige Prinzip ist das göttliche oder geistige Gesetz, die Struktur, in der er das gesamte Universum erschaffen hat und woran sich sogar Gott immer hält."

Diese Dreiheit kennt Viktoria aus dem Religionsunterricht. Dort kommt sie als heilige Dreifaltigkeit, als Gottvater, Gott Sohn und Heiliger Geist vor. So gut hatte Viktoria das noch keiner erklärt, so fängt es an Sinn zu machen, empfindet sie nicht mehr diese Willkür, die sie vom Religionsunterricht her kennt.

Viktoria ist neugierig geworden. Sie will Gott verstehen lernen, die göttlichen Prinzipien begreifen. Was Anjai darüber erzählt scheint ihr etwas Greifbares zu sein. Sie macht die Ausbildung plötzlich nicht mehr, weil sie Massage lernen will, ihre Kindheitserfahrungen verarbeiten möchte, sondern auch, um das, was Leben ist, zu begreifen.

Eine ganz neue Welt

Viktoria erhält in Heilland viele neue Denkimpulse. ‚Nicht du bist es, die den Apfel isst, sondern es ist der Apfel, der es dir erlaubt, ihn zu essen. – Nicht du umarmst deinen Freund, sondern es ist dein Freund, der es dir erlaubt, ihn zu umarmen', teilt Anjai im Unterricht so ganz nebenbei seine Weisheiten mit ihnen. ‚Wow, wie viele Momente von Dankbarkeit und Freude kann man erleben, wenn man diesen Satz ernst nimmt', denkt Viktoria zutiefst ergriffen. Auch wenn sie nicht alle Teilnehmer versteht und mit einigen nicht warm wird, diesen Fundus an Erkenntnissen will sie auf keinen Fall missen.

Kurz bevor es zum weiteren Studium zurück nach Liebland geht, erhält sie von Verena eine Massage.

„Oooh, tut das weh." Zunächst hält sie die Schmerzen noch aus, aber auf die Dauer werden sie schier unerträglich. Viktoria bittet Verena etwas sanfter zu sein.

„Ich bin sanft", erwidert diese, „du musst lernen, Schmerzen auszuhalten." Ach, interessant, so einfach kann man es sich machen. Hätte das jemand zu Viktoria gesagt, sie hätte sich sofort entschuldigt und wäre verunsichert gewesen.

Im Gegensatz dazu hat Verena ein unglaubliches Selbstbewusstsein. Sie kommt erst gar nicht auf die Idee, dass sie etwas falsch macht. Glücklicherweise kommt Anjai und bittet Verena sanfter zu massieren. Er massiert Viktoria sehr sanft, damit sie sich wieder entspannt. Göttlich, wie sanft seine Hände sie berühren und wie schnell sie sich wieder ganz tief in die Massage fallen lassen kann.

Plötzlich geht ein heftiger Ruck durch ihren Körper. Sie fühlt sich wie ein Baby auf dem Arm, das man urplötzlich auf den harten Boden fallen lässt. Dann das Erstaunen, ‚ich bin ja noch im Arm'. Und wieder geht ein Ruck durch ihren Körper. Und wieder die Angst, dass man sie fallen lässt und wieder die Erkenntnis, ‚ich bin ja noch getragen'. Und das alles, obwohl sie die ganze Zeit auf dem Boden liegt und Anjai nur seine großen Hände auf ihrem Rücken liegen hat. Nach 10 Minuten ist das Ganze vorbei. Ihr Körper hat sich beruhigt und wieder einen guten Kontakt zum Boden. Viktoria fühlt sich gut und stark, als wenn sie Bäume ausreißen könnte. So hat sie sich in ihrem ganzen Leben noch nie gefühlt. Sie ist glücklich.

Später fragt Viktoria sich, ‚warum habe ich mir das von Verena gefallen lassen? Warum bin ich nicht aufgestanden und habe ihr gesagt, dass ich nicht möchte, dass sie mir so weh tut? Warum habe ich mich davon überzeugen lassen, dass das alles richtig ist?' Sie nimmt sich fest vor, dass ihr das nie wieder passiert.

Zwei Tage später ist Viktoria wieder auf Liebland und trifft sich mit ihren Freundinnen Petra, Barbara, Susanne und Ute. Petra macht ihr den Vorschlag, dass sie sich zusammen eine Wohnung nehmen könnten. Barbara möchte mit ihr in Urlaub fahren und Susanne lädt sie zum Geburtstag ein. Es ist ein herrliches Gefühl, so willkommen zu sein.

Doch nach 3 Tagen ist das Hochgefühl, das sie seit der Massage von Anjai erleben durfte, plötzlich weg. Sie beginnt innerlich zu zweifeln, ob man sie wirklich mag und achtet peinlich genau darauf, wie oft die anderen den Kontakt zu ihr suchen. Immer wieder zählt sie im Stillen auf, wie viele Angebote die Freundinnen ihr gemacht haben. Doch es tröstet sie nicht. Am Freitagmorgen ist sie zu einer Besprechung mit Petra, Barbara, Susanne und Ihrer Dozentin, Frau Sommer, eingeladen. Sie sitzen zu viert um einen Tisch und warten auf Frau Sommer. Susanne ist aufgestanden, um Kaffee zu kochen.

Was ist das? Drei Tassen stehen auf dem Tisch. Und wo ist ihre? Hat man sie vergessen? Viktoria empfindet tiefe Verzweiflung, ähnlich wie in ihrer Kindheit, als sie sich von den anderen ausgeschlossen fühlte und nachts weinend in ihrem Bett lag.

„Ich weiß auch nicht, was mit mir ist", spricht sie ihre Sorge an, „aber ich fühle mich total mies, weil ich das Gefühl habe, dass ihr mich vergessen habt, mir keine Tasse hingestellt habt."

„Ist doch kein Problem", sagt Susanne, „die standen noch vom Frühstück da. Ich hole schnell noch eine weitere Tasse." Und schon ist alles wieder in Ordnung, eigentlich.

Viktoria bringt diese Klärung nur kurzfristig Erleichterung. Dann hängt sie wieder in ihrem Loch. Abends telefoniert sie mit Michael, und erzählt ihm von ihren Empfindungen.

„Das ist ja wirklich Mist", sagt er. Das kann Viktoria nun auch nicht so stehen lassen.

„Soll ich dir mal was Schönes erzählen?", fragt sie.

„Ja gerne!"

„Vor einer Woche bin ich aus Heilland zurückgekommen. Ich habe dort eine wundervolle Massage bekommen. Zunächst hatte ich immer wieder das Gefühl auf den Boden zu knallen, als wenn man mich als Baby auf dem Arm hat und einfach fallen lässt. Jedes Mal, wenn ich dachte ich falle, ging ein großer Ruck durch meinen Körper. Dabei lag ich die ganze Zeit auf dem Boden. Als das vorbei war habe ich mich sau wohl gefühlt, so als könnte ich die ganze Welt umarmen und Bäume ausreißen. Das war wunderbar. Aber im Moment verstehe ich mich selbst nicht mehr. Dabei habe ich gar keinen Grund für diese negativen Gefühle."

„Merkst du denn nichts?", fragt Michael, „siehst du denn nicht den Zusammenhang?" Stimmt, es macht in Viktoria klick. Das macht Sinn, plötzlich versteht sie den Hintergrund ihrer Ängste. Michael hat den Nagel auf den Kopf getroffen. Die Behandlung von Anjai hat die alten Gefühle des Verlassenseins, des Fallengelassenwerdens wieder hochgespült. Diese Gefühle hat sie also in den letzten Tagen in ihrem Alltag noch einmal durchlebt. Deshalb ist ihnen nicht mit Logik beizukommen. Nach dieser Erkenntnis geht es ihr sofort viel besser und nach zwei Tagen ist der Spuck endgültig vorbei. Sie ist glücklich wie nie zuvor. Das Leben ist wunderbar. Nie wieder in ihrem Leben hat Viktoria so tiefe Zweifel, ob man sie auch wirklich mag. Nie wieder fühlt sie sich so stark ausgeschlossen. Bisher überprüfte sie alle 3–4 Monate, ob die anderen auch von sich aus auf sie zukommen. Das ist mit einem Mal wie weggeblasen. Ihr Leben hat ab diesem Moment mehr Glück und Tiefe.

Im nächsten Jahr geht es Viktoria sehr gut. Sie genießt das Studium, die Anerkennung ihrer Freunde. Die Praktika während des Studiums machen Spaß und das Leben fließt leicht dahin. Den Satz von Anjai, ‚Nicht du bist es, der den Apfel isst, sondern es ist der Apfel, der es dir erlaubt, ihn zu essen', hat sie tief verinnerlicht. Dieser Satz bringt so viel Dankbarkeit für die kleinen Dinge des Alltags hervor. Das Glück hält Einzug in ihr Leben und auch zu Gott hat sie ein tiefes, inniges Verhältnis entwickelt, das klarer und verständlicher geworden ist. Dass manche Menschen ihm die Schuld für ihr Unglück geben, kann Viktoria nicht mehr nachvollziehen, aber das stört sie nicht weiter. Sie genießt ihr Glück, das ganz tief aus ihrem Herzen kommt.

Nach einem Jahr zieht ihr Mitbewohner Klaus aus ihrer Hausgemeinschaft in Liebland aus. Viktoria findet das sehr schade, denn sie hat sich immer besonders gut mit ihm verstanden. Allein mit Hans und Carola will sie nicht weiter in dem Haus wohnen. Sie versteht sich zwar gut mit den beiden, doch Hans kann manchmal sehr herrisch sein, wenn es um sein Haus geht. Klaus ist da ein gutes Gegengewicht. Ohne ihn, so fürchtet Viktoria, hat sie keinen Einfluss mehr auf das Leben in der Gemeinschaft. Hinzu kommt, dass Hans und Carola keinen neuen Mitbewohner suchen wollen und allein mit einem Ehepaar in einem Haus zu wohnen, dazu hat sie keine Lust. Für Viktoria ist also klar, sie zieht aus.

Hans und Carola bedauern ihren Entschluss sehr, doch für sie steht fest, dass auch für Viktoria kein neuer Mitbewohner einziehen soll. Und was ihre Kündigungsfrist anbelangt, das sind für Hans ganz klar 3 Monate.

Drei Monate, Viktoria fühlt sich erschlagen, wie soll sie das machen? Sie hat bereits ein Zimmer in einer anderen Wohngemeinschaft in Aussicht und möchte dort nächsten Monat einziehen. Zwei Monate doppelt Miete bezahlen kann sie sich finanziell nicht leisten, das ist viel zu teuer. Außerdem findet sie diese Regel ungerecht, weil Hans ihr das beim Einzug nicht gesagt hat. Andere Wohngemeinschaften haben eine Kündigungszeit von einem Monat, hinzukommt, dass sie nicht einmal die Chance hat, einen Nachmieter zu finden.

In Viktoria kämpft es. Sie wehrt sich innerlich gegen diese Ungerechtigkeit. Wut schäumt in ihr auf, doch sie ist nicht in der Lage, mit Hans und Carola darüber zu reden. Immer wenn sie auf sie zugehen will, schießt Hitze durch ihren ganzen Körper, ihre Beine fühlen sich ganz wackelig an und ihr Kreislauf wird instabil. Sie denkt sich die Argumente aus, die beide gegen sie vorbringen werden. Jedes Argument findet sie ungerecht, aber sie bringt kein Wort aus dem Mund.

Diese Situation erinnert sie an Nestland, wenn sie mit ihrem Vater Streit hatte und er mehr als eine Woche auf sein Boot zog. Auch wenn sie im Recht war, hat sie sich auf Drängen der Mutter bei ihrem Vater entschuldigt, damit er wieder nach Hause kam. Doch seitdem hat sie jedes Mal ein schlechtes Gewissen, wenn sie für sich kämpft. Wenn sie für das Recht anderer kämpft, geht das sehr einfach. Doch wenn es um sie selbst geht, verliert Viktoria alle Kraft, wird ihr Körper ganz schwach, beschleicht sie ein Gefühl, etwas ganz Schlimmes verbrochen zu haben.

Ihre Freunde verstehen das nicht. ‚Nur wenn man ein schlechtes Gewissen hat, im Unrecht ist, reagiert man so.‘ Viktoria weiß nicht, was sie tun soll. Sie beschließt nach Heilland zu Anjai und Miriam zu fahren und um Hilfe zu bitten. Miriam ist der gute Geist des Heilzentrums von Heilland und wird von vielen liebevoll Mutter Miriam genannt, weil sie ein großes Herz für die Sorgen und Nöte, der ihr anvertrauten Menschen hat. Von ihrem großen Wissen über Heilung und den Entwicklungsweg der Seele haben schon viele profitiert.

Wie Heilung geschieht

Viktoria fährt für drei Wochen nach Heilland und vertraut sich dort Anjai an. Er und Miriam kümmern sich um die Heilung von Viktorias alten Verletzungen. Ihr Wissen über Heilung, Astrologie und den Entwicklungsweg der Seele ist sehr groß.

Zunächst soll Anjai ihr helfen, wieder in ihre körperliche Kraft zu kommen. Dafür muss das innere körperliche Energiesystem neu justiert werden. Um das zu erreichen, erhält Viktoria Akupressur. Durch diese Massage werden die Meridiane (Energieleitbahnen) ihres Körpers harmonisiert und ihre Energieversorgung gestärkt. Sie hat jetzt zwei Tage Zeit zur Regeneration.

Tina arbeitet nach dieser Erholungsphase an der Auflösung von Schocks und Traumata, damit die Informationen wieder richtig über das Nervensystem weitergeleitet werden können. Dafür nutzt Tina unter anderem Kinesiologie und Zellheilung. Mithilfe der Kinesiologie testete sie Viktorias Atmung bei Stress, ihre Versorgung mit Nährstoffen und die Arbeit ihrer Hormone und Botenstoffe aus.

Nachdem diese Arbeit abgeschlossen ist, gibt es wieder eine Verdauungspause, in der sie am Strand spazieren geht und sich regeneriert. Mutter Miriam sagt dazu gern: „Energieheilkunde ist wie Blumengießen, zu viel und zu wenig Wasser schaden. Wenn ein Pflänzchen lange Zeit nicht gegossen wurde, nützt es nichts, ihm 20 Liter auf einmal zu geben, im Gegenteil, es schadet nur."

Drei Tag später beginnt die Arbeit mit der Wahrnehmung. Durch ihre Erlebnisse in der Vergangenheit ist die Filterung ihrer Wahrnehmung beeinträchtigt. Viktoria nimmt Dinge als Gefahr wahr, die für andere ganz ungefährlich sind. Das Eintreten für ihre eigenen Interessen erlebt sie als gefährlich. Als Kind wurde sie deshalb oft ins Unrecht gesetzt. Ihr Vater verweigert jede Verantwortung für die Harmonie innerhalb der Familie. Die Verantwortung dafür hat die Mutter ihr übertragen. Und ihre Mutter will, wie ihr Vater, Unterordnung, egal, ob es falsch oder richtig ist. Beide geben Viktoria das Gefühl schuld daran zu sein, wenn der Vater die Familie verlässt.

Die Mutter will damit Viktoria nichts Schlimmes. Sie meint es nur gut. In einer Familie muss doch Harmonie herrschen. Und der Vater? Er hat Angst seine Autorität zu verlieren. Wie kann seine Tochter ihm widersprechen? Sie muss doch wissen, dass sie damit seine Autorität infrage stellt und dafür hat sie sich zu entschuldigen. Er weiß nicht, was sein Verhalten und das seiner Frau bei seiner Tochter bewirken. Sie wollen nicht, dass das ihre Durchsetzungskraft schwächt. Sie wollen nicht, dass das Rechtsbewusstsein ihrer Tochter damit starr und unbeweglich wird.

Er hat doch Respekt verdient und die Mutter will doch nur den Frieden in der Familie erhalten. Dass dies ein sehr fragwürdiger Weg ist, ist ihr nicht klar und glücklicherweise gibt es ja auch jeden Tag so viel zu tun. Da hat man gar keine Zeit darüber nachzudenken. Und es ist doch alles wieder im Lot, nachdem Viktoria sich entschuldigt hat. So scheint es jedenfalls.

Jetzt kommt es darauf an, dass der Stress aus ihrer Wahrnehmung, aus dem Hören, Sehen, Schmecken, Fühlen und Riechen herausgeholt wird. Dass der Thalamus die Informationen wieder an das Großhirn weiterleitet. Nur wenn das geschieht, hat Viktoria wieder Kontrolle über die Auswirkungen ihrer Wahrnehmung. Und nur die Kontrolle über ihre Wahrnehmung ermöglicht es ihr, die Kontrolle über ihren Körper zu behalten. Denn Wahrnehmung, das hat Viktoria gelernt, löst Schlüsselreize für die Zellfunktion aus. Und diese Schlüsselreize bestimmen, ob Stresshormone oder Glückshormone ausgeschüttet werden. Diese Schlüsselreize bestimmen also, ob Viktoria in einer Situation eine Chance sieht, für sich einzutreten und sich durchzusetzen oder ob ihr Körper mit Panik reagiert, sie den Mund nicht aufbekommt und am liebsten von der Bildfläche verschwindet.

Die biochemische Reaktion ihres Körpers bestimmt, wie viel Anspannung in ihrer Stimme ist und welche Körperhaltung sie einnimmt. Und der Ton macht die Musik, das hat man ihr schon als Kind immer wieder gesagt. Doch wie soll der Ton leicht, nett und freundlich klingen, wenn in ihr ein Kampf wütet? Der Ärger über die Ungerechtigkeit und das schlechte Gewissen, wenn sie sie selbst ist. Wenn sie nicht weiß, was richtig ist und sie unter Spannung steht. Da kann sie ja nur verlieren.

Und dieser ganze Wirrwarr kann jetzt gelöst werden, ist das nicht klasse! Sie will jetzt endlich frei davon sein. Viktoria freut sich sehr auf diese Arbeit mit Tina. Tina wird alle Blockaden in der Verarbeitung ihrer Wahrnehmung lösen.

Nachdem die Wahrnehmung wieder im Lot ist, kümmert sich Mutter Miriam um ihre Aura, schließt die Risse, die durch die innerlichen Spannungen hervorgerufen wurden und stellt die Verbindung zwischen den einzelnen Chakren wieder her. Nach drei Wochen fühlt sie sich entspannt und wie neu geboren. Jeder Druck ist aus ihrem Inneren gewichen. Wenn sie an

Hans denkt, geht es ihr gut. Ja, sie ist im Recht. Ja sie wird ganz in Ruhe mit ihm sprechen und ihr Anliegen vertreten.

Vor ihrer Abreise sitzt sie auf einer Bank am Strand und hängt ihren Gedanken nach. ‚Wie ist es nur möglich, dass man mit Energieheilkunde so tiefgreifend arbeiten kann, die Dinge plötzlich ganz leicht und einfach erscheinen, das Leben sich schön und lebenswert anfühlt?‘

Als sie so in Gedanken versunken dasitzt, spaziert Miriam am Strand vorbei. Sie sieht Viktoria da sitzen und winkt ihr zu.

„Na, so nachdenklich?“, begrüßt sie Viktoria.

„Ich denke schon eine ganze Weile über eure Arbeit hier auf Heilland nach. Wieso kann Energieheilkunde so tiefgreifende Veränderungen verursachen? Das ist für mich so schwer fassbar.“

„Möchtest du, dass ich es dir erkläre?“, fragt Miriam.

„Ja gerne, das fände ich wunderbar“, freut sich Viktoria.

Miriam setzt sich neben Viktoria auf die Bank.

„Störe ich dich auch nicht?“

Froh und glücklich über diese wunderbare Gelegenheit fragt Viktoria: „Wieso funktioniert diese Energieheilkunde so leicht? Wieso kann man über die Aura feststellen, wie ich auf eine Situation reagiert habe, die über 10 Jahre her ist?“

„Das sind viele Fragen auf einmal. Um diese Fragen zu verstehen, ist es wichtig, dass du zunächst verstehst, wer oder was der Mensch ist“, erklärt ihr Miriam. „Der Mensch ist Geist aus Gottes Geist oder anders ausgedrückt Bewusstsein. Nichts auf der Welt existiert, ohne dass es zuerst gedacht ist. Egal was du tust, ob du etwas essen möchtest, ein Haus baust oder sonst eine Tätigkeit verrichtest, du musst es zuerst denken. Das heißt: Bevor du eine warme Mahlzeit zu dir nehmen kannst, überlegst du dir, was du kochen möchtest. Dann besorgst du die Zutaten und beginnst zu kochen. Alles was entsteht, wird zuerst gedacht. Danach musst du Energie investieren, damit es in der materiellen Welt in Erscheinung treten kann. Diese Energie wird von deinem Willen, deinem Wollen, in die gewünschte Richtung gelenkt.

‚Wie der Wille, so der Gedanke, der Gedanke führt den Menschen zur Tat', hat ein berühmter Weiser einmal gesagt.

Ohne dein Wollen und der notwendigen Energie kann nichts, was du denkst in Erscheinung treten. Wenn du essen möchtest und keine Energie in die Beschaffung der notwendigen Lebensmittel und in das Kochen investierst, wirst du hungrig bleiben.

Diese Kraft des Wollens kommt entweder von deiner Seele oder von deinem Ego. Das Wort Ego bedeutet Ich, es besagt, dass du auf dich ausgerichtet bist. Wenn du aus dem Ego, deinem Ich, heraus lebst, glaubst du, dass sich alles um dich dreht. Du kannst das mit einem Baby vergleichen, das gerade geboren wurde. Alles dreht sich um das Baby, weil es ohne Hilfe nicht überleben kann. Es kann ohne Hilfe nicht essen, sich nicht von der Stelle bewegen, sich wickeln oder warm anziehen. Für alles und jedes braucht es Unterstützung. So lernt das Baby, alles dreht sich um mich. Daraus schließt es: Ich bin die wichtigste Person. Das ist ein Lernen und findet bei allen Kindern statt.

Erst wenn du erkennst, dass es um dich herum noch Anderes gibt und das dieses Andere genau wie du Teil eines größeren Ganzen ist, wächst du über dein Ich, dein Ego hinaus in das Ich Bin."

„Was meinst du mit Ich Bin?"

„Die Grundform von Bin ist Sein. Du wächst aus dem Ich heraus in das viel größere Sein. Du bist dir bewusst, dass du bist, genau wie alles andere um dich herum ist. Du hast dein Ego überwunden, und bist. Das heißt nicht, dass dein Ego verschwunden ist, es ist ja noch im Ich Bin enthalten. Es bedeutet nur, dass es ein Teil von dir geworden ist, wie jedes Organ, jeder Gedanke und jedes Gefühl auch ein Teil von dir ist, nicht mehr, aber auch nicht weniger.

Das heißt, du hörst auf, über dich und andere zu urteilen. Du akzeptierst, dass du bist wie du bist und lässt andere sein, was sie sind. Du hörst auf darüber zu urteilen, was falsch und richtig, besser oder schlechter ist, du hörst auf, die Dinge nach deinen Vorstellungen verändern zu wollen."

„Aber was hat das mit meiner Frage zu tun, wie das Heilen mit Energieheilkunde funktioniert?"

„Solange du im Ich, im Ego, gefangen bist, vergleichst du dich mit anderen, beurteilst du das, was dir geschieht als gut oder schlecht, Erfolg oder Misserfolg. Nehmen wir zum Beispiel dich und deine Eltern. Dein Vater hat sich gewünscht, dass du tust, was er sagt, egal ob es falsch oder richtig ist."

„Ja."

„Schau – und was hast du daraus gemacht? Du hast daraus gelernt, dass du dich nicht durchsetzen darfst. Aber hat dein Vater dir gesagt, du darfst dich nicht durchsetzen?"

„Nein, aber."

„Kein aber, er wollte, dass du tust, was er sagt. Er wollte sicher nicht, dass es dir schwer fällt, dich Hans gegenüber durchzusetzen. Was sich daraus entwickelt hat, ist entstanden, weil du als Kind auf sein Verhalten reagiert hast, es auf dich persönlich bezogen hast, es persönlich genommen hast.

Du hast dich abgelehnt gefühlt, sein Verhalten als ungerecht empfunden, dich wertlos und ohnmächtig gefühlt. All diese Gefühle und Gedanken über dich selbst und ihn haben zu den Blockaden geführt, unter denen du bis heute gelitten hast.

Dass ein Kind das, was geschieht persönlich nimmt, ist ganz normal, sogar die meisten Erwachsenen nehmen das, was ihnen geschieht noch persönlich."

„Aber ich muss das doch persönlich nehmen, es trifft mich doch."

„Nein, das musst du nicht. Dinge die geschehen, geschehen einfach. Wenn es regnet und du nass wirst, geschieht es. Es regnet nicht, damit du nass wirst. Du wirst nass, weil es regnet. Dein Vater hat nicht gesagt, es wird getan, was er sagt, weil er dich, Viktoria, verletzen wollte. Er hat es gesagt, weil er Angst hatte, seine Autorität zu verlieren oder weil er ...

Genauso ist es mit einem Dieb. Er stiehlt nicht, weil er dir etwas wegnehmen möchte, sondern weil er etwas haben will. Du spielst für ihn keine Rolle, es geht dabei nie um dich."

„Ach so meinst du das."

„Jetzt kommen wir zum entscheidenden Punkt. Die Blockaden entstehen nicht durch das, was dir widerfährt, sondern dadurch, wie du darauf reagierst.

Als Kind erlebst du dich als Mittelpunkt deiner Welt. Alles was geschieht beziehst du auf dich. Erst im Laufe der Zeit lernst du die Personen um dich herum als Menschen wahrzunehmen, die eigene Wünsche und Bedürfnisse haben, etwas für sich wollen. Wenn eure unterschiedlichen Wünsche nicht übereinstimmen, lernst du entweder damit umzugehen oder es kommt zum Konflikt. Es ist wie mit dem Regen, du kannst auf ihn schimpfen oder ihn annehmen als das, was es ist: Regen. Wenn du ihn annimmst, fällt es dir viel leichter damit umzugehen. Du benutzt einen Schirm, sammelst ihn zum Gießen deiner Blumen, zur Stromerzeugung und und und."

„Aber Miriam, das verstehe ich ja alles, aber was hat das mit der Energieheilkunde zu tun?"

„Ganz einfach, wie du auf das reagierst, was dir im Leben geschieht, bestimmt, wie die Lebensenergie durch dich hindurchfließt. Es bestimmt deine Körperhaltung, welche Hormone dein Körper ausschüttet, wie deine Drüsen und Organe arbeiten. Nehmen wir deinen Vater und dich. Was ist passiert? Erzähl mir ein Beispiel", fordert Miriam Viktoria auf.

„Also, als ich etwa 11 Jahre alt war sollte ich zwischen den Steinplatten auf dem Weg vom Haus in den Garten Unkraut rupfen. Da ich nicht jeden Grashalm einzeln herausziehen wollte, suchte ich einen Gegenstand, mit dem ich zwischen die Platten konnte, um das Gras herauszuholen. Als mein Vater das sah, schrie er mich an: ‚Was fällt dir ein? Sei nicht so faul und benutz gefälligst deine Hände.'

„Und wie hast du darauf reagiert?", erkundigt sich Miriam leise.

„Ich war wütend und sauer. Schon wieder musste ich es genauso machen, wie er es wollte. Ich machte doch den Weg von Unkraut frei, warum durfte ich nicht selbst bestimmen, wie ich es tat?"

„Schau, Viktoria, genau dieser Ärger hat zu deinen Verletzungen geführt. Du warst so ärgerlich, dass es dich innerlich zerrissen hat, zerrissen zwischen dem Ärger auf deinen Vater und der Ohnmacht, deinen Willen nicht durchsetzen zu können. Dabei sind Risse in deiner Aura, in deinem Energiekörper entstanden. Durch diese Risse bist du im Laufe der Zeit immer verletzbarer geworden.

Gleichzeitig hast du gelernt, dass du deinen Ärger nicht ausdrücken darfst. Als Folge davon hat sich in deinem Hals ein Kloßgefühl bemerkbar gemacht, wenn du deine Überzeugungen äußerst. Und dein Urteil, dass du nicht selbst bestimmen darfst, wie du etwas tust, hat zu einer Drosselung deiner Lebensenergie geführt. Es hat bewirkt, dass du nur noch 30 % der möglichen Energiemenge durch deine Chakren fließen lässt. Durch diese geringe Energieaufnahme ist dein Körper mit all seinen Organen und Drüsen nicht gut versorgt. Dein Stoffwechsel wurde sehr niedrig, was sich in deinem niedrigen Blutdruck und geringer körperlicher Leistungsfähigkeit äußert. Du brauchst mehr Schlaf als andere und wirst schneller müde."

„Ja, das stimmt, so fühle ich mich oft. – Und das alles nur, weil mein Vater mit mir geschimpft hat als ich Unkraut rupfen sollte?"

„Nein, Viktoria, nicht weil dein Vater geschimpft hat, sondern weil du so darauf reagiert hast, wie du es getan hast!"

„Also bin ich selbst schuld daran, dass es mir oft so beschissen ging?"

„Nein Viktoria, es geht nicht um Schuld. Du hast so reagiert, weil du so empfunden hast, weil du nicht wusstest, wie du anders mit der Situation umgehen kannst. Es geht nicht um Schuld. Du hast dir diesen Vater ausgesucht, weil du an ihm etwas lernen konntest.

Ein Kind hat keine Schuld an seinem Unglück, wenn es das Gefahrschild nicht lesen kann. Es muss erst lesen lernen. Es kann das jedoch erst dann lernen, wenn es die Möglichkeit und die notwendige Reife dazu hat. Die Reife kommt mit der Zeit, die Möglichkeiten schenkt dir das Leben, wenn du bereit bist, Verantwortung für dein Leben zu übernehmen."

„Und was, wenn ich die Möglichkeiten nicht als solche erkenne, bin ich dann schuld?"

„Nein Viktoria, auch dann bist du nicht schuld! Du hast nur eine Möglichkeit verpasst und hältst nach einer neuen Ausschau. Verantwortung heißt, eine Antwort auf die Herausforderung, die in der Situation liegt, zu finden, etwas tun, um sie liebevoller, friedvoller zu gestalten, aus ihr zu lernen oder an ihr zu wachsen.

Schau", Miriam greift nach einem Notizblock und einem Stift in ihrer Tasche. Sie schreibt auf den Zettel das Wort Verantwortung. Doch so wie Miriam es schreibt, hat Viktoria es noch nie gelesen. Auf dem Zettel steht

Ver   antwort   tun   g

„Kannst du das Wort Antwort und tun erkennen?", fragt Miriam, „und die Silbe ver? Wofür steht die Silbe ver?"

Viktoria überlegt: „Ah", dämmert es ihr, „verloben, verheiraten, verbinden, vereinen."

„Ja, das Wort ver verbindet häufig etwas miteinander. Bei der Verantwortung geht es also nicht nur darum, dass wir eine Antwort, eine Lösung für ein Problem finden, sondern diese Antwort auch in die Tat umsetzen und falls notwendig, mit anderen Antworten zu einer komplexen Lösung verbinden.

Verantwortung zu übernehmen heißt nicht, die Schuld auf sich zu nehmen. Verantwortung übernehmen heißt, eine Situation so zu nehmen, wie sie sich darstellt und diese Situation dem Licht, dem Erfolg im Sinne von Liebe, Weisheit und Erkenntnis zuzuführen. Verantwortung übernehmen heißt, sich darum zu bemühen, das Wachstumspotenzial einer

Lage zu erkennen und es auf die bestmögliche Art und Weise zu nutzen."

„Also sind weder ich noch mein Vater schuld an dem, was in meiner Kindheit so verkorkst war?"

„Ja, weder du noch dein Vater sind aus seelischer Sicht schuld. Ihr wolltet etwas mit und aneinander lernen. In dem Moment, indem du die Lektion gelernt hast, verschwindet sie aus deinem Leben, oder du gehst anders mit ihr um. Ähnlich wie bei dem Beispiel mit dem Regen. Du richtest dich darauf ein und genießt dein Leben."

„Aber was heißt das für mich und meinen Vater?", möchte Viktoria wissen.

„Für dich und deinen Vater heißt das, dass er möchte, dass du das Unkraut mit der Hand herausziehst, nicht mehr und nicht weniger. Wenn es deine Aufgabe ist, diese Arbeit zu tun, machst du es so, wie dein Vater es möchte. Wenn es nicht deine Aufgabe ist, entscheidest du, ob du diese Arbeit annimmst oder nicht. Wenn du sie annimmst, machst du es so, wie dein Vater es möchte. Wenn es um deinen Gartenweg geht, erledigst du diese Aufgabe so, wie es dir als gut und richtig erscheint."

„Mmhh", Viktoria und Miriam sitzen einige Minuten schweigend nebeneinander.

„Und was geschieht nun in der Energieheilkunde?", greift Viktoria den Faden wieder auf, nachdem sie eine Weile darüber nachgedacht hat.

„In der Energieheilkunde werden die energetischen Blockaden gelöst, die in der Vergangenheit auf der Suche nach einer Lösung entstanden sind.

Bist du frei von diesen alten Hindernissen, kann dein Körper wieder neutral auf die Situationen und Menschen, die dir in deinem Leben begegnen, reagieren. Er unterstützt dich jetzt, wenn du dich für ein anderes Verhalten entscheidest. Ob du diese neue Möglichkeit nutzt und wie du sie gestaltest, liegt ganz allein in deiner Verantwortung."

In Viktorias Gesicht ist zu sehen, wie neu das alles für sie ist und wie sehr sie sich bemüht, diese Sicht des Lebens zu verstehen.

„Also, um das Ganze noch einmal zusammenzufassen: Der Mensch ist Geist aus Gottes Geist oder Bewusstsein. Dieses Bewusstsein ist in seiner Seele zu Hause. Der Körper ist das Werkzeug der Seele, damit sie hier auf Erden wirken, sich in der Materie ausdrücken kann. Wenn du dich ärgerst oder Angst hast, nimmt der Körper eine andere Haltung ein, als wenn du dich freust und das Leben liebst. Dein Denken und Fühlen bestimmt im Laufe der Zeit deine Körperhaltung, deinen Stoffwechsel, deine Atmung und Wahrnehmung, die Arbeit deiner Organe, Drüsen und all deiner Zellen. Sie bestimmen in der Folge sogar die Lesbarkeit deiner DNA. Nur wenn du das, was dir geschieht nicht mehr persönlich nimmst, sondern als Chance oder Herausforderung begreifst, die das Leben dir anbietet, kannst du eine positive Haltung zu dem was geschieht entwickeln. Du kannst es als Gelegenheit nutzen, zu wachsen, dich selbst kennenzulernen, immer bewusster und kreativer zu werden."

„So jetzt muss ich aber gehen", verabschiedet sich Miriam nach einem Blick auf ihre Uhr. Viktoria bleibt noch eine Weile nachdenklich auf der Bank sitzen.

Voller Freude fährt sie am nächsten Tag zurück nach Liebland. Sie bittet Hans und Carola um ein Gespräch. Ja, das ist richtig, sie haben vergessen, über die Bedingungen eines Auszugs mit ihr zu sprechen. Für Hans ist es vollkommen in Ordnung, dass die Kündigungsfrist nur einen Monat beträgt. Er ist gerne bereit, die Verantwortung für sein Versäumnis zu übernehmen.

Ach, geht das leicht. Und wie wohl man sich fühlt, wenn man ohne innerliche Anspannung sagen kann, was man will. Viktoria ist ganz beglückt. Nie hätte sie gedacht, dass das so leicht gehen kann. Sie ist glücklich, dass sie die Menschen in Heilland kennengelernt hat. Sie ist glücklich, einen Weg gefunden zu haben, der ihr so einfach in ihre Kraft hilft.

Sie spricht mit ihren Freunden darüber. Sie hören interessiert zu, aber anfangen können sie nichts damit. Dieser Weg ist ihnen fremd. Und auch Viktoria verstehen sie nicht ganz. Was macht sie da? Klaus lässt sich zwar von Viktoria gerne massieren, aber das, was Viktoria diesbezüglich denkt und bewegt, versteht er nicht. Es ist zu weit entfernt von seinen Denkpfaden. Er kann das nicht nachvollziehen. Es liegt außerhalb seines Erfahrungsbereichs. Unter ihren Freunden gibt es keinen, mit dem sich Viktoria über ihre Erfahrungen in Heilland austauschen kann.

Aber das ist jetzt auch gar nicht so wichtig. Wichtig ist, dass der innere Druck nachgelassen hat, wenn jemand sie ins Unrecht setzt. Wichtig ist, dass sie zu sich selbst stehen, sich für sich selbst einsetzen kann. Und das genießt Viktoria sehr.

Sie entdeckt einige Zeit später, dass noch viel mehr passiert ist. Sie fühlt mehr Liebe in ihrem Herzen. Der Ärger auf ihre Eltern und besonders auf ihren Vater hat merklich nachgelassen. Der Ärger ist der Liebe gewichen. Sie fühlt, wie sehr sie ihren Vater liebt. Seit dieser Heilung, seit sie sich leichter durchsetzen kann, liebt sie ihren Vater. Wenn jemand sie fragen würde, ob sie ihm verziehen hat, müsste sie das verneinen. Sie hat nicht verziehen. Das Verzeihen ist einfach so passiert, quasi ganz von selbst über Nacht, ohne dass sie es bewusst getan hat. Ohhh, ist das nicht wundervoll? Kann das Leben nicht schön sein?

Das Leben verstehen

Viktoria ist von der Wirkung der Energieheilkunde begeistert und möchte mehr darüber wissen. Sie hat von Anjai viel über die körperlichen, seelischen und geistigen Hintergründe des Lebens gehört. Aber ist das auch alles wahr? Wie äußert sich das in den Funktionen des Körpers? Weil sie es jetzt genau wissen will, fragt sie eine Ärztin, die Krankenschwestern unterrichtet:

„Darf ich bei Ihrem Unterricht dabei sein? Ich werde auch nicht stören, ich möchte mich einfach nur dazusetzen."

„Nein", ist die enttäuschende Antwort, „ich kann dich in den Raum mit den Anschauungstafeln führen, aber mit in den Unterricht nehmen, das geht nicht."

Auch auf der Schule für Physiotherapie ist es nicht möglich, nur am Anatomieunterricht teilzunehmen, da müsste sie schon eine ganze Ausbildung machen. ‚Was mache ich denn jetzt nur?', fragt sie sich ratlos.

Dann entdeckt sie eine kleine Anzeige. Ein Heiler bietet Kurse zur Vorbereitung auf die Heiler Prüfung an. Nein, Heilerin möchte sie nicht werden. Sie studiert ja Sozialpädagogik, doch vielleicht erlaubt er ihr ja die Teilnahme an seinem Unterricht. Und siehe da, Sven hat damit kein Problem und vereinbart mit ihr einen Probeunterricht. Super, das gefällt Viktoria und sie meldet sich gleich bei ihm an. Mit Begeisterung sitzt Sie mit Herrn und Frau Dall, Frau Meyer und Frau Lieblich im Unterricht und lauscht seinen Worten. Immer wieder tauchen Parallelen zu ihrem Akupressur Unterricht bei Anjai auf. Das ist einfach spannend. Andere fahren in Urlaub, um Abenteuer zu erleben, Viktoria entdeckt gerade das Abenteuer Mensch und kann sich nichts Aufregenderes vorstellen.

Viktorias Studium neigt sich so langsam dem Ende zu und sie muss sich endlich Gedanken über das Thema ihrer Diplomarbeit machen. Worüber soll sie nur schreiben? Ihr fällt nichts ein, was sie wirklich interessiert.

In den letzten Semestern hat Viktoria viele Seminare bei Bernhard Schiller besucht. Er ist als Dozent offen für neue und ungewöhnliche Themen.

„Viktoria, was möchtest du denn später einmal machen?", fragt er sie am Ende seines Seminars.

„Ich weiß nicht", antwortet Viktoria, „vielleicht mach ich ein Kleinstheim auf oder schaue, wie man Drogenabhängigen mit Energieheilkunde helfen kann."

„Mit Energieheilkunde Drogenabhängigen helfen?", entfährt es Bernhard begeistert, „das ist doch ein super Thema für eine Diplomarbeit."

„Moment mal, ich weiß doch noch gar nicht wie das geht!", stoppt Viktoria seine Begeisterung.

„Energieheilkunde ist dennoch ein spannendes Thema. Ich denke, ich bin der Kompetenteste im Fachbereich dazu", lässt Bernhard sich nicht beirren.

„Ist das ein Betreuungsangebot?", fragt Viktoria verwundert.

„Ja, dabei würde ich dich sehr gerne unterstützen."

Über Energieheilkunde die Diplomarbeit schreiben? Ja, das ist ein Thema, das sie wirklich interessiert, da würde sie sich gerne mit Begeisterung rein knien. Schon bald geht ihre Ausbildung auf Heilland weiter. Da kann sie sicher einmal mit Anjai und Miriam über diese Idee reden.

Am nächsten Tag ruft Anjai sie an. Er ist gerade in Liebland und möchte sie zu einer Tasse Kaffee einladen. Das trifft sich ja gut, dann kann sie gleich mit ihm darüber sprechen.

Anjai und Viktoria treffen sich um 15:00 Uhr im Café. Sie erzählt ihm von dem Gespräch mit Bernhard am Tag zuvor.

„Eine gute Idee", meint er, „wie stellst du dir das denn vor?"

„Ich weiß nicht? Ich würde gerne die Hintergründe beschreiben und dazu eine kleine Untersuchung machen. Vielleicht mit Menschen, die nach Heilland zur Behandlung kommen oder dort Ausbildung machen."

„Das finde ich eine klasse Idee. Nächsten Monat beginnt die Ausbildung für Fortgeschrittene. Wenn du möchtest, komm doch rüber. Du kannst die Teilnehmer gerne interviewen."

Puuuh, das geht Viktoria eigentlich viel zu schnell. Gestern hatte sie noch keine Ahnung, was das Thema ihrer Diplomarbeit sein könnte und heute tun sich schon so viele konkrete Möglichkeiten auf. Sie hat auch noch nie ein Seminar in empirischer Sozialforschung besucht. Das braucht man doch, wenn man eine Untersuchung durchführen möchte.

Deshalb studiert sie am nächsten Tag ihr Vorlesungsverzeichnis. Was für ein Glück! Nächste Woche beginnt ein Seminar in empirischer Sozialforschung.

Also ist es beschlossene Sache, Viktoria wird ihre Diplomarbeit in Energieheilkunde schreiben. Am nächsten Dienstag erscheint sie im Seminar. Wie bei jedem Seminarbeginn üblich fragt der Dozent, wer ein Referat halten möchte. Das ist für den Dozenten immer eine gute Möglichkeit, bestimmte Inhalte an die Studenten zu delegieren und diesen gleichzeitig die Möglichkeit zu geben, ihre Scheine zu machen. Viktoria meldet sich.

„Ja, zu welchem Thema möchten Sie ein Referat schreiben?", fragt Herr Maier.

„Ich möchte meine Diplomarbeit mit einer empirischen Untersuchung ergänzen", entgegnet Viktoria.

„Ohh, das ist ja interessant. Zu welchen Thema?"

„Energieheilkunde." Davon scheint Herr Maier nicht besonders begeistert zu sein. Jedenfalls schaut er etwas irritiert.

„Wann möchten Sie denn mit der Untersuchung beginnen?"

„Am besten in 3 Wochen. Da habe ich die Gelegenheit, eine Ausbildungsgruppe zu interviewen und während der gesamten Ausbildung zu begleiten."

„So schnell? Wie wollen Sie denn bis dahin die Grundlagen lernen?"

„Ich weiß nicht, deshalb besuche ich ja dieses Seminar." Das Entsetzen steht Herrn Maier ins Gesicht geschrieben. Andererseits freut er sich, dass seinem Fach endlich einmal Aufmerksamkeit zuteil wird, denn sonst ist es eher das Stiefkind der Studenten.

Er schlägt Viktoria vor, nach dem Seminar noch einmal in Ruhe mit ihr darüber zu sprechen. Er ist bereit, sie so gut er kann zu unterstützen.

„In den nächsten drei Wochen können Sie sicher nicht so viel in meinem Seminar lernen, dass sie das Interview durchführen können. Aber wenn Sie möchten, bin ich gerne bereit, mit Ihnen einen Fragebogen vorzubereiten. Sie müssten mir dann nur sagen, um was es dabei geht."

Herr Maier lädt Viktoria zu sich nach Hause ein, um gemeinsam mit ihr den Fragebogen zu erstellen. Noch bevor sie nach Heilland aufbricht, ist alles unter Dach und Fach.

Viktoria freut sich riesig. Sie will herausfinden, ob die Energieheilkunde auch bei anderen bewirkt, was sie selbst erlebt hat. Sie möchte wissen, was diese Arbeit mit den Menschen macht und wie sie es erleben. Damit ihre Untersuchung anonym bleibt, sucht sich jeder Teilnehmer einen Phantasienamen aus.

In Heilland angekommen fragt sie die Teilnehmer der Ausbildung, ob sie an ihrer Forschungsarbeit teilnehmen. Zehn Teilnehmer finden die Idee super und sagen begeistert ja. Sie sind neugierig, was am Ende dabei herauskommt. Viktoria holt ihren Fragenbogen hervor und nimmt die Antworten auf Kassette auf. Unter anderem möchte sie wissen, mit welchem Ziel die Teilnehmer diese Ausbildung machen. Was versprechen sie sich davon für sich persönlich, für ihren Beruf und welche anderen Gründe haben sie noch? Dann folgen eine ganze Reihe von Fragen zur Einschätzung ihres gesundheitlichen und psychischen Zustands.

Damit Viktoria auch etwas zum Hintergrund der Energieheilkunde schreiben kann, darf sie am Theorieunterricht teilnehmen. Viktoria fühlt sich im siebten Himmel und ist ganz aufgeregt. Das hätte sie sich nie und nimmer träumen lassen, dass sie ihre Diplomarbeit über etwas schreiben kann, dass sie so sehr interessiert.

Viktoria lernt in dieser Zeit viel über Akupressur und Energieheilkunde.

Sie erfährt, dass der Mensch einen Energiekörper besitzt, den man Aura nennt. In dieser Aura ist die Form des menschlichen Körpers genauso enthalten wie die Art und Weise, in der der Mensch denkt und fühlt. Zusätzlich enthält sie eine Art Navigationssystem, das ihm hilft, zur richtigen Zeit am richtigen Ort zu sein. Dies kann natürlich nur dann funktionieren, wenn der Mensch sich auch darauf einlässt, auf seine Impulse achtet. Manchmal verhindert der Verstand, dass der Mensch seinem inneren Navigationssystem vertraut und folgt. Es ist dann gerade so, als wenn wir auf der Autobahn unterwegs sind und links unser Ziel sehen. Das Navigationssystem unseres Autos wird garantiert sagen: „Bitte rechts abbiegen." Wenn wir dieser Weisung nicht folgen, weil wir die Stadt, in die wir wollen, links sehen, haben wir ein Problem. Unsere Weigerung wird uns am Ziel vorbei und in die Irre führen. Wir brauchen dann einen langen Umweg, um doch noch anzukommen.

Mit dem inneren Navigationssystem ist es genauso. Es lässt uns manchmal da abbiegen, wo wir es gerade nicht erwarten. Doch genau auf diese Art und Weise erreichen wir auf dem kürzesten Weg unser Ziel.

In der Aura sind Energieräder, die man Chakren nennt. Sie sorgen dafür, dass der Mensch Energie aus seiner Umgebung aufnimmt. Gleichzeitig beeinflusst er durch sie auch seine Umgebung.

Wenn diese Chakren geschädigt sind, kommt es zu Störungen im Körper und in der Psyche des Menschen. Welcher Art diese körperlichen oder psychischen Störungen sind, hängt davon ab, welche Chakren gestört sind.

Ist ein Chakra zu weit offen, fließt zu viel Energie raus und rein. Der Mensch ist vielen unterschiedlichen Einflüssen ausgesetzt und kann sich ihnen gegenüber nur schwer abgrenzen. Je nachdem, was in seiner Umgebung gerade geschieht, belastet ihn das auf unterschiedliche Weise. Wird er sehr viel gelobt, kann das dazu führen, dass er überheblich wird, während zu viel Tadel ihn an sich zweifeln lässt. In beiden Fällen wird sein Bewusstsein über sich selbst, sein Selbstbewusstsein, geschädigt.

Ein gut funktionierendes Chakra sorgt dafür, dass der Mensch sich ein realistisches Bild von sich und anderen machen kann. Lob oder Tadel haben keinen übermäßigen Einfluss auf ihn, da er über ein gesundes Selbstbewusstsein verfügt.

Ist ein Chakra verschlossen, fließt nur wenig Energie hinaus und hinein. Das heißt, der Betroffene schmort in seinem eigenen Saft und kann Kritik oder Unterstützung nicht gut erkennen und annehmen. Er ist entweder übervorsichtig im Umgang mit anderen oder setzt sich rücksichtslos durch.

Die Aura ist der Energiekörper oder Lichtkörper der Seele, den sie mit auf die Erde bringt. In ihr sind die für dieses Leben notwendigen Informationen aus vergangenen Leben, das Potenzial und der Lebensplan der Seele gespeichert. In bestimmten Situationen und zu bestimmten Zeiten werden diese Informationen erinnert. Man kann das mit dem Öffnen von Dateien auf einem Computer vergleichen: Solange die Dateien geschlossen sind, sind die Informationen unsichtbar. Erst durch das Öffnen der Dateien werden die Informationen zugänglich.

Ähnlich ist es mit Informationen in der Aura, einige werden erst durch bestimmte Ereignisse oder Gefühle geöffnet, andere sind zugänglich, wenn der Mensch die notwendige Reife erworben hat.

Wenn eine Seele inkarniert, sucht sie sich ihre Eltern, die Umstände ihrer Geburt und die Umgebung, in der sie aufwachsen möchte, selbst aus. Dabei geht es der Seele nicht um ein sorgenfreies Leben, sondern vielmehr darum, die Startbedingungen zu haben, die sie braucht, um ihr Lebensziel zu erreichen.

Man kann das etwa mit einem Sportler vergleichen, der vor der nächsten Olympiade in ein Trainingscamp zieht. Er zieht dorthin, um sich optimal auf die Olympiade vorzubereiten, weil er gewinnen möchte und bereit ist, dafür alles zu geben. Der Sportler weiß, dass ein Badeurlaub am Strand nicht den gewünschten Erfolg bringt. Deshalb sucht er sich genau die Bedingungen aus, die ihm helfen, sich optimal vorzubereiten. Dass das nicht unbedingt ein Zuckerschlecken ist, versteht sich von selbst.

Ähnlich ist es mit unserer Seele. Sie sucht sich die Bedingungen aus, die sie in ihrer Entwicklung am weitesten bringen können. Dass das nicht immer die angenehmsten sind, versteht sich von selbst. Nur leider vergessen wir Menschen das am Anfang unseres Lebens.

Mit der Wahl der Eltern wählt die Seele auch die physischen Merkmale ihres Körpers, die Kultur, in die sie hineingeboren wird, die Geschichte und Traditionen ihrer Familie und ihres Volkes. Sie wählt die genetischen Merkmale und Gegebenheiten genauso aus, wie die Art und Weise, wie die Ahnen dachten und fühlten.

In der DNA ist der Plan enthalten, wie Gott sich den Menschen ideal gedacht hat und wie er am Beginn der Menschheit war. Das heißt, in der DNA ist der Evolutionsweg des Menschen von seinen Anfängen bis zu seiner Vollendung enthalten. Trifft die Seele an einem bestimmten Punkt ihrer Reife auf einen bestimmten Punkt im Evolutionsprozess der menschlichen Entwicklung, bildet sich daraus die Individualität, die im Hier und Jetzt gelebt werden will. Goethe drückte das mit folgenden Worten aus: ,Ach zwei Seelen leben doch in meiner Brust'.

Aus der Verbindung der seelischen Reife mit dem Stand der menschlichen Entwicklung entsteht eine Herausforderung, die zusammen mit den Bedingungen unserer Umwelt den Startpunkt für den seelischen Reifeprozess in diesem Erdenleben markiert und von zentraler Bedeutung für die Bildung unseres Charakters wird.

Dieser Charakter, unsere seelische Reife, die mitgebrachten Gene, die Umwelt und der Zeitpunkt unserer Geburt bestimmen maßgeblich, wie wir unsere Individualität leben. Leider vergessen wir am Anfang unseres Lebens den Sinn und Zweck unseres Hierseins. Aber auch das ist gewollt. Manchmal geht es uns wie Kindern, die sich entscheiden, Blindekuh zu spielen und unzufrieden sind, wenn sie sich plötzlich in der selbst gewählten Dunkelheit nicht mehr zurechtfinden.

Die Auseinandersetzung der Seele mit dem Körper und seinen physischen, psychischen und mentalen Voraussetzungen sowie unserer Umwelt führen zu inneren und äußeren Konflikten. Viele innere Konflikte werden dabei ins Außen verlagert.

Dies können wir bei kleinen Kindern sehr gut beobachten. Kleine Kinder sind noch nicht in der Lage, unterschiedliche Aufgaben gleichzeitig zu erledigen. Multitasking kann der Mensch erst sehr viel später mit ganz viel Übung. Ein Kleinkind muss erst lernen zu laufen, ein Glas in der Hand zu halten und gleichzeitig eine Kurve zu gehen. Meistens kippt die Hand mit dem Glas zur Seite, wenn das Kleinkind die Kurve nimmt, und das Getränk fließt heraus. Genauso ist es, wenn das Kind auf ein Ziel zuläuft. Es kann noch nicht einschätzen, welchen Abstand es von dem Tisch, der im Weg steht, halten muss. In der ersten Zeit stößt es sich mit ziemlich großer Wahrscheinlichkeit an der Tischkante. ‚Au, das hat wehgetan!' Es entsteht ein Konflikt in seinem Inneren. Ein Konflikt zwischen seinem Wunsch, sein Ziel im Blick zu haben und seiner momentanen körperlichen Fähigkeit, gleichzeitig Hindernisse zu umgehen. Dieser Konflikt wird vom Kind ins Außen verlagert. ‚Du böser Tisch', hören wir es schimpfen.

Dasselbe geschieht bei Konflikten zwischen zwei Menschen. ‚Der hätte doch merken können, dass mir kalt ist', ist ein typisches Beispiel für einen inneren Konflikt, der ins Außen verlagert wird. Der innere Konflikt besteht zwischen dem Bedürfnis nach Wärme und der fehlenden Verantwortung für sich selbst.

Anstatt den Konflikt im Inneren zu lösen, denn nur dort kann dieser Konflikt gelöst werden, wird er als Anschuldigung ins Außen verlagert. ‚Du hättest doch sehen müssen, dass mir kalt ist, nie nimmst du Rücksicht auf mich.' Die Fähigkeit seine eigenen Notwendigkeiten richtig einzuschätzen, kann nur im Innen entwickelt werden.

Gleichzeitig ist diese Situation ein hervorragendes Beispiel für einen Konflikt, der aus dem Außen ins Innere verlagert wird. Glaubt ein Mensch, dass er dafür verantwortlich ist, wenn ein anderer Mensch friert, so übernimmt er für diesen Menschen Verantwortung. Eltern übernehmen diese Verantwortung für ihre Kinder, solange sie das noch nicht allein können. Ein Baby kann noch nicht sagen, wenn ihm kalt ist, ihm fehlt dazu die Sprache. Erwachsene können das sehr wohl.

Wenn ein Mensch die Verantwortung für das Frieren seines Partners übernimmt, nimmt er damit automatisch auch die Schuld am Frieren des Partners auf sich. Doch wer allein kann wissen, ob dem anderen warm oder kalt ist? Der Betroffene selbst, oder seine lieben Mitmenschen?

Übernimmt ein Mensch die Verantwortung für einen Anderen, so führt das dazu, dass er innerlich nur noch mit dem Partner, Kind etc. beschäftigt ist. Er muss wissen, wie es ihnen geht, da er sonst womöglich Schuld auf sich lädt. Dadurch verliert er im Laufe der Zeit den Kontakt zu sich selbst und spürt sich nicht mehr. Er verliert den Kontakt zu seinen eigenen Bedürfnissen.

Erwartet die Familie oder die Gesellschaft, dass die im Außen gestellten Erwartungen Vorrang haben, wird dieses Verhalten verstärkt. Es entsteht im Innen ein Konflikt zwischen den eigenen Bedürfnissen und den fremden Wünschen.

Der äußere Konflikt ist nach Innen verlagert. Da dieser Konflikt im Inneren nicht gelöst werden kann, kostet er sehr viel Kraft, Lebenskraft. Diese Person erkrankt an der Übernahme nicht tragbarer Verantwortung.

Das hinterlässt Spuren im Energiekörper, im physischen Körper, in der Wahrnehmung und im seelischen Erleben. Oftmals hat unser Verhalten auch genetische Ursachen, da bestimmte Verhaltensmuster über Generationen hinweg vererbt werden. Eine Seele kann aber auch ein bestimmtes Reaktionsmuster aus früheren Inkarnationen mitbringen. Eine Lösung dieses Konflikts braucht die Beachtung all dieser Faktoren.

‚Ohh, ist das spannend‘, aus dieser Perspektive hat Viktoria ihr Leben noch nicht betrachtet. Jetzt hat sie die Möglichkeit, dem allen einmal gründlich nachzugehen. Sie kann erforschen, ob das, was gesagt wird, auch der Wahrheit entspricht und zur Heilung führt. An sich selbst hat sie ja durchaus erlebt, wie heilsam, wie befreiend diese Arbeit ist. Und das ganz ohne Schuldzuweisungen und ohne jemandem die Verantwortung dafür zu geben. Sie nimmt die Verantwortung für ihr eigenes Leben in die Hand, indem sie sich ganz ihrem Körper, ihrem Energiekörper, ihrer Seele, ihrem Sein anvertraut. Ist das nicht super?

Nach 9 Monaten wiederholt sie das Interview mit Anjais Ausbildungsgruppe. Sie will prüfen, inwieweit sich die Erwartungen der Teilnehmer erfüllt haben, sie sich gesünder, glücklicher und freier fühlen.

Alle sind sehr zufrieden und einige haben neben dieser Ausbildung noch an anderen Seminaren teilgenommen. Es fällt diesen Befragten schwer zu unterscheiden, welcher Art von Persönlichkeitsarbeit die Veränderungen zuzuschreiben sind.

Alle fühlen sich jedoch wohler, kraftvoller, sind mehr mit sich selbst in Kontakt und haben mehr Freude am Leben. Ihre Beziehungen mit anderen Menschen sind einfacher geworden, ihre Schuldgefühle haben abgenommen und sie können mutiger die Herausforderungen des Lebens angehen.

Ein Teilnehmer beschreibt die Wirkung der Energieheilkunde so: „Ich habe drei Arten kennengelernt, wie durch Energieheilkunde Veränderungen geschehen. Eine Möglichkeit besteht darin, dass ich während der Therapie erlebe was geschehen ist, es anschaue und eine neue Lösung kennenlerne. Die zweite Möglichkeit ist, dass ich in meinen Alltag zurückkehre und noch einmal eine ähnliche Situation erlebe, wie die, die zur Blockade geführt hat. Heilung geschieht jetzt, wenn ich diese Situation neu lebe, mich anders verhalte, anders denke und anders fühle. Ich habe die Chance noch einmal, etwas ganz anders zu machen. Bei der dritten Variante geht im Unterbewusstsein eine Tür auf, es ist als wenn man hineinschaut und etwas versteht. Danach schließt sich die Tür wieder und es ist einfach alles ganz anders. Man weiß kein warum und wieso, aber es ist gelöst."

Viktoria fand diese Beschreibungen sehr treffend und die zweite Möglichkeit hat sie selbst erlebt.

Nur bei einer Frau hat sich nicht so viel getan. Die Ursache dafür kann Viktoria nicht erkennen.

Nachmittags sitzt Viktoria am Strand in der Sonne und lässt ihre Beine von einem Anlegesteg ins Wasser baumeln. ‚Warum geschieht bei allen anderen Heilung und nur bei Ina nicht?' Sie kann das einfach nicht verstehen.

Nach etwa einer Stunde kommt Miriam auf sie zu.

„So nachdenklich, Viktoria, was bedrückt dich?"

„Ich verstehe nicht, warum bei allen Heilung geschehen ist, außer bei Ina."

„Heilung kann man nicht erzwingen, Viktoria! Sie geschieht. Manche Menschen müssen noch etwas verstehen, eine Erfahrung sammeln oder sie sind einfach noch nicht reif dafür."

„Das verstehe ich nicht, wieso kann man denn nicht reif für eine Heilung sein. Gesundheit hat doch jeder verdient?"

„Richtig, Gesundheit hat jeder verdient und jeder Mensch sollte gesund sein. Aber Gesundheit ist auch ein Weg, ein Lebensweg."

„Wieso ist Gesundheit ein Lebensweg?"

„Für seine Gesundheit muss man auch Verantwortung übernehmen, sonst klappt das nicht. Man kann sie erlangen und ein Leben lang behalten, wenn man sie sich verdient hat. Es gibt

Menschen, die essen ungesund, rauchen oder trinken zu viel Alkohol, dass das krank macht weiß jeder. Und doch gibt es viele Menschen, die für ihr ungesundes Verhalten keine Verantwortung übernehmen wollen. Sie sagen, es geht doch niemanden etwas an, was ich mit meinem Körper mache. Und wenn sie krank sind, erwarten sie, dass die Gesellschaft ihnen hilft und die Kosten für ihre Genesung trägt. Dann sprechen sie von ihrem Recht auf soziale Unterstützung."

„Das verstehe ich. Aber Ina raucht nicht, trinkt nicht und ernährt sich auch sonst gesund. Warum konnte sie nicht so gesund werden wie Norbert? Der raucht und trinkt und ihm geht es viel besser als Ina. Das ist doch ungerecht."

„Was gerecht ist, wissen wir nicht. Wir wissen nicht, welche Fehler Ina gemacht hat. Sprechen wir hier nicht über Ina, zu Ina möchte ich nichts sagen. Das geht uns nichts an. Aber kennst du nicht auch Menschen, die es als ihr Recht ansehen, sich über ihre Nachbarn, Kinder und Verwandten zu ärgern? Sie wollen über andere Menschen bestimmen und sind sauer, wenn die nicht tun, was sie möchten. Auch so ein Verhalten macht krank. Es wird dann viel zu viel Galle im Körper produziert, die nicht abfließen kann. Ablagerung von Galle führt zu Arthrose, Arthritis, Rheuma, Bluthochdruck und anderen Krankheiten. Wieder andere Menschen sind immer nur für andere da und kümmern sich zu wenig um sich selbst. Sie spüren ihre Bedürfnisse nicht mehr und reagieren deshalb nicht mehr auf die Signale ihres Körpers."

„Aber Ina achtet doch auf ihren Körper."

„Ich sagte dir, wir wollen hier nicht über Ina sprechen, das ist privat.

Ein anderer Grund für ein Ausbleiben der Heilung kann darin liegen, dass die Person immer lieb und nett ist, Konflikten aus dem Weg geht, sich selbst überfordert oder in ihren inneren Konflikten gefangen ist. Wenn der Mensch nicht bereit ist, das zu verändern, wenn er nicht bereit ist, dazu zu lernen, wenn er die Verantwortung für sein Leben an andere abgibt, kann keine Heilung geschehen. Und manchmal – in seltenen Fällen – kommt auch eine Krankheit als Geschenk daher."

„Eine Krankheit als Geschenk? Das kann ich aber gar nicht verstehen. Eine Krankheit ist doch kein Geschenk. Sie ist doch ein Unglück!"

„Natürlich bringt Krankheit immer Leid und wir können gut und gerne darauf verzichten. Doch manche Krankheiten führen zu Einsichten, Erkenntnissen und einige sogar zu wissenschaftlichem Fortschritt. Diese Menschen gesunden in der Regel schnell, wenn der Zweck ihrer Krankheit erfüllt ist.

Es kann aber auch vorkommen, dass eine Seele sich eine Behinderung oder Krankheit ausgesucht hat, um daran zu wachsen und zu reifen. Dann kann Gesundheit nur geschehen, wenn die Seele bereit ist, diese Erfahrung loszulassen. Dann hat der Heiler wenig Einfluss auf die Gesundheit. Der Schlüssel zur Lösung liegt bei jedem Menschen selbst.

Astrologie oder Rückführungen können in solchen Fällen helfen, die verborgenen seelischen Ursachen aufzudecken und zu lösen. Manchmal besteht die Lösung jedoch auch in der Annahme des eigenen Schicksals. Jede Seele hat sich ihr Schicksal bis zu einem gewissen Grad selbst ausgesucht."

„Aber wie kannst du sagen, dass eine Seele sich eine Krankheit als Schicksal aussucht? Die Seele ist göttlich hast du doch immer gesagt und Gott ist Liebe, wie kann denn dann eine Seele sich Krankheit als Schicksal aussuchen?"

„Das geschieht dann, wenn sie etwas unbedingt lernen will. Das ist dann ähnlich wie beim Sport, sie setzt sich die Messlatte sehr hoch, weil sie etwas unbedingt schaffen will. Wenn sie zum Beispiel Mitgefühl lernen will, bringt sie sich selbst in viele Situationen, in denen es ihr schlecht geht, nur um Mitgefühl zu lernen. Die eigene Erfahrung hilft ihr, sich besser in andere hineinfühlen zu können. Eine Form des Mitgefühls ist das Mitgefühl mit Kranken."

„Aber das ist doch Unsinn! Sie tut sich doch nur selbst weh!"

„Natürlich tut sie sich selbst weh und es ist auch gar nicht notwendig. Kein Zahnarzt muss alle Arten von Zahnschmerzen erleiden, nur um ein guter Zahnarzt zu sein. Es ist sogar sehr in Ordnung, wenn seine Zähne ganz gesund sind."

„Und diese Seelen meinen, dass sie alles selbst einmal erlebt haben müssen, um etwas zu verstehen?"

„Ja Viktoria, genauso ist es. Manche Seelen glauben, alles einmal erlebt haben zu müssen, um zu verstehen, was es heißt, auf der Erde zu leben. Deshalb leiden sie so viel, freiwillig. In Wirklichkeit geht es aber nur darum, das Leben auf der Erde zu leben. Das Leben zu leben heißt, es mit allen fünf Sinnen wahrzunehmen und zu genießen."

Darüber muss Viktoria jetzt erst einmal nachdenken. Miriam schaut Viktoria an. Sie fühlt, dass es jetzt in ihr arbeitet und verabschiedet sich.

Heilland ist so ganz anders als Nestland. Auf Heilland leben die Menschen das, was sie unterrichten. Sie gehen im Alltag ganz anders miteinander um. Für Viktoria ist das fremd. Viktoria gefällt es sehr, wie man in Heilland denkt, fühlt und handelt. Heilland ist für sie eine unendliche Fundgrube, Neues kennenzulernen und zu wachsen.

Wieder auf Liebland angekommen setzt sich Viktoria gleich wieder an ihre Diplomarbeit. Die Hintergründe der Heilung zu verstehen und korrekt darzulegen, fordert ihre ganze Kraft, bringt sie an die Grenzen ihres Könnens und ihrer Vorstellungskraft. So neu sind ihr die Gedanken und das Wissen, das sie auf Heilland erfährt, dass sie manchmal einfach eine Pause braucht, um alles zu erfassen. Dagegen ist die Auswertung der Interviews ein Klacks.

Nach einem Jahr hat sie alles geschafft und es hat ihr sehr viel Freude bereitet. Herr Maier ist mit ihrer empirischen Forschungsarbeit zufrieden. Er äußert jedoch Bedenken, weil Viktoria so wenige Fremdwörter benutzt. Aber das hat Bernhard gerade gefallen. Wie gut, sie ist keine Meisterin in Fremdwörtern. Sie drückt sich lieber in eumerisch aus.

In der Zeit, in der Viktoria ihre Arbeit schrieb, hat sie bei Sven weiter die Grundlagen der Anatomie, der Krankheiten und was sonst noch alles wichtig ist, studiert. Ihre Beschäftigung mit der Energieheilkunde lässt sie die vielen Zusammenhänge zwischen Körper, Seele und Geist besser verstehen.

Nach Abschluss ihres Studiums als Sozialpädagogin sucht sie in Nestland eine Arbeit. Zurzeit spart die Regierung und wie überall werden zuerst die Gelder im sozialen Bereich gekürzt. Es ist deshalb nicht einfach, eine Stelle zu finden.

Um von ihren Eltern unabhängig zu sein, beginnt Viktoria gegen Geld Entspannungsmassagen zu geben und überbrückt auf diese Weise ihre Arbeitslosigkeit.

Anjai, er kann mittlerweile sehr gut eumerisch, bittet sie in seinen Ausbildungen zu assistieren. Dass Viktoria dafür auch noch Geld erhält, ist einfach ein Traum. Sie verdient Geld und kann die ganze Ausbildung noch einmal machen. Gleichzeitig steigt sie so immer tiefer in die spirituelle Seite des Lebens ein. Sie ist glücklich! Sie ist so glücklich, dass sie bereit ist, dieses Glück mit anderen zu teilen.

Die erste eigene Praxis

Zwei Jahre später besteht Viktoria ihre Heiler Prüfung und kann jetzt offiziell als Heilerin arbeiten.

Soll sie es wagen, eine eigene Praxis zu eröffnen, soll sie diesen Schritt wirklich gehen? Sie hat die Ausbildung gemacht, um den Zusammenhang zwischen Körper und Seele besser zu verstehen und die Prüfung abgelegt, weil es einfach ihre Art ist Dinge auch zu beenden.

Doch jetzt?

Es ist wunderbar, Entspannungsmassagen zu geben. Viktoria genießt es sehr, wenn die Menschen zu ihr kommen, um sich wohlzufühlen und nur geringe Erwartungen haben. Andererseits bietet ihr die bestandene Heiler Prüfung einen Schutz. Sie muss nicht mehr darauf achten, dass sie die Grenzen zur Heilkunde nicht überschreitet. Ihre Erfolge kann sie auf ihr Können zurückführen und braucht nicht mehr so zu tun, als sei das purer Zufall. Nach einigem Hin und Her be-schließt Viktoria eine Praxis zu eröffnen, in der sie als Heilerin tätig ist.

Ihr Vater versteht ihre Arbeit nicht. Akupressur ist für ihn Massage und Massage ist für ihn ein Begriff. Und wenn seine Tochter Leute massiert, ist das für ihn vollkommen in Ordnung, dabei unterstützt er sie gern.

Viktoria eröffnet ihre Praxis in Nestland. Ihre Eltern freuen sich, denn sie ist dann mehr in ihrer Nähe. Viktoria hat Herz-klopfen, als sie das Schild mit ihrem Namen vor der Praxistür aufhängt. Sie spürt die Erwartungen, die sie an sich selbst hat und den Druck, eine gute Heilerin zu sein.

Eine gute Heilerin zu sein bedeutet für sie, sofort zu erkennen, was dem anderen fehlt und auf jedes Problem eine Antwort zu wissen, dem Patienten umfassend, sofort und kostengünstig zu helfen. Das ist viel, was sie da von sich fordert, es überfordert.

Viktoria weiß, dass kein Arzt diesen Anforderungen gerecht wird. Sie hat ja selbst auch nicht solch hohe Erwartungen an Ärzte und Heiler. Ganz im Gegenteil, sie hat es immer wieder als ein Wunder erlebt, wie ihr auf Heilland geholfen wurde.

Also, tief durchatmen und die Ansprüche an sich selbst runterschrauben.

Was erwartet sie von einem guten Arzt oder Heiler? Sie erwartet, dass er seine Grenzen kennt, dass er weiß, wo er helfen kann und wo er nicht helfen kann, dass er kommuniziert, wenn er sich unsicher ist. Ein guter Arzt oder Heiler ist für sie ein Mensch, der auch abgeben kann, der jemand anderes empfiehlt, wenn er selbst nicht mehr weiterweiß. Also, gleiches Recht für alle. Wenn ich mich so verhalte, ist doch alles in Ordnung.

Sie muss sich immer wieder neu daran erinnern, damit der sich aufbauende Druck wieder von ihr abfällt. Außerdem, es ist noch kein Meister vom Himmel gefallen. Jeder Handwerker hat eine dreijährige Lehrzeit, der Lehrzeit folgen die Gesellenjahre, danach kommen erst die Meisterjahre. Auch das muss Viktoria immer wieder neu verinnerlichen, um sich selbst nicht unter Druck zu setzen. Sie ist schon heute gespannt, wie sie in 10 Jahren arbeiten wird. Aber bis dahin vergeht noch viel Zeit, die gelebt sein will.

Eine von Viktorias ersten Patienten ist Frau Schwabe. Sie kommt regelmäßig zusammen mit ihrem Mann zu ihr. Beide sind etwa 70 Jahre alt. Frau Schwabe leidet unter einem empfindlichen Magen. Damit ist sie schon lange in medizinischer Behandlung. Frau Schwabe hat die Hoffnung in die Medizin verloren und erwartet, dass Viktoria ihr mit Energieheilkunde helfen kann.

Im Mai erzählt sie Viktoria, dass der Arzt ihr eine Magenoperation empfiehlt. Eine Gewebsentnahme hat ergeben, dass Frau Schwabe eine Vorstufe von Krebs hat. Deshalb will er ihren halben Magen entfernen.

Frau Schwabe hat Angst vor dem Krebs und vor der Operation. Sie möchte von Viktoria wissen, was sie tun soll.

„Das müssen Sie selbst entscheiden, da darf ich Ihnen nicht raten", entgegnet Viktoria, „wenn Sie Angst vor Krebs haben, kann ihre Angst Krebs erzeugen. Das sollten Sie bei Ihrer Entscheidung bedenken." Frau Schwabe ist verunsichert, doch diesen Hinweis versteht sie. Sie entscheidet sich für die Operation.

Sechs Wochen nach der OP ist sie wieder bei Viktoria in der Praxis. Es geht ihr den Umständen entsprechend gut. Sorgen macht ihr der Mittelfinger der rechten Hand. Er ist kalkweiß, etwas bläulich gefärbt und ganz kalt. ‚Wie der Finger einer Toten', denkt Viktoria. Viktoria behandelt ihn nach der Lehre der Energieheilkunde. Danach verabschiedet sie sich von Frau Schwabe, ‚bis in 2 Wochen, auf Wiedersehen'.

In 2 Wochen ist Frau Schwabe wieder bei Viktoria.

„Wie ist es denn mit dem Finger gegangen?", fragt sie ihre Patientin.

„Oh, es hat leider nichts gebracht. Nach einer Stunde sah er schon wieder genauso aus", mit diesen Worten hält sie ihr den Finger entgegen. Tatsächlich, er sieht noch ganz genauso aus wie vor 14 Tagen. Es hat keinerlei Veränderungen gegeben.

Viktoria ist ratlos. Sie nimmt den Finger in die Hand und fragt sich: ‚Was ist nur los mit dir, warum bist du so totenblass?'

‚Ich bin so traurig' hört sie in sich eine Stimme sprechen. Es ist als ob der Finger ihr antwortet: ‚Es macht eh alles keinen Sinn mehr.'

Viktoria ist ganz verdutzt. Wie gut, dass sie keiner hört, als sie innerlich dem Finger die Frage stellt: ‚Warum bist du denn so traurig?'

‚So viele Freunde von mir sind gestorben', antwortet es wieder in ihr. Freunde gestorben, welche Freunde können denn von dem Finger gestorben sein? Da fällt es ihr wieder ein. Frau Schwabe hatte doch Wochen vorher ihre Operation. Dabei ist ihr die Hälfte des Magens entnommen worden. Sind das die Freunde, um die der Finger trauert?

Draußen ist ein wunderbarer Septembertag. Die Sonne scheint warm vom Himmel und hüllt alles in ein sanftes Licht. Viktoria lässt sich weiter auf den Dialog mit dem Finger ein und ist froh, dass keiner sie hört.

‚Sei doch nicht so traurig. Du hast doch noch so viele andere Freunde. Sieh, wie viele andere Zellen es noch in deinem Körper gibt. Und schau, was für ein wunderbarer Tag draußen ist. Die Sonne scheint. Stell dir vor, wenn du jetzt stirbst, entsteht Leichengift. Die Finger rechts und links von dir müssen sterben, das Leichengift wandert den Arm hoch zum Herzen und vergiftet den gesamten Körper. Alle müssen sterben, nur weil du nicht mehr leben willst.' Je länger Viktoria mit dem Finger spricht, umso mehr Farbe bekommt er. Am Ende des

Gesprächs sieht er genauso aus wie die anderen Finger von Frau Schwabe.

Viktoria ist irritiert. Sie lässt den Finger in Ruhe und kümmert sich um die anderen Beschwerden von Frau Schwabe. Zwei Wochen später ist Frau Schwabe erneut bei ihr.

„Was macht denn Ihr Finger?", begrüßt Viktoria sie.

„Oh, der ist wunderbar in Ordnung. Es gab überhaupt kein Problem mehr." Viktoria ist erstaunt. Sie hat doch gar nichts gemacht. Hat allein das Gespräch den Finger wieder gesund gemacht?

Viktoria versteht! Jede Zelle unseres Körpers fühlt und denkt genauso wie wir. Jede Zelle unseres Körpers ist genauso individuell wie wir es sind. Ja, das muss wohl stimmen, denn aus einer Zelle kann man einen ganz identischen Menschen mit all seinen Gedanken und Gefühlen klonen. Ja, wenn das möglich ist, muss jede einzelne Zelle auch denken und fühlen können.

Jetzt versteht sie Krebs viel besser. Krebs ist wie ein Mensch, der alles für sich alleine haben will, den Sauerstoff, die Nährstoffe ...

Die Krebszelle lebt auf Kosten der anderen Zellen. Was sie dabei vergisst, ist, dass die anderen Zellen dadurch unterversorgt sind und krank werden. Letztendlich sterben die anderen Zellen, wenn die Krebszellen ihnen die lebensnotwendigen Dinge verweigern. Was die Krebszellen jedoch in ihrer Gier vergessen, ist, dass der Tot der anderen letztendlich ihren eigenen Tod bewirkt.

Andererseits heißt das aber auch, dass ein gesunder Körper alles tun wird, um gesund zu bleiben, weil er weiß, dass er nur leben kann, wenn es allen gut geht, wenn alle optimal versorgt sind.

Viktoria hat auf Heilland gelernt, in Analogien zu denken und denkt deshalb weiter. Sie stellt sich gerade Gott als das gesamte Universum vor und den Menschen als eine Zelle im großen Körper Gottes.

Wenn sie schon als Mensch darauf achtet gesund zu sein, wie sehr wird Gott das dann tun? Er wird alles tun, damit es dem Menschen, also auch ihr, gut geht. Täte Gott das nicht, wäre er krank. Er müsste letztendlich selbst sterben, wenn große Teile seiner selbst sterben. Und da Gott das allumfassende Bewusstsein ist, weiß er, was jeder Teil seiner selbst, also auch sie selbst, braucht, um ganz und heil zu sein. Er tut deshalb alles, damit jeder Teil, das heißt jeder Mensch, das bekommt, was er braucht.

Wow, was für ein großartiger Gedanke! Viktoria ist zutiefst ergriffen. Sie fühlt sich mit einem Mal so sicher und vom Leben getragen. Sie erkennt, dass Gott immer alles für sie tun wird, denn wenn es ihr gut geht, geht es auch Gott gut. Und Gott ist kein Idiot. Er wird alles dran setzen, sie und damit sich selbst gesund zu erhalten.

Nur der Mensch verhält sich manchmal wie Krebs. Das heißt, er will alles für sich selbst und schadet dabei den anderen. Das kann nur passieren, weil er sich nicht bewusst ist, dass er Teil eines größeren Ganzen ist. Und in diesem größeren Ganzen ist es wichtig, dass jeder optimal ernährt ist, im Körper genauso wie in der Gesellschaft.

Jetzt versteht sie immer besser, warum jeder in Heilland sich dafür einsetzt, dass es allen anderen auch gut geht. Nur in Nestland hat man dieses Prinzip noch nicht ganz verstanden. Hier leben noch viele Menschen, die diese Erfahrung erst noch sammeln müssen. Viktoria hat davon früher auch nichts gewusst. Wie gut, dass sie das alles auf Heilland lernen durfte. Das ist für sie ein großes Geschenk.

Seit dem Tag, an dem Viktoria mit dem Finger von Frau Schwabe gesprochen hat, ist sie hellhörig. Wenn Patienten zu ihr kommen, fragt sie den Körper, was ihm fehlt. Dabei erhält sie die unterschiedlichsten Antworten. Eine Frau leidet unter Liebeskummer, eine andere hat Angst zu versagen und ein Mann trägt zu viel Verantwortung für andere. Ganz vorsichtig fragt Viktoria dann: ‚Könnte es sein, dass Sie zu viel Verantwortung tragen müssen?' Oder: ‚Könnte es sein, dass Sie unter einer Trennung leiden?' In fast allen Fällen kommt ein erstauntes ‚Ja'. Dadurch wird Viktoria immer sicherer in der Beurteilung der seelischen Ursachen von Krankheiten. Ihre Patienten fühlen sich zutiefst verstanden, was das Vertrauen zur ihr stärkt. Das Gute daran ist, dass sie dadurch sehr individuell arbeiten kann, so individuell, wie die Menschen, die vor ihr sitzen.

Eines Tages kommt Frau Behrendt zu ihr. Ein Kollege hat sie zu ihr geschickt. Frau Behrendt hat Krebs und die Ärzte geben ihr nur noch ein halbes Jahr zu leben. Auch der Kollege kann ihr keine Hoffnung mehr auf Heilung machen. Und nun sitzt Frau Behrendt vor ihr.

„Ob Sie mir wohl helfen können?", ist ihre erste Frage an Viktoria. „Die Ärzte haben Lymphdrüsenkrebs festgestellt. Man hat mir schon die Speiseröhre, den halben Magen und die

Bauchspeicheldrüse herausgenommen. Nach Auffassung der Ärzte habe ich nur noch 6 Monate zu leben."

Hitze schießt durch Viktorias Körper. Sie hat doch ihre Praxis erst seit einem Jahr und das ist ihre erste Krebspatientin. Wie soll sie da wissen, ob sie helfen kann? Viktoria fühlt sich überfordert. Was für Erwartungen!

„Ich weiß nicht, ob ich Ihnen helfen kann", antwortet sie, „ich kann Ihnen keine Versprechungen machen. Wenn Sie möchten, kann ich daraufhin arbeiten, dass Sie mit sich und Ihrem Leben ins Reine kommen, Frieden schließen mit sich selbst, egal, was geschieht. Wenn das für Sie in Ordnung ist, arbeite ich gerne mit Ihnen. Alles andere kann ich leider nicht versprechen."

Die Frau schaut ernst, wieder eine enttäuschte Hoffnung. Aber sie ist einverstanden. Es gefällt ihr, dass Viktoria ihr keine Versprechungen macht und Frieden in sich selbst finden, ist ihr gerade in dieser Situation sehr wichtig. Wie soll sie sonst ihre letzten Monate noch aushalten, aufgefressen von Angst, Schmerz und Wut über ihr Schicksal? Frieden mit sich selbst finden, hört sich in dieser ausweglosen Situation sehr gut an.

So beginnen beide mit der Arbeit. Regelmäßig alle zwei Wochen kommt Frau Behrendt zu ihr in Behandlung. Die Energieheilkunde tut ihr gut.

Am Mittwoch dieser Woche muss Frau Behrendt warten. Viktoria hat für die Patientin vorher etwas länger gebraucht. Als sie 20 Minuten später nach Frau Behrendt schaut, ist sie schon weg. ‚Wo ist sie nur hin?', fragt sich Viktoria, ‚ich hatte ihr doch eben noch die Türe geöffnet.'

Am nächsten Tag ruft Frau Behrendt an.

„Sie müssen Ihre Termine besser koordinieren. Das ist ja unmöglich, dass ich so lange warten musste", empört sie sich.

„Moment mal, das waren höchstens 20 Minuten", versucht sich Viktoria zu rechtfertigen.

„Das ist mir viel zu lange! Ich bin nach 15 Minuten gegangen."

„Es tut mir leid, Frau Behrendt, dass sie warten mussten. Bei mir geht es jedoch um Heilung. Es ist mir sehr wichtig, dass jeder Mensch die Zeit bekommt, die er braucht."

„Bei mir haben Sie noch nie länger gemacht", entgegnet sie.

„Dann war das auch bei Ihnen noch nicht notwendig. Tut mir leid, ich kann Heilung nicht nach der Uhr machen. Sie müssen sich entscheiden, ob Sie unter diesen Umständen weiter zu mir in Behandlung kommen wollen." Das ist deutlich. Frau Behrendt ist verunsichert. Sie kommt trotzdem weiter zu Viktoria in die Praxis.

Frau Behrendt ist als Lehrerin sehr streng mit sich und anderen. Es passt nicht in die Sicht ihrer Welt, wie Viktoria das handhabt. Sie beginnt sich und ihr Verhalten infrage zu stellen.

Nach diesem Vorfall geht es mit Frau Behrendt schnell bergauf. Die Behandlungen greifen tiefer und können mehr bewirken. Die Tumormarker sind gesunken und in der Augendiagnose ihres Kollegen sind keine Anzeichen mehr für Krebs.

Doch ein halbes Jahr später kommt es zu einer neuen Krise. Es sind noch fünf Wochen bis Ostern. Viktoria hat während der Behandlung nach langer Zeit zum ersten Mal wieder das Gefühl, dass alles stagniert. Als sie mit ihr arbeitet, sprechen plötzlich zwei Punkte zu ihr. Der eine Punkt sagt: ‚Ich mag nicht mehr. Ich will nicht mehr arbeiten. Ich will meine Ruhe haben.' Der andere Punkt sagt ganz hart: ‚Es wird nicht schlapp gemacht. Wir arbeiten bis zur Pensionierung.' Nach der Arbeit spricht Viktoria mit ihr über dieses Erlebnis.

Frau Behrendt hatte wieder begonnen, als Lehrerin zu arbeiten und Referendare zu betreuen. Die Arbeit mit den Referendaren macht ihr Spaß, während die Arbeit mit den Schülern sie sehr anstrengt. Eigentlich hat sie dazu keine Lust mehr. Sie ist in einem Zwiespalt. Mit den Referendaren kann sie nur arbeiten, wenn sie auch eine Klasse betreut. Außerdem will sie nicht aufgeben, sie will durchhalten. Sie glaubt, dass sie das sich selbst und der Schule schuldig ist.

„Es ist wichtig, dass diese beiden Seiten Frieden miteinander schließen", erklärt Viktoria ihr, „sonst wird es gesundheitlich wieder schlechter. Wie Sie sich entscheiden, ist Ihre Sache. Es ist nur wichtig, dass die andere Seite diese Entscheidung mitträgt." Frau Behrendt ist unschlüssig. Sie will sich noch Zeit lassen, vielleicht gibt es ja zum Sommer hin eine Lösung.

„Ich würde mir nicht mehr so viel Zeit lassen", wendet Viktoria ein, „maximal bis Ostern." Nachdenklich geht Frau Behrendt nach Hause.

Als sie zwei Wochen später wieder in die Praxis kommt, hat sie sich entschieden.

„Ich arbeite nicht mehr in der Schule. Ich möchte ab jetzt mein Leben genießen", berichtet sie Viktoria voller Freude.

Nach einem weiteren halben Jahr braucht Frau Behrendt keine Behandlung mehr. Zehn Jahre später erhält Viktoria eine Karte von ihr. Es geht ihr immer noch gut.

Das Gesundheitssystem in Eumerika

In Eumerika gibt es unterschiedliche Gesundheitssysteme. Je nachdem, wie die Menschen ihre innere Wirklichkeit erleben, gestalten sie ihre äußere Realität. Die unterschiedlichen Inseln von Eumerika ermöglichen es, in einer Gesellschaft zu leben, die ihrer eigenen Wirklichkeit entspricht. Selbstverständlich mischt sich das zu einem gewissen Grad und die Übergänge sind fließend. Auch gibt es unterschiedliche Gründe, warum ein Mensch sich eine Umgebung aussucht, die nicht seiner inneren Wirklichkeit entspricht.

Auf Nestland leben in erster Linie Menschen, die glauben, dass Umwelt, Familie und äußere Umstände einen großen Einfluss auf ihr Leben haben. Für sie ist alles Greifbare real und mit dem nicht Sichtbaren, bloß Spürbaren können sie nicht so viel anfangen. Sie wissen, dass es so etwas gibt und bis zu einem gewissen Grad hat man auch schon Erfahrungen damit gesammelt. Doch man ist weit davon entfernt zu glauben, dass das Unsichtbare einen maßgeblichen Einfluss auf das eigene Leben hat. Auf dieser Insel ist Viktoria geboren und aufgewachsen.

Sie hat auf Nestland ihre Praxis eröffnet, weil Nestland ihre Heimatinsel ist und sie die vielen neuen Impulse, die sie in Liebland und Heilland kennengelernt hat, an die Nestländer weitergeben möchte. Sie wünscht sich sehnlichst, dass die Menschen auf Nestland ebenfalls davon profitieren. In Nestland gibt es eine Reihe von Menschen, die nach neuen Wegen suchen.

Jeder Nestländer zahlt in eine Gesundheitskasse, aus der alle Kosten für die medizinische Versorgung bezahlt werden. Es wird jedoch nur die Medizin bezahlt, die von der Universität gelehrt und erforscht wird. Weil die Nestländer Realisten sind, erforschen sie das stoffliche des Menschen, also den Aufbau, die Funktion und die Krankheiten des Körpers.

Energieheilkunde, Naturheilkunde und schamanische Heilweisen gibt es natürlich auch auf Nestland. Da die Gesundheitskasse jedoch nicht für diese Kosten aufkommt, müssen sie aus der eigenen Tasche bezahlt werden. Deshalb wenden sich nur wenige Menschen an die Heiler.

Da die Menschen es gewohnt sind, dass andere für ihre Gesundheit aufkommen, fällt es ihnen besonders schwer, Verantwortung für ihre Gesundheit zu übernehmen. Das äußert sich in Sätzen wie: ‚Das geht doch niemanden was an, was ich mit meinem Körper mache’, oder ‚was kümmert es dich, ob ich rauche oder trinke.’ Wenn dann der Schaden am Körper sichtbar wird, erwarten sie von der Medizin, dass sie ihnen hilft. Inwieweit das eigene Verhalten den Schaden verursacht hat, wird nur sehr selten hinterfragt.

Auf Heilland gibt es kein Gesundheitssystem. Man geht davon aus, dass die Lösung für die gesundheitlichen, sozialen und sonstigen Probleme im Menschen selbst liegen. Deshalb ist es nur folgerichtig, wenn jeder Mensch die Verantwortung für sich selbst übernimmt.

Wenn es gesundheitliche Probleme gibt, ziehen die Menschen für ihre Behandlung die Energieheilkunde vor. Die Energieheilkunde beschäftigt sich mit den energetischen Prozessen im Menschen. Sie basiert auf einer ganzheitlichen Denkweise, die mit Entsprechungen und Symbolen arbeitet und auf jahrtausendealte Erfahrungen zurückgreift.

In der Energieheilkunde geht es neben der Gesundheit des Menschen auch um persönliches Wachstum. Man ist sich bewusst, dass Heilung nur dort geschehen kann, wo auch die Seele und der Geist mit einbezogen werden. Die Erfahrungen, die der Mensch in seinem Leben sammelt und die Herausforderungen, die das Leben an ihn stellt, führen auch zu körperlichen Reaktionen.

Nehmen wir ein Beispiel. Ein Kind bekommt von seiner Lehrerin Strafarbeiten auf, weil es die Hausaufgaben vergessen hat. Auf diese Situation können Kinder ganz unterschiedlich reagieren.

Ein Kind wird traurig: ‚Dann kann ich ja gar nicht mehr mit den anderen Kindern spielen. Wir wollen doch so gern noch die Hütte im Garten weiterbauen.' In der Elementenlehre der Energieheilkunde entspricht diese Reaktion dem Metallelement. Lunge und Dickdarm werden beeinflusst.

Ein zweites Kind ist wütend: ‚So eine Gemeinheit. Die Lehrerin hat gar kein Recht, mich so zu bestrafen. Das kann doch jedem einmal passieren.' Der Körper produziert Galle, damit es sich wehren und dieses Ereignis verarbeiten kann. Leber und Gallenblase werden beeinflusst, sie gehören zum Holzelement.

Ein drittes Kind bekommt Angst und weint: ‚Ich darf nie mehr die Hausaufgaben vergessen. Wenn das meine Eltern erfahren, werden sie schimpfen. Hoffentlich spotten jetzt die anderen Kinder nicht über mich, weil ich nicht mit ihnen spielen kann.' Es produziert Adrenalin, damit es ganz schnell flüchten kann oder Noradrenalin, damit es unsichtbar wird.

Diese Reaktion entspricht dem Wasserelement und beeinflusst Niere und Blase.

Ein viertes Kind macht sich Sorgen: ,Warum muss ich auch immer alles vergessen? Immer passiert das nur mir. Was tue ich, wenn es wieder geschieht? Bekomme ich deshalb eine schlechte Note?' Der Magen und die Bauchspeicheldrüse sind davon betroffen. Das kann zu einer Störung im Erdelement führen.

Ein fünftes Kind reagiert mit Kummer: ,Mensch, da habe ich gestern zu lange rumgespielt und nun darf ich nicht spielen. Das ist wirklich Mist. Was mache ich nur? Wird die Lehrerin mir das verzeihen? Ich will doch auch wieder lieb sein. Ich habe das doch nicht extra gemacht.' Diese Reaktion entspricht dem Feuerelement und beeinflusst Herz und Dünndarm.

Eine Situation und 5 unterschiedliche Arten, sie zu bewältigen. Je nachdem auf welche Art das Kind reagiert, wird es anders darin unterstützt, mit dieser Situation umzugehen. Nun braucht es in der Regel für solch alltägliche Vorfälle keine Behandlung. Da hilft oft schon das tröstende Wort der Eltern oder eines Freundes.

Passieren jedoch belastende Situationen öfter oder treffen sie die Seele des Menschen sehr tief, so braucht es Heilung, damit später der Körper nicht darunter leidet. Und wenn dies schon geschehen ist, der Körper schon mit Krankheit reagiert, ist es wichtig auch in diesem Bereich eine Lösung, Heilung, zu finden. Nur so kann der Mensch ganz und dauerhaft gesund werden.

Deshalb fördern die Heilländer auch das Wachstum, die Fähigkeiten und die Persönlichkeit des Menschen. Anstelle einer Gesundheitskasse gibt es einen Sozialfond.

In diesen Fond zahlt jeder ein. Braucht jemand Unterstützung, wird von einem unabhängigen Gremiun geprüft, oder der Betroffene bereits alles in seiner Macht stehende getan hat und zusätzlicher Hilfe bedarf.

Gefährdet der Mensch durch seine Lebensweise die eigene Gesundheit, wird er darauf hingewiesen, dass er zunächst sein Verhalten zu ändern hat. Er muss im sprichwörtlichen Sinn selbst die Suppe auslöffeln, die er sich eingebrockt hat. Erst wenn er sich ernsthaft um Veränderung bemüht und daran arbeitet, die selbst gesetzten Ursachen zu überwinden, kann er mit Hilfe und Unterstützung rechnen.

Auf Heilland kann jeder rauchen und es kommt keinem in den Sinn, einen Menschen davon abzuhalten. Der freie Wille und die daraus resultierenden Erfahrungen sind für die Heilländer wichtig und heilig.

Bekommt dieser Mensch jedoch deshalb gesundheitliche Probleme, muss er selbst für die notwendige Behandlung aufkommen. Er trägt die Verantwortung für sein Verhalten, indem er die damit verbundenen Konsequenzen trägt.

Jeder hat in Heilland das Recht zu erleben, was eine Handlung, eine Tat oder auch eine Unterlassung mit sich bringen, denn nur so kann er aus Erfahrung lernen.

Eine Ausnahme sind Menschen, die auf Heilland geboren werden und aufgrund einer körperlichen oder seelischen Schwäche nicht für sich selbst sorgen können. Diese Menschen erhalten eine dauerhafte Unterstützung, damit sie in Würde leben können.

Geht ein Mensch in die Opferhaltung oder handelt nicht eigenverantwortlich, wird er freundlich, aber bestimmt darauf hingewiesen, dass er sich darum zu bemühen hat, die vorhandenen Defizite auszugleichen.

Sätze wie: ‚Ich kann nichts dafür, ich bin zu schwach, du musst mir helfen, ich bin halt eben so, das konnte ich doch nicht wissen, ich habe das nicht gewollt‘, hört man deshalb in Heilland sehr selten.

‚Wer einen Weg sucht, findet ihn auch.‘ Oder: ‚Jeder muss sich selbst auf den Weg machen‘, sind Schlüsselsätze in Heilland. Menschen, die ihren Weg nicht durchhalten, laufen Gefahr, jegliche Unterstützung zu verlieren. Das Durchhalten gehört eben auch dazu.

Aus dem Sozialfond kann man jedoch auch Hilfe bekommen, wenn man sich weiter entwickeln, neue Ideen verwirklichen oder neue Projekte initiieren möchte.

Die Menschen geben gerne einen Teil ihrer Einnahmen für das Gemeinwohl, zur Unterstützung einzelner Projekte oder Menschen. Dies geschieht aus dem Wissen heraus, dass es dem Einzelnen nur gut gehen kann, wenn es allen gut geht und es allen gut geht, wenn es dem Einzelnen gut geht.

Auf Erdland geht es ganz anders zu. Die Menschen sind hier sehr naturverbunden und betreiben vorwiegend Gartenbau, pflanzen Heilkräuter an und stellen daraus Medizin her. Sie verehren die Erde als die sie tragende Mutter und den Himmel als den sie leitenden Vater. Sie glauben, dass ein Leben in Einheit mit der Natur sie gesund erhält und Krankheit entsteht, wenn dieses Gleichgewicht gestört ist.

Um gesund zu werden, ist es wichtig, dieses empfindsame Gleichgewicht wieder herzustellen. Das Gleichgewicht erstreckt sich auch auf ihre Verbindung mit den Tieren, den Schutzgeistern des Pflanzen- und Tierreichs sowie den astralen Welten.

Auf Erdland gibt es halluzinogene Pflanzen und die dort lebenden Schamanen nutzen sie zur Bewusstseinserweiterung. Der Gebrauch dieser Pflanzen findet unter bestimmten Voraussetzungen statt und wird genutzt, um die feinstoffliche Wahrnehmung zu erweitern und bestimmte Erkenntnisse zu sammeln.

Die andere Wirklichkeit besteht aus der Unterwelt, Mittelwelt und Oberwelt. In diesen Welten sucht der Schamane nach Wissen, um zu heilen und Erkenntnis zu erlangen. Bei solch einer Reise können auch verloren gegangene seelische Anteile eines Menschen zurückgeholt werden. Bei diesen Reisen achtet der Schamane darauf, dass er sich in der anderen Wirklichkeit nicht verliert. Sonst kann er nicht mehr in diese Wirklichkeit zurück. Deshalb lässt er sich in der anderen Wirklichkeit von seinem Krafttier oder einem Schutzgeist begleiten.

Krafttiere gleichen den Tieren draußen in der Natur. Im Unterschied zu den Tieren in der Natur sind sie feinstofflich und führen mit ihren Fähigkeiten den schamanisch Reisenden durch die Anderswelt. Ihnen stehen die seelischen Kräfte und Fähigkeiten ihrer Art zur Verfügung. Man kann mit ihnen kommunizieren und sie um Hilfe und Unterstützung bitten. Sie können den Reisenden in der anderen Wirklichkeit auf Heilpflanzen oder Gefahren hinweisen.

Schutzgeister arbeiten auf ähnliche Art und Weise. Im Gegensatz zum Krafttier gibt es sie in der normalen Wirklichkeit nicht. Außerdem können sie über besondere Fähigkeiten verfügen.

Da es in der anderen Wirklichkeit nicht nur wohlgesinnte Wesen gibt, ist es wichtig, vorsichtig zu sein. Dies gilt besonders bei Reisen in der Unterwelt, in der man sogenannten Unholden und Dämonen begegnen kann. In der Oberwelt gibt es nur die guten Geister. Der Schamane passt also im wörtlichen Sinn bei seiner Reise auf, dass er nicht von allen guten Geistern verlassen wird. Deshalb wird der Schüler bei seinen ersten Reisen von einem erfahrenen Schamanen begleitet, der ihn lehrt, was in der anderen Wirklichkeit auf ihn zukommen kann.

Die halluzinogenen Pflanzen erleichtern zu Beginn des schamanischen Reisens die Wahrnehmung der anderen Wirklichkeit und werden unter der Aufsicht eines erfahrenen Schamanen und nur für ganz bestimmte Zwecke genutzt. Diese Pflanzen gelten als heilig und ihr Gebrauch zum eigenen Vergnügen oder Zeitvertreib kommt einer Entehrung der Pflanze gleich.

Auf Erdland heilen die Schamanen und jeder Patient gibt für seine Heilung, was er kann, denn eine Gesundheitskasse wie in Nestland gibt es in Erdland nicht. Jeder Schamane verdient seinen Lebensunterhalt über die Arbeit im eigenen Garten, das Herstellen von Medizin oder durch ein Handwerk. Kein Schamane auf Erdland lebt allein von seinen heilenden Fähigkeiten. Das macht ihn unabhängig und verbindet ihn mit dem alltäglichen Leben. Durch seine Reisen in die andere Wirklichkeit ist dieser Ausgleich sehr notwendig, damit er in gutem Kontakt mit dem ganz normalen Alltag bleibt.

Fehlt es einem Kranken an finanziellen Mitteln, zahlen er oder seine Familie in Form von Arbeit für die Behandlung.

Auf Liebland gibt es, ähnlich wie in Nestland, eine Gesundheitskasse. Sie kommt für 60–90 % der Kosten auf, je nach den finanziellen Verhältnissen des Patienten. Dadurch wird die Eigenverantwortlichkeit für das körperliche Wohlbefinden gestärkt. Vorsorgemaßnahmen werden genauso gefördert, wie gesunderhaltende Aktivitäten und therapeutische Maßnahmen. Die Menschen haben die Wahl zwischen unterschiedlichen Formen der Behandlung. Das kann eine Behandlung mit Naturmedizin, Energieheilkunde oder der symptomorientierten Medizin, wie sie in Nestland praktiziert wird, sein. Es ist auch möglich, die unterschiedlichen Herangehensweisen miteinander zu verbinden.

Eine Art Supervisor achtet darauf, dass die Auswahl der Methoden Sinn macht. Diese Supervision wurde eingerichtet, nachdem man entdeckt hatte, dass manche Menschen vor Veränderungen und ihrer Eigenverantwortung davonlaufen. Gesund werden verursacht manchmal eine so große Veränderung, dass sie Angst machen kann. Menschen, die Angst vor Veränderungen haben, entwickeln im Laufe der Zeit Strategien, die ihnen helfen, mit möglichst großem Aufwand möglichst wenig für sich zu erreichen. Auf diese Art und Weise vermeiden sie Veränderungen und belasten die Gesundheitskasse. Um dem entgegenzuwirken, achtet der Gesundheitssupervisor darauf, dass die ausgewählten Behandlungen sich gegenseitig unterstützen. Seit der Einführung des Gesundheitssupervisors gibt es viel weniger Behandlungsabbrüche und die vorhandenen Methoden werden effektiver genutzt.

In Liebland fördert man die symptomorientierte Medizin der Universität genauso wie die Energieheilkunde der Heilzentren und die Naturmedizin der Schamanen. Einrichtungen, die staatliche Förderungen erhalten, sind verpflichtet, armen Menschen kostengünstige Behandlungen zu gewähren. Die Forschungsanstalten und Heilzentren nutzen ihre Erfahrungen mit diesen Patienten für ihre weitere wissenschaftliche Forschung. Auf diese Weise erhält jeder das, was er braucht.

Der Leser wird sich vielleicht fragen, wie so unterschiedliche Gesundheitssysteme in einem Land nebeneinander bestehen können und wie die Menschen damit umgehen.

Nun, auf Eumerika zieht es jeden auf die Insel, die seiner Denkweise, seinen Bedürfnissen und seinem Verständnis der Welt am ehesten entspricht. Zwar wird man, wie Viktoria, auf einer Insel geboren, doch im Laufe des Lebens lernt man auch andere Denk- und Sichtweisen kennen. Man kann sich dann für eine Lebensweise entscheiden und da niemand in Eumerika auf die Idee kommt, die anderen müssten sich ihm anpassen, zieht man einfach auf die Insel, auf der man sich wohler fühlt. Dort findet man dann Gleichgesinnte.

Heimat heißt in Eumerika, dort zu sein, wo man sich im Innersten wohlfühlt, wo die Seele zu Hause ist und Familie ist in Eumerika die Familie, in die man hineingeboren wurde. Und da man einander immer besuchen kann, die Grenzen durchlässig sind, ist das alles kein Problem.

Möchte man von dem Gesundheitssystem einer bestimmten Insel profitieren, lebt man für eine Übergangszeit von fünf Jahren in beiden Systemen. Die ersten drei Jahre dieser Übergangszeit wird man noch von dem alten Gesundheitssystem versorgt, die letzten zwei Jahre schon von dem neuen. Danach entscheidet man sich endgültig für ein bestimmtes soziales System.

Die Schwierigkeiten häufen sich

Viktoria geht ganz in ihrer Arbeit auf. Sie hat viele neue Ideen und fügt das in Heilland erworbene Wissen auf immer wieder neue Art und Weise zusammen.

Im ersten Sommer nach dem Abschluss ihres Studiums sterben auf Nestland viele Menschen durch eine Überflutung. Miriam bittet darum, dass man für diese armen Seelen betet. Mit Feuereifer ist Viktoria dabei. ‚Lieber Gott, mir geht es so gut, bitte gib von meinem Glück etwas an diese armen Seelen und ihre Angehörige weiter', betet Viktoria inbrünstig. Jeden Abend betet sie auf diese Weise für die armen Seelen. Viktoria weiß zu diesem Zeitpunkt noch nicht, was sie sich damit antut.

Privat gerät sie immer wieder an Männer, die sie für ihre Zwecke ausnutzen, unehrlich sind oder kein Interesse an einer Partnerschaft haben. Als sie sich in Harald verliebt, entwickelt sich nur ein freundschaftliches Miteinander, mehr ist nicht drin. Dabei wäre er der Mann, der genau richtig für sie ist.

‚Was mache ich nur', denkt Viktoria, ‚bisher habe ich mir jede enttäuschende Liebe aus dem Herzen gerissen. Sie mir verboten. Das will ich nicht mehr. Es muss doch noch einen anderen Weg geben, damit umzugehen. Jesus hat gesagt: ‚Liebe Deinen Nächsten wie Dich selbst'. Und nun liebe ich diesen Mann und will mir das verbieten, weil eine unerfüllte Liebe weh tut, Schmerz bereitet.'

Nein, Viktoria sucht einen anderen Weg. Sie wendet sich an Gott: ‚Bitte zeig' mir, wie ich damit umgehen soll.' Ein paar Tage später hat sie einen Gedanken. ‚Denke einfach immer nur: Ich liebe. Streiche jeden Gedanken, ich bin verliebt, und ersetze ihn mit: Ich liebe. Lass dir dann von Gott zeigen, welche Art von Liebe dich mit Harald verbindet und du wirst erleben, welch ein Wunder passiert.'

‚Das werde ich probieren', denkt sich Viktoria. Von diesem Moment an streicht sie konsequent jeden Gedanken ans Verliebtsein aus ihrem Kopf und ersetzt ihn mit ‚ich liebe'. ‚Ich liebe Harald', ist der Gedanke, der sie jetzt jeden Tag begleitet. Gleichzeitig bitte sie Gott innerlich, er möge ihr zeigen, welche Art von Liebe sie mit Harald verbindet.

Und Gott zeigt es ihr. Von Tag zu Tag wird Viktoria gelassener. Sie kann Harald sein lassen und das Aufregende, Schmerzhafte weicht einer tiefen Weite und dem Gefühl, den anderen ganz genau so lieben zu können, wie er ist. Nach drei Wochen fühlt sie zu Harald eine tiefe Liebe, viel tiefer als zuvor. Und dennoch spürt sie keinen Schmerz mehr. Der Schmerz hat einer Wärme, einem Gefühl der Verbundenheit Platz gemacht. Auch begehrt sie Harald nicht mehr als Mann. Er ist wie ein Bruder für sie.

Mit ihrem Bruder Timm hat sich Viktoria nie so gut verstanden. Mit Harald ist das anders. Er ist wie der große Bruder, den sie sich immer gewünscht hat. Harald und Viktoria haben viel Spaß miteinander, ohne dass Spannungen oder Erwartungen aufkommen. Viktoria ist ganz angetan von dieser neuen Erfahrung.

Energieheilkunde ist in Nestland noch sehr unbekannt. Um diese wundervolle Arbeit bekannter zu machen, beginnt Viktoria Seminare in Akupressur anzubieten. Die Kombination von Seminartätigkeit und Praxis gefällt ihr sehr. Viktoria lernt viel, wenn sie das, was sie in ihrer täglichen Arbeit am

Patienten tut, an den Wochenenden im Seminar unterrichtet. Bald danach beginnt sie ihre erste Ausbildung. Ihre Erfahrungen in der Assistenzzeit bei Anjai haben sie dazu ermutigt. Die Ausbildung findet alle sechs Wochen an den Wochenenden statt und wird etwa zwei Jahre dauern.

Am Anfang sind die Menschen begeistert. Doch das Lernen der Meridiane kann manchmal sehr pingelig sein. Besonders der Gallenblasenmeridian macht den Teilnehmern Probleme.

Eine Teilnehmerin möchte sich ein Motorrad kaufen, doch leider fehlt ihr das Geld, eine andere hat sich das Lernen einfacher vorgestellt. Diese Unzufriedenheit führt zu Spannungen, die sich an Viktoria festmachen.

„Wenn du anders unterrichten würdest, wäre alles viel einfacher", werfen sie Viktoria vor. Viktoria steht unter Druck. Wieder so eine Situation, in der sie es nicht recht machen kann.

Ruhig hört sie sich die Vorwürfe der Gruppe an.

„Okay", sagt sie, „wir treffen uns in einer Stunde wieder hier. Dann entscheiden wir, wie es weitergeht." Viktoria geht spazieren. ‚Lieber Gott, was soll ich tun', betet sie, ‚was kann ich tun, damit alles gut wird?' – ‚Gib sie frei', spricht die innere Stimme zu ihr, ‚sage ihnen, dass du nur so unterrichten kannst wie du es tust. Du bist du und keine andere Person. Die wirst du auch nie sein, auch wenn du dir noch so viel Mühe gibst. Sage ihnen, dass du sie aus ihrem Vertrag mit dir entlässt und sie dir morgen früh sagen sollen, ob sie die Ausbildung weitermachen wollen.'

Viktoria muss tief durchatmen. Das ist ein großes Risiko. Sie braucht die Einnahmen, schließlich steht sie erst am Anfang. Nur sehr ungern würde sie Hilfe von ihrem Vater annehmen, denn das bedeutet, dass er von ihr erwartet, so zu leben, wie er es sich vorstellt, es bedeutet, die Praxis aufzugeben und zu ihm nach Port Lucky zu ziehen. Das möchte sie auf keinen Fall. Mutig geht Viktoria zurück. Gott wird ihr schon helfen.

Im Seminarhaus angekommen ruft sie die Teilnehmer zu sich.

„Ich halte den Unterricht so gut, wie ich das kann. Ich mache diese Arbeit mit meinem ganzen Herzen. Wenn das für euch nicht gut genug ist, gebe ich euch heute frei. Ich löse die Verträge mit euch und ihr sagt mir morgen, wer die Ausbildung weitermachen möchte und wer nicht."

„So haben wir das doch nicht gemeint", beschwichtigt die Gruppe sie. Alle sind sehr überrascht und wollen darüber diskutieren.

„Ich möchte jetzt nicht weiter darüber reden. Schlaft eine Nacht darüber und trefft morgen eure Entscheidung. Wir treffen uns dann wieder hier um 9:00 Uhr und sehen, wie es weitergeht."

Tief betroffen gehen alle auf ihre Zimmer. Am nächsten Morgen ist für die Gruppe klar: Sie wollen weitermachen. Keiner hat mehr etwas zu kritisieren. Die Stimmung in der Gruppe ist sehr gut und entspannt. Viktoria atmet tief durch. Wie gut, dass sie auf Heilland gelernt hat, dass Gott der beste Freund des Menschen ist. Sie wäre nie auf den Gedanken gekommen, die ganze Ausbildung infrage zu stellen. Von diesem Tag an gibt es in der Gruppe keine Schwierigkeiten mehr. Alle sind zufrieden.

Das sind nicht die einzigen Schwierigkeiten, mit denen Viktoria zu kämpfen hat. Sie hat in ihrer Arbeit Erfolg, die Menschen sind zufrieden. Doch finanziell kommt es immer wieder zu Fehlschlägen. In Viktoria ist viel Mitleid und das spüren die

Menschen. Sie erwarten von Viktoria, dass sie jederzeit für sie da ist.

Manche erwarten sogar, dass sie auf eine Entlohnung verzichtet, wenn es ihnen finanziell nicht so gut geht. Sie haben gehört, dass in China die Ärzte nur dann bezahlt wurden, wenn sie Erfolg haben. Sie brauchen doch die Arbeit von Viktoria und in Nestland zahlt die Gesundheitskasse nur für medizinische Behandlungen. Deshalb muss Viktoria doch einsehen, dass sie nur sehr wenig Geld von ihnen nehmen kann.

Im Grunde ihres Herzens gönnen diese Menschen Viktoria schon den Lohn für ihre Arbeit. Nur sehen sie sich als Opfer, als Menschen, die hilflos sind und in Viktoria ihren rettenden Engel suchen. Sie denken nicht darüber nach, dass Viktoria dadurch in eine finanzielle Schieflage kommen könnte. Aus ihrer Sicht sind sie die Einzigen, denn allen anderen geht es ja so viel besser. Und Viktoria, Viktoria ist nur allzu gerne bereit nachzugeben. In ihrem Inneren spürt sie, dass da etwas nicht richtig ist. Aber sie kann es nicht fassen, nicht ausdrücken.

Je mehr sie dem Drängen dieser Menschen nachgibt, umso mehr schmelzen ihre Finanzen wie Schnee in der Sonne. Unvorhergesehene Ausgaben und nicht bezahlte Rechnungen machen ihr das Leben schwer. Und dann immer wieder diese Gewissenskonflikte, diese Kämpfe in ihrem Innern. Darf sie von diesen Menschen Geld nehmen? Muss sie nicht großzügig sein? Da hilft auch kein Argument wie: ‚Kein Autoverkäufer lässt einem Kunden das Auto zum halben Preis, nur weil er wenig Geld hat.'

Viktoria ist angespannt und wehrt sich mehr gegen sich selbst, als gegen die Menschen, die so große Erwartungen an sie haben. Es ist anstrengend so mit sich selbst im Clinch zu liegen.

Was kann sie nur tun? In Liebland ist es ihr doch so gut gegangen. Da waren die Menschen auch viel mehr bereit, Dienstleistungen angemessen zu bezahlen.

Viktoria geht in sich. Da war doch was, was war das nur? Dann fällt es ihr wieder siedend heiß ein. Miriam; Miriam hat sie doch gebeten, für die armen Seelen zu beten. Und was hat sie getan? Sie hat für die armen Seelen gebetet. Sie hat Gott gebeten, von ihrem Wohlergehen etwas an die armen Seelen abzugeben.

So langsam dämmert ihr, wie dumm sie war. Anstatt zu beten, dass es den armen Seelen genauso gut geht wie ihr, hat sie ihr Wohlbefinden eingetauscht gegen ein kleineres Unglück der armen Seelen. Eingetauscht, gegen Sorgen und Nöte. ‚Das mache ich nie mehr', schießt es in Viktoria hoch. Sie ist erschrocken, wie stark dieses Gebet gewirkt und sie direkt in eine Vielzahl von Problemen hineingeführt hat.

Die Lektion ist klar: Gib nie auf, was dir am Herzen liegt. Teile, aber gib nicht von deiner Substanz, du könntest es schwer bereuen. Ziehe Menschen zu dir hoch ins Glück, aber steige nicht hinab und lebe mit ihnen im Elend. Zeige den Menschen, wie man glücklich lebt, aber werde nicht unglücklich, weil sie es sind.

Aber noch eine weitere Lektion entdeckt Viktoria in diesen finanziellen Kämpfen. Sie muss sich eingestehen, wie schwer es ihr fällt, für ihre Arbeit Geld zu nehmen. Weil sie in ihrer Kindheit so sehr unter der Fülle ihres Vaters gelitten hat, ist es nicht leicht, diese Fülle, diesen Reichtum, für sich selbst in Anspruch zu nehmen. Das spüren die Menschen und dadurch fällt es ihnen leicht, an Viktoria die Forderungen zu stellen, die sie an das Leben haben. Nur ist Viktoria nicht die richtige Adresse dafür.

Ist das die Bewusstheit, von der Miriam gesprochen hat, die Achtsamkeit, die das Leben von uns Menschen fordert, damit es uns gut geht?

Ein neues Projekt in Nestland

Viktoria liebt die Arbeit in ihrer Praxis. Es ist ihr eine Freude, Menschen auf ihrem Weg zu begleiten und ihnen Perspektiven zu eröffnen. Oft kommen Menschen mit wenig Geld zur ihr. Doch für diese Art der Arbeit gibt es in Nestland keine Unterstützung.

Durch die symptomatische Medizin sind sie bestens versorgt, doch was ist, wenn diese an ihre Grenzen stößt? Wenn sie dem Menschen nicht weiterhelfen kann, wenn die Antwort des Arztes ein unbefriedigendes ,damit müssen Sie leben' ist? Dann suchen die Menschen nach Alternativen, wenden sich an Viktoria oder andere Heiler auf der Insel. Doch manche haben kein Geld, diese Kosten zu zahlen. Sie erwarten von Viktoria, dass sie nachsichtig ist, ihnen die finanzielle Last abnimmt, indem sie auf ihren Lohn verzichtet. ,Ich kann doch nichts dafür, dass ich so krank bin und kein Geld habe', bekommt sie dann des Öfteren zu hören, ,ich habe doch auch ein Recht darauf, gesund zu sein'.

Auf Nestland leben noch viele Menschen, die nicht erkannt haben, dass sie selbst für ihre Gesundheit verantwortlich sind. Sie verhalten sich wie kleine Kinder, die von ihren Eltern erwarten, dass sie dafür sorgen, dass alles wieder gut wird. Das heißt nicht, dass die Menschen auf Nestland Verantwortung grundsätzlich ablehnen. Nein, ganz und gar nicht. Es heißt nur, dass es bestimmte Bereiche in ihrem Leben gibt, in denen sie diese Verantwortung an andere Menschen abgegeben haben: ihr Recht an die Richter, die Gestaltung ihrer Gesellschaft an die Politiker und ihre Gesundheit an die Ärzte und Heiler.

Viktoria kämpft dann jedes Mal mit sich selbst. Einerseits möchte sie gerne jedem kostenfrei und überall helfen, andererseits braucht sie die Entlohnung ihrer Arbeit, um selbst leben zu können. Hinzu kommt noch die innere Ablehnung von Geld und Reichtum durch die Erfahrungen in ihrer Kindheit. Es reißt und zerrt an ihr. Ihre Patienten und Schüler bekommen von diesen inneren Kämpfen nichts mit. Sie spüren nur, dass Viktoria unklar ist, dass ein Teil von ihr ihnen Recht gibt. Das nutzen sie instinktiv für ihre Argumente und macht es ihnen leicht, Viktoria für ihr eigenes Desaster verantwortlich zu machen.

Viktoria weiß, dass die Lösung für dieses Dilemma nur in ihr selbst liegt. Sie muss in Frieden mit sich selbst, ihrer Vergangenheit und vor allem mit dem Thema Geld kommen. ‚Okay', sagt sie sich, ‚ich kann es doch wie auf Heilland machen. Zehn Prozent meiner Einnahmen gebe ich für soziale Zwecke. Gott wird mir dann schon sagen, wer es bekommen soll und für was das Geld zu verwenden ist.'

Super, die Idee ist genial. Dann muss sie nicht mehr entscheiden, wem und wann sie hilft. Sie muss sich stattdessen vor Gott für ihre Entscheidungen verantworten. Dass sie sich damit vor der lästigen Pflicht drückt, für sich selbst einzustehen, bemerkt Viktoria nicht.

Gedacht, getan: Von diesem Tag an steht in Viktorias Praxis ein Sparschwein des Herrn. In dieses Sparschwein tut sie all das hinein, was ihrer Meinung nach Gott zusteht. Gott als die Instanz, die für ihren Lebensunterhalt sorgt, ihr Brotgeber ist. Viktoria ist glücklich, denn eine große Last ist von ihr abgefallen. Die Last der Verantwortung, für sich selbst einzustehen. Sie glaubt, die ultimative Lösung für ihr Problem gefunden zu haben.

Eines Tages kommt Inge zu Viktoria in die Praxis. Sie ist wie Viktoria Sozialpädagogin. Doch im Gegensatz zu Viktoria arbeitet sie in ihrem Beruf. Sie hat einen Klienten, Wilhelm. Wilhelm hat Hasch und LSD eingenommen und ist davon süchtig geworden. In der Folge hat er eine Psychose bekommen und wird von der Psychiatrie ambulant behandelt. Inge betreut ihn. Sie glaubt ganz fest, dass ihm diese Form der Arbeit gut tut. Doch leider hat er kein Geld. Seine Oma könnte ihm für eine Weile unter die Arme greifen. Doch auch sie hat nicht viel.

Viktoria schaut sich Wilhelm in einer ersten Sitzung einmal an. Sein sehnlichster Wunsch ist es, frei von der Psychose zu sein, die Tabletten aus der Psychiatrie, die ihn dumpf und antriebslos machen nicht mehr nehmen zu müssen.

„Okay", sagt Viktoria, „6 Monate zahlst du die Hälfte und ab Oktober hast du eine Stelle und zahlst voll." Wilhelm ist damit einverstanden und seine Oma übernimmt die Kosten der Behandlung.

Viktoria arbeitet mit ihm regelmäßig alle 2 Wochen. Sie baut seinen Energiekörper wieder auf, gleicht sein Meridiansystem aus und arbeitet an den Strukturen, die ihn süchtig machten.

Wilhelm nimmt hin und wieder noch LSD. Er ist überzeugt, dass LSD ganz harmlos ist. Hasch ist ja das Teufelszeug und an allem schuld. Aber LSD ist ganz harmlos.

Viktoria ist skeptisch. Sie sieht das anders. Aber da sie noch nie Drogen genommen hat, kann sie da nicht mitreden. Viktoria sagt nichts und lässt ihn in seinem Glauben. Es würde eh nichts nützen etwas zu sagen, dafür ist Wilhelm viel zu überzeugt. Eines Tages bringt er etwas LSD mit in die Praxis und zeigt das Zeug Viktoria voller Stolz. Viktoria sagt nichts und denkt sich ihren Teil. Innerlich bittet sie Gott, Wilhelm eine Erfahrung zu schenken, die ihm die Wahrheit zeigt. Das ist auf Heilland eine weit verbreitete Art, mit unterschiedlichen Meinungen umzugehen.

Plötzlich fällt das LSD Blättchen auf die Erde. Wilhelm kann es zuerst auf dem ähnlich gemusterten Teppich nicht finden. Er gerät in Panik. Doch dann hat er es endlich entdeckt. Beglückt geht er nach der Behandlung nach Hause.

Zehn Tage später ruft er Viktoria an.

„Du musst mir unbedingt helfen, ich bin wieder in eine Psychose gerutscht", erklärt er ihr verzweifelt am Telefon. Wilhelm kann gleich am nächsten Tag kommen.

„Nur du kannst mir jetzt noch helfen, die in der Psychiatrie dürfen das auf gar keinen Fall merken", begrüßt er Viktoria an der Tür.

Viktoria tut für ihn, was sie kann. Sie ist begeistert, da hat Gott ihm aber schnell gezeigt, wie LSD wirkt. Innerlich muss sie schmunzeln. Wilhelm will jetzt komplett auf alle Suchtmittel verzichten, Kaffee, Tabak, Alkohol … Er ist kuriert.

Einen Monat später ist das halbe Jahr um. Drei Tage vor dem ersten Oktober bekommt Wilhelm eine Stelle. Von da an kann er den vollen Preis für seine Behandlungen zahlen. Er fühlt sich schon sehr viel besser. Er hat seine Medikamente von der Psychiatrie schrittweise unter Aufsicht absetzen können. Nach 9 Monaten braucht er kein einziges Medikament mehr und wird als geheilt aus der psychiatrischen Behandlung entlassen. Sein Rückfall ist keinem aufgefallen.

Wilhelm ist überglücklich. Insgesamt geht er etwas mehr als ein Jahr zu Viktoria in Behandlung. So ganz nebenbei hat er seinen eigenen Weg gefunden, sich regelmäßig mit der universellen, der göttlichen Kraft, zu verbinden. Er fühlt sich gelöst und frei, findet neue Freunde und nimmt wieder mehr Anteil am Leben.

Diese Erfahrung berührt Viktoria tief. Sie möchte, dass allen Menschen auf Nestland diese Unterstützung zuteil wird. Sie tut sich mit anderen Heilern zusammen und gemeinsam gründen sie den Verein Lichtquell. Er setzt sich das Ziel, armen Menschen die Behandlung bei einem Heiler zu ermöglichen.

Damit sie auch lernen in ihrer Kraft zu bleiben, Verantwortung für ihre Gesundheit zu übernehmen, soll der Verein nur einen Teil der Kosten übernehmen und die Hilfe befristet sein. Ein Anreiz, ein Anschub, eine Motivation, in die eigene Kraft zu kommen, um dann in der Lage zu sein, sein Schicksal selbst zu meistern. Viktoria ist begeistert von ihrer Vision. Auch wenn erst vier Heiler mitmachen, sie ist überzeugt, dass diese Idee um sich greift und viele Menschen erreichen wird.

Braucht jemand Hilfe, setzen sie sich zusammen. Als ganz besonderer Verein hat der Verein Lichtquell auch eine ganz besondere Art der Entscheidungsfindung. Alle gehen in ihr Herz und bitten das Göttliche ihnen ins Herz zu legen, ob der Antragsteller Hilfe erhält, wie hoch und über welchen Zeitraum. Nicht, dass die Vereinsmitglieder denken etwas Besonderes zu sein, es ist nur so, dass sie sich darin üben, mit dem Göttlichen in Verbindung zu treten, seinen Willen erfüllen möchten. Sie sind sich darüber bewusst, dass sie dabei ganz subjektiv sind und „Fehler" machen können. Aber, es ist ihr Verein, von ihrem Geld unterstützt und sie erlauben sich den Luxus, diese ganz besondere Erfahrung zu machen.

Ja, sie machen wirklich eine ganz besondere Erfahrung. Als Erstes treten sie an die Tageszeitung von Nestland heran. Sie haben die Hoffnung, dass sie ihre Idee veröffentlicht, damit viele Spenden und viele Hilfesuchende zusammenkommen, der Verein groß wird und möglichst vielen Menschen helfen kann.

Zunächst sagt die Zeitung zu. Sie kommen, machen Bilder und ein Interview.

Lange Zeit hört Viktoria nichts. Sie fragt nach und erfährt, dass die Reporterin versetzt worden ist. Sie recherchiert jetzt für einen anderen Artikel in einer anderen Abteilung. Der Chefredakteur empfiehlt ihr eine neue Reporterin. Sie beginnt mit der Arbeit, doch dann ist plötzlich Sendepause. Viktoria fragt nach. Zunächst erhält sie keine Auskunft. Doch dann teilt ihr die Reporterin mit: „Wir haben den Bericht abgesetzt. Meine Kollegin ist in die Redaktion zurückgekommen. Sie hat sich darüber geärgert, dass Sie sich an mich gewandt haben. Deshalb wurde beschlossen, den Bericht nicht mehr zu veröffentlichen." So was, der Chefredakteur hat ihr doch empfohlen, sich an eine neue Reporterin zu wenden. Viktoria ist enttäuscht. ,Okay, da kann man nichts machen', resigniert sie.

Die ersten Hilfesuchenden kommen. Der Verein gewährt ihnen Hilfe, für ein halbes Jahr, für ein ganzes Jahr, je nachdem, was vorliegt. Fast die ganzen 10 % von Viktorias Abgaben an Gott fließen in den Verein. Die Menschen sind froh über die Unterstützung. Einige der Hilfesuchenden glauben, ein Recht auf die Unterstützung zu haben. Sie kennen von staatlichen Unterstützungsstellen, dass jeder, der die Voraussetzung erfüllt, ein Anrecht auf Hilfe hat. Dass es sich hierbei um einen privaten Verein handelt, sehen sie nicht. So macht sich auch niemand Gedanken darüber, woher die verteilten Gelder kommen.

Sybille, eine Heilerin auf Nestland, findet, dass der Verein auch Heiler beim Aufbau ihrer Praxis unter die Arme greifen muss. Damit meint sie natürlich sich. Es ist, als würden manche denken, dass bei einem solchen Verein ein Goldesel im Keller steht. Mit diesen Reaktionen haben Viktoria und die weiteren Vereinsmitglieder nicht gerechnet.

Noch etwas ist merkwürdig. Es gibt Menschen, die nur sehr wenig Geld haben und dringend eine Behandlung von einem Heiler brauchen. Sie wollen jedoch keine Hilfe. Sie haben den Ehrgeiz, sich selbst zu helfen, und interessanterweise finden sie auch einen Weg.

Wie gesagt, der Verein kann vielen helfen und die Menschen freuen sich über seine Unterstützung. Doch wenn diese Zeit vorbei ist, sind die meisten in der Verantwortung für ihre Gesundheit kein Stück weiter. Sie haben die Zeit nicht genutzt, mit der neu gewonnenen Kraft auch ihr Leben in Ordnung zu bringen. Deshalb sind sie immer noch nicht in der Lage, weitere Behandlungen selbst zu zahlen. Irgendwie scheinen die Hilfesuchenden zu denken, dass der Verein auch weiterhin für sie aufkommt. Sie sind ja noch bedürftig und realisieren gar nicht, dass die Unterstützung zeitlich begrenzt ist. In fünf Jahren haben vielleicht ein oder zwei Menschen die Chance genutzt, durch die Unterstützung des Vereins auch ihr Leben in den Griff zu bekommen.

Im Oktober spricht man bei der Mitgliederversammlung über dieses Phänomen. Die Vereinsmitglieder schauen sich ratlos an. So war das eigentlich nicht gedacht! Macht die Hilfe unter diesen Umständen Sinn? In den vergangenen fünf Jahren hat sich nicht viel verändert. Die Zahl der Heiler, die in den Fond einzahlen hat sich nicht erhöht, die Öffentlichkeitsarbeit ist schwierig und die Hilfesuchenden erwarten, dass der Verein für sie zahlt.

Viktoria spricht am Telefon darüber mit Miriam.

„Verantwortung übernehmen ist eine Einstellungssache", sagt sie dazu. „Es braucht Zeit, bis der Mensch erkennt, dass er nicht hilflos seinem Schicksal ausgeliefert ist, bis er ganz in die göttliche Kraft vertraut. Und auch wenn er diesen Weg geht, wenn er Schritt für Schritt sein Leben immer mehr selbst in die Hand nimmt, so gibt es doch immer wieder Bereiche, in denen er sich weigert, seine Verantwortung zu erkennen. Die meisten Menschen haben noch ein falsches Verständnis von Verantwortung. Sie glauben, dass sie eine Schuld auf sich nehmen, die Last von anderen mittragen müssen oder das Leben dann weniger Spaß macht. All diese Vorstellungen über Verantwortung sind völlig falsch. Aber was Verantwortung übernehmen tatsächlich heißt, kann nur jeder für sich selbst herausfinden, deshalb sprechen wir auf Heilland nur so wenig darüber. Nur so viel: In dem Wort Verantwortung steckt das Wort ‚Antwort'. Und diese Antwort findet der Mensch nur in sich selbst."

Es tut gut mit Miriam zu sprechen, aber wie es mit dem Verein weitergehen kann, weiß sie deshalb immer noch nicht. Eines scheint jedoch wahr zu sein: ‚Wenn die Hilfe umsonst ist, ist sie umsonst.'

Was sollen sie nur tun, was ist das Richtige?

Die Mitglieder beschließen, sich noch einmal ins Zeug zu legen. Sie wollen die Vereinsarbeit noch ein weiteres Jahr fortführen und ihr Bestes geben. Wenn sich dann immer noch nicht viel verändert hat, werden sie den Verein auflösen. Aber für alle, so viel ist heute schon klar, ist es eine Erfahrung, die keiner missen möchte.

Gemeinsam planen sie einen Tag der Begegnung. Es gibt viele unterschiedliche Vorträge zum Thema Heilung. Die Arbeit des Vereins wird vorgestellt, es werden neue Mitglieder und Sponsoren gesucht. Vor allem möchte man durch einen Vortrag und in Gesprächen die Absicht des Vereins klar und deutlich herausarbeiten: ‚Hilfe zur Selbsthilfe, übergangsweise', ist das Ziel des Vereins. Abends gibt Herbert ein Konzert mit einfühlsamen Liedern. Lieder, die das Zwischenmenschliche, das Leben, beschreiben. Das Konzert kostet Eintritt und der Erlös soll in die Vereinskasse fließen. Alle Vereinsmitglieder helfen bei den Vorbereitungen, backen Kuchen, kochen Kaffee und verteilen Einladungen.

Während des Fests fragt Viktoria Sebastian: „Kommst du auch heute Abend zum Konzert?"

„Ich weiß noch nicht so recht", ist seine Antwort. Sebastian kommt regelmäßig zur Behandlung. Am Anfang ging er noch zur Schule und hat Unterstützung aus dem Fond des Vereins bekommen. Jetzt hat er seit einem halben Jahr eine Stelle und kann sich die Energieheilkunde bei Viktoria leisten. Als

Viktoria abends dem Konzert lauscht, entdeckt sie Sebastian unter den Zuhörern. Sie freut sich. Schön, dass er doch noch gekommen ist.

Am nächsten Mittwoch sitzt sie Sebastian in ihrem Behandlungszimmer gegenüber.

„Du warst ja doch noch in dem Konzert. Wie hat es dir denn gefallen?", beginnt sie das Gespräch.

„Ach es ging. So ganz war das nicht mein Fall, aber da ich nur die Hälfte bezahlt habe, war es in Ordnung."

Viktoria ist erstaunt. Wieso hat Sebastian nur die Hälfte bezahlt? Er arbeitet doch. Der ermäßigte Eintritt galt doch nur für Schüler, Studenten und Arbeitslose. Sie fragt nach: „Wie hast du das denn gemacht?"

„Ohh", erzählt Sebastian ganz ungezwungen. „Ich habe Mathilde getroffen. Sie hatte eine Karte zum halben Preis, weil sie arbeitslos ist. Sie hat mir ihre Karte gegeben und sich eine neue gekauft."

Viktoria kennt Mathilde. Sie kommt auch zu ihr in Behandlung. Mathilde bekommt zurzeit Unterstützung vom Verein Lichtquell, weil sie sich die Behandlung nicht leisten kann.

‚Soll ich dazu etwas sagen?', fragt sich Viktoria innerlich. – ‚Nein warte, es kommt eine bessere Gelegenheit', antwortet es in ihr.

Also lässt Viktoria das Ganze so stehen und fragt: „Was kann ich denn heute für dich tun?"

„Ich komme mit meinem Geld nicht zurecht", ist Sebastians Antwort. „Immer habe ich zu wenig, es reicht hinten und vorne nicht."

‚Jetzt ist die Gelegenheit da, jetzt sprich mit ihm über sein Verhalten', fordert die innere Stimme Viktoria auf.

„Kennst du die geistigen Gesetzmäßigkeiten?", fragt Viktoria ihn.

„Jaaa!", ist seine Antwort, denn er weiß nicht so recht, auf was Viktoria mit dieser Frage hinaus will.

„Wer gibt, der bekommt und wer Angst hat zu geben, bekommt nur wenig. Deine Angst verhindert die Fülle, weil die Energie nicht frei fließen kann. Geben und Nehmen müssen im Einklang sein, müssen fließen, wenn wir im Fluss, im Überfluss leben wollen. Nehmen und Geben sind eins, wie Tag und Nacht. Energie fließt dorthin, wo sie fehlt. Wenn du etwas festhältst, stagniert der Energiefluss. Du kannst nichts Neues aufnehmen. Du schneidest dich selbst vom Strom des Lebens ab. Es ist wie mit einem Eimer, der voll ist. Da passt auch nichts mehr hinein. Er muss erst leer werden"

„Jaa, das weiß ich. Und was willst du mir damit sagen?", fragt Sebastian vorsichtig. Er ist verunsichert und rutscht auf seinem Stuhl hin und her. Langsam dämmert ihm, dass irgendetwas nicht stimmt.

„Du hast mir doch gerade erzählt, dass du für die Konzertkarten weniger bezahlt hast?"

„Jaah, auf was willst du hinaus?"

„Nun, der Erlös des Konzertes kommt dem Verein Lichtquell zugute. Es ist der Verein, der dich über ein Jahr unterstützt hat. Mathilde bekommt zurzeit Unterstützung von diesem Verein. Wenn ihr beide erfolgreich darin seid, den Verein um seine Einnahmen zu bringen, kann er keinem mehr helfen. Das heißt du und Mathilde haben dazu beigetragen, dass sie auf Dauer keine Hilfe bekommen kann."

Sebastian ist nachdenklich geworden und schaut sehr betreten drein. So hat er das Ganze noch gar nicht gesehen. Er hat auch nicht darüber nachgedacht, wem er davon erzählt, denn Viktoria ist die Vorsitzende dieses Vereins. Er war einfach nur glücklich, Geld gespart zu haben.

Damit Sebastian in Zukunft leichter in seine Fülle kommt, möchte Viktoria mit Sebastians Wahrnehmung arbeiten. Das wird ihm helfen zu sehen, zu erkennen, wie er in Fülle leben kann und seine Muster der Angst löschen. Damit die Arbeit tiefgreifend ist, macht sie mit ihm eine Voraktivität. Sie hat den Effekt, dass er den Unterschied wahrnehmen kann, der durch Viktorias Arbeit in seinen Gefühlen, Gedanken und seinem Handeln entsteht.

Viktoria schenkt Sebastian ein Glas Wasser ein. So Sebastian, ich schenke dir dieses Wasser, es gehört jetzt dir. Ich bitte dich jetzt mit diesem Wasser, das dir gehört, meine Blumen zu gießen. Bitte achte darauf, wie es dir dabei geht.

Sebastian gießt Viktorias Blumen mit seinem Wasser. Er ist ganz erstaunt, welche Gefühle und Gedanken in ihm hochsteigen und wie schwer ihm das fällt. Er spürt die Angst, den Blumen von dem Wasser zu geben. Dabei handelt es sich doch nur um Wasser, einfaches Leitungswasser.

Nach dieser Voraktivität vernetzt Viktoria seine Wahrnehmung, wie sie es auf Heilland gelernt hat. Sie nimmt den Stress raus und gleicht die Energien aus. Nach getaner Arbeit schenkt sie Sebastian noch einmal ein Glas mit Wasser. Er soll damit wieder ihre Blumen gießen. Sebastian ist ganz erstaunt, wie leicht es ihm fällt. All seine Ängste von vorhin sind wie weggeblasen.

Zum Abschluss testet Viktoria über seinen Arm, ob er noch eine Hausaufgabe braucht. Ja, ist die Antwort. Sebastian erhält als Hausaufgabe drei Dinge zu verschenken.

„Aber nicht die Sachen, die du sowieso loswerden willst", neckt Viktoria ihn. Danach gibt sie ihm einen neuen Termin. In drei Wochen wird sie überprüfen, ob diese Arbeit noch hält.

Viktoria ist ganz gespannt. Sie kann es kaum erwarten, bis die Zeit um ist. Sebastian ist ganz beglückt, als sie sich wiedersehen. Er hat seine Hausaufgaben gemacht.

„Und was ist passiert?", will Viktoria wissen.

„Ich bin zweimal zum Essen eingeladen worden. Und mit dem Geld komme ich jetzt auch besser hin. Ich verdiene zwar nicht mehr, aber irgendwie geht das jetzt besser."

„Klasse!", freut sich Viktoria mit ihm. ‚Ist das nicht wunderbar', denkt sich Viktoria im Stillen, man braucht keinem zu sagen, was er zu tun hat. Wenn die Blockaden gelöst und die energetischen Verbindungen wieder hergestellt sind, passiert alles von ganz allein. Ohne Beeinflussung kommt der Mensch an seinen eigenen, inneren, lichtvollen Kern.

Was für ein Geschenk. Viktoria liebt es, wenn sie so viel zusammen mit ihren Patienten lernt, wenn sie sie auf dem Weg in ein einfacheres, freieres Leben begleiten darf.

Ein Jahr später treffen sich die Mitglieder des Vereins erneut. Es hat sich im vergangenen Jahr nicht viel verändert. Das Fest hat auch nicht den gewünschten Erfolg gebracht. So beschließen sie gemeinsam, den Verein aufzulösen. Es war für alle eine wichtige Erfahrung. Aber vielleicht ist die Zeit noch nicht reif dafür, oder es muss eine andere Form gefunden werden.

Sie sind ein bisschen traurig und gleichzeitig auch erleichtert. Man trennt sich deshalb mit etwas Wehmut und Freude im Herzen. Manchmal liegt das eine eben sehr nahe beim anderen.

Begegnung auf Erdland

Viktoria macht im Sommer auf Erdland Urlaub. Sie möchte diese Menschen und ihre schamanischen Heilweisen kennenlernen, denn sie sind anders, als das, was Viktoria auf Heilland gelernt hat.

Auf Erdland trifft Viktoria Walter. Er ist auf Erdland aufgewachsen, weil seine Mutter ihn nach der Geburt seinem Vater überlassen hat und er ihn nach Erdland zu den Großeltern gebracht hat. Dort lernte er von seinem Großvater viel über den Gemüseanbau und die Heilkräfte von Pflanzen.

Walter hat von einem Schamanen das Reisen in die andere Wirklichkeit gelernt und weiß, wie man verloren gegangene Seelenanteile zurückholt. Es gibt viele Wege zur Heilung und der schamanische Weg ist einer davon. Viktoria freut sich, durch Walter den schamanischen Weg kennenzulernen.

In lauen Sommernächten sitzen sie oft miteinander in den Dünen am Strand. Walter erzählt ihr dann von seiner Arbeit.
    „Bei der Seelenrückholung gehe ich in einen energetischen Kontakt mit meinem Klienten. Dies geschieht, indem wir uns nebeneinander auf eine Decke legen und uns an den Händen fassen. Als Erstes reise ich zu der Stelle im Körper, die die seelische Verletzung trägt."
    „Was meinst du damit?"
    „Wenn bei einem Menschen ein Teil seiner Seele verloren geht, drückt sich das an einer bestimmten Stelle körperlich aus. Diese Stelle ist sehr eng mit dem verloren gegangenen Seelenanteil verbunden. Dort sehe ich, welcher Seelenanteil dem Menschen verloren gegangen ist und die Situation in der es

passierte. Die meisten sind immer sehr erstaunt, wenn ich ihnen diese Situation nach der Reise beschreiben kann.

Von dieser Stelle des Körpers reise ich in der anderen Wirklichkeit zu dem Ort, an dem der verloren gegangene Seelenanteil sich befindet. Der Seelenanteil trägt einen Teil der Essenz oder Kraft des Klienten, z. B. Selbstliebe, Mitgefühl, Mut, Selbstwirksamkeit … Je nachdem, wo sich dieser Seelenanteil befindet, reise ich in die Unterwelt, Mittelwelt oder Oberwelt. Von dort bringe ich diesen Teil nach Hause, das heißt, zurück zu dem Menschen, der ihn verloren hat.

Manchmal möchte dieser Teil nicht zurückkommen. Man kann das mit einem Kind vergleichen, das von Zuhause fort gelaufen ist, weil es dort so schrecklich war oder es sich nicht gebraucht gefühlt hat. In diesen Fällen muss ich sehr viel Überzeugungsarbeit leisten. Ich kann diesem Seelenanteil ein Seelenfenster öffnen. Durch die Öffnung des Seelenfensters kann der verloren gegangene Teil unseres Selbst erkennen, dass er vermisst wird und dringend gebraucht ist, damit der Mensch ganz gesund und heil werden kann. Er kann auch sehen, inwieweit wir uns verändert haben, mehr für uns selbst einstehen, uns nicht mehr verleugnen oder unsere Seelenkraft nicht mehr missbrauchen.

Erst wenn der verlorene Seelenanteil davon überzeugt ist, dass er geachtet und gebraucht wird, reist er mit mir durch die andere Wirklichkeit zu dem Menschen zurück, zu dem er gehört. Wenn ich im Energiefeld meines Klienten angekommen bin, blase ich diesen Seelenanteil vorsichtig unterhalb des Brustkorbs ein. Der Klient fühlt sich danach in der Regel kraftvoller, freudvoller und ganz. Nach der Seelenrückholung isst er eine Süßigkeit und trinkt einen Schluck Wasser, um damit den verloren gegangenen Teil seiner Selbst zu begrüßen und ihm zu zeigen, dass er ihn von nun an nähren wird. Dies sollte in der darauf folgenden Zeit dann auch geschehen.

Geschieht dies nicht und nutzt der Klient diese zurückgekehrte Kraft nicht, ist sie meist sehr schnell wieder verschwunden. Ein erneutes Zurückholen ist dann sehr viel schwieriger. Wir können diesen Prozess mit einem Ehepaar vergleichen, in dem einer der Partner Besserung gelobt, nachdem er den anderen zutiefst verletzt hat. Eine Chance wird in der Regel sehr gerne gegeben. Wird diese Chance jedoch nicht genutzt, wird der Graben des Misstrauens sehr tief. Weitere Chancen sind dann oft nur noch sehr schwer zu bekommen.“

Für Viktoria ist das alles sehr neu und sehr interessant. Wieder einmal tut sich für sie eine ganz neue Welt auf.

Im Gegensatz zur Arbeit auf Heilland erhält der Klient keine weitere Unterstützung, nachdem der verloren gegangene Anteil zurück ist. Der Schamane geht davon aus, dass nach der Integration dieses Anteils alles Notwendige getan ist. Der Mensch ist für sein weiteres Leben selbst verantwortlich. Um seine persönlichen Schwächen zu überwinden, entwickelt er seine inneren, archetypischen Kräfte. Diese archetypischen Kräfte gehören zur Inneren Familie und den vier Inneren Weisen.

Viktoria findet in Walter einen Menschen, der ihr Interesse an ganzheitlichem Heilweisen teilt. Sie kann sich mit ihm über Reinkarnation und Energieheilkunde austauschen.

Walter hat früher heimlich halluzinogene Pflanzen zu sich genommen, was in Erdland wegen der damit verbundenen Gefahren verboten ist. Das hat seinen Geist geöffnet. Heute kann er Filme sehen, wenn er die Augen schließt. Diese Filme sieht er auch, wenn er für andere Menschen Seelenanteile zurückholt.

Normalerweise nimmt der Schamane auf Erdland halluzinogene Pflanzen nur zu ganz bestimmten Anlässen, in einem geschützten Rahmen und wenn er über eine gewisse Reife verfügt, da seine Seele sonst Schaden nehmen kann.

Auf Heilland wird die feinstoffliche Wahrnehmung gefördert, indem Strukturen gelöst werden, die das Wachstum und die Reife blockieren. Man geht davon aus, dass die feinstoffliche Wahrnehmung sich automatisch bei einer bestimmten seelischen Reife öffnet. Durch seelische Verletzungen können Gefühle unterdrückt werden, was sich dann auch auf die feinstoffliche Wahrnehmung auswirkt. Liebeskummer, Ärger, Angst ... können solche Verletzungen bewirken.

Viele Menschen wollen diese schmerzhaften Gefühle nicht erleben und verschließen sich dadurch oft einem neuen Glück. Nach einiger Zeit, wenn der Schmerz verblasst ist, wünschen sie sich eine neue Liebe. Um diese neue Liebe in ihrer ganzen Tiefe erleben zu können, ist es wichtig, die Wahrnehmung des Gefühls von Liebe zuzulassen. Manche Menschen brauchen Unterstützung, damit sie die Blockaden, die sie ursprünglich beschützen sollten, loslassen können. Nach der Lösung von Wahrnehmungsblockaden ist der Betroffene wieder in der Lage, tiefe Gefühle zu erleben.

Das Dumme an der Sache ist nur, wenn man Liebe tiefer empfindet, empfindet man auch den Schmerz tiefer. ‚Alles hat seinen Preis', hat Miriam dazu gesagt, aber es ist ein Preis, der sich lohnt, denn es ist der einzige Weg, den Viktoria kennt, um glücklich zu werden. Im Laufe des Lebens lernt man, mit den Schmerzen umzugehen und sie in Glück zu verwandeln.

Das Lösen von Wahrnehmungsblockaden erleichtert es dem Menschen, aus Erfahrung zu lernen. Lernen aus Erfahrung ist eine wichtige Voraussetzung für die seelische Reifung und damit für die feinstoffliche Wahrnehmung. Auf diese Weise wird verhindert, dass die Seele Schaden nimmt, frei nach dem Motto: ‚Von dem Baum, auf den du alleine hochgekommen bist, kannst du auch alleine wieder runterkommen.'

Mit der Zeit entwickelt sich zwischen Viktoria und Walter eine tiefe Verbundenheit. Sie sitzen an lauen Sommerabenden oft draußen am Meer auf einer Bank. Heute ist es ganz windstill. Sie hören nur leise die Brandung.

„Kannst du sehen, was wir in einem früheren Leben zusammen erlebt haben?", fragt Viktoria.

„Mal sehen." Walter schließt die Augen. Bald steigen Bilder auf, die er Viktoria erzählt. Viktoria weiß plötzlich, wie die Geschichten weitergehen. Sie kann keine Bilder sehen, aber das Wissen um die Dinge, die geschehen sind, ist plötzlich da. Auf diese Weise erleben sie gemeinsam viele frühere Leben. Doch am Ende mündet alles in Kampf oder Tod. Viktoria hat bald keine Lust mehr, in diese Leben zu schauen. Es ist viel angenehmer, die schönen Stunden Seite an Seite miteinander zu genießen.

Sie wandern durch die Dünen, spazieren durch die Wälder und Walter erklärt ihr die Wirkung der Heilkräuter in seinem Garten und in der Natur.

Auf einem ihrer Spaziergänge kommen sie bei Quentin vorbei. Bei ihm hat Walter gelernt, in die andere Wirklichkeit zu reisen.

Quentin lädt sie zu einer Tasse Tee ein. Sie unterhalten sich und plötzlich sind sie bei dem Thema Heilkunde angelangt. Quentin kennt Miriam von früher. Sie war vor Jahren einmal bei ihm auf Erdland, weil sie etwas über die Wirkung der halluzinogenen Pflanzen erfahren wollte. Er möchte wissen, wie es ihr geht und was sie macht und Viktoria möchte viel über die Heil- und Denkweisen auf Erdland erfahren.

So ganz nebenbei kommen sie auch auf die Erfahrung zu sprechen, die Viktoria in Nestland mit dem Verein Lichtquell gemacht hat. Quentin erzählt daraufhin: „Am Anfang meiner Arbeit als Schamane habe ich 3 Jahre auf Nestland gearbeitet, weil mein Lehrer mir das empfohlen hatte. Eine schamanische Reise zeigte mir, wie ich am besten Zugang zu den Menschen dort finde und sie unterstützen kann.

Auf dieser Reise bin ich meinen zwei Geistführern begegnet. Der eine sagte mir, dass ich auf Spendenbasis arbeite sollte. Er zeigte, dass ich in der ersten Woche von einer Person 20 Dollar und von einer anderen 200 Dollar bekomme. Der zweite ließ mich sehen, wie ich durch Vorträge die Neugier an schamanischen Heilweisen und Heilkräutern wecken kann.

Und so war es auch. Über die Vorträge fand ich schnell Kontakt zu den Menschen, die meine Arbeit brauchten. In der ersten Woche meiner Arbeit auf Nestland bekam ich von einer Frau 20 Dollar und von einer anderen Frau 200 Dollar. Das Interessante daran war, dass die erste Frau als Ingenieurin viel Geld verdiente und ferne Länder bereiste. Sie kam nach der ersten Behandlung nicht wieder. Die zweite war eine arme Bauersfrau. Sie war voller Dankbarkeit für meine Arbeit. Auch diese Frau kam nach der ersten Sitzung nicht wieder, sie war geheilt."

Viktoria wird sehr nachdenklich. Sie hat immer gedacht, dass sie armen Menschen helfen muss, weil sie sonst nicht gesund werden können. Aber das Gegenteil schien der Fall zu sein. Es hat wohl mehr etwas mit Wertschätzung als mit Geld zu tun, wie viel jeder bereit ist, für seine Gesundheit auszugeben. Und die Menschen, die Wertschätzung für die Arbeit des Heilers haben, werden anscheinend schneller gesund, als andere Menschen.

„Ja", sinniert Viktoria, „auf Nestland gibt es viel mehr Menschen als anderswo auf den Inseln, die nicht auf ihre Gesundheit achten." Wie hat eine Kollegin erst neulich zu ihr gesagt? ‚Manche Menschen scheinen an der Praxistür die Verantwortung für ihre Gesundheit abzugeben.'

Das Gespräch beschäftigt Viktoria noch lange. Stellt es doch ihr ganzes bisheriges Denken infrage.

Viktoria und Walter lernen sich immer besser kennen und im Laufe der Zeit wird es Liebe. Walter ist fasziniert von Viktorias Arbeit und möchte ebenfalls seinen Lebensunterhalt mit Heilarbeit verdienen. Seit dem Tod des Großvaters kümmert er sich um seine Oma und verdient sich etwas Geld mit Gelegenheitsarbeiten. Bisher hat ihm keine Arbeit so richtig zugesagt. So zu arbeiten wie Viktoria, das kann er sich ohne Weiteres vorstellen. Und wenn er mit seiner schamanischen Arbeit auf Nestland Geld verdienen kann, wäre das doch super.

Walter will mit einer Ausbildung zum Heiler beginnen und vertieft bei Quentin seine schamanischen Kenntnisse. Viktoria ist glücklich und stolz auf ihre neue Liebe. Wer hat schon das Glück, einen Partner an der Seite zu haben, der die eigenen Interessen teilt, mit dem man gemeinsam etwas aufbauen und vor allem den spirituellen Weg gehen kann. Viktoria fühlt sich vom Leben reich beschenkt.

Sie lädt Walter zu sich nach Nestland ein und möchte ihm ihre Praxis zur Verfügung stellen, damit er dort das schamanische Reisen unterrichten kann.

Er ist begeistert und überlegt, was er noch alles in Nestland anbieten will. Er erzählt Viktoria von der Arbeit mit der Inneren Familie. Wie oft geschieht es, dass es in der Familie nicht so optimal läuft, man mit dem Vater, der Mutter oder den Geschwistern im Clinch liegt. Die Seele sucht sich ihre Eltern aus, um mit und durch sie etwas zu lernen. Die Erfahrung, die das Kind durch sie Wahl seiner Mutter und seines Vaters sammelt, überträgt sich auf das Bild der eigenen Inneren Frau und des eigenen Inneren Mannes. Die Kräfte der Inneren Frau und des Inneren Mannes sind nach dem schamanischen Denken archetypische Seelenkräfte, die uns lehren, wie wir uns selbst schützen, ernähren, pflegen und heilen können. Sie lehren uns, was es heißt wirklich Frau, bzw. wirklich Mann zu sein. Die archetypischen Seelenkräfte des Inneren Jungen und des Inneren Mädchens bewahren unsere Lebensfreude und unser Urvertrauen. Sie sind der Garant dafür, dass wir aus Erfahrung lernen, Hilfe und Unterstützung annehmen können.

Ja, das versteht Viktoria. Seit ihrer Kindheit liegt sie mit dem Bild, wie eine Familie sein sollte, im Clinch. Das ist richtig verkorkst. Zwischen Anspruch und Wirklichkeit liegen Welten. Sie wollte schon immer wissen, wie man Familie ideal lebt. Doch leider hat sie bisher dafür kein Vorbild entdecken können.

Wenn aber jeder über ein archetypisches Inneres Bild verfügt, das ihm zeigt, was Frau sein, was Mann sein wirklich bedeutet, wie es sich anfühlt, Kind zu sein und von diesem inneren Bild lernen kann, wie man Familie lebt, dann ist das genial. Sie möchte ihre eigene Innere Familie kennenlernen. Und das geht nirgends besser als bei Quentin.

So beschließt sie erst einmal nach Hause zu fahren und in drei Monaten wiederzukommen. Walter begleitet sie für 14 Tage, um sich in Nestland umzuschauen.

Anfang Juni ist Viktoria wieder in Erdland. Walter holt sie vom Schiff ab und freut sich sehr, sie wieder in seinen Armen halten zu können. Auch Viktoria ist glücklich. Außerdem wird sie endlich die Arbeit mit der Inneren Familie kennenlernen. Quentin stellt die Innere Familie auf eine ganz besondere schamanische Art und Weise auf.

In der Gruppe sind fünf Frauen: Erika, Edeltraud, Sabine, Johanna und natürlich Viktoria. Als Erstes ist Erika an der Reihe. Sie legt sich auf den Boden und die anderen sitzen um sie herum. Quentin achtet sehr darauf, dass die Aufstellung im Einklang mit den Himmelsrichtung stattfindet, denn dadurch entsteht ein besonders Energiefeld, das die Wirkung der Aufstellungsarbeit verstärkt.

Viktoria nimmt für Erika den Platz des Inneren kleinen Jungen ein, der bei der Frau auch das göttliche Kind ist. Viktoria geht es gut, sie hat jedoch keinerlei Kontakt zu den anderen Familienmitgliedern. Es ist, als ob sie in einem Raum voll Luftballons sitzt und ganz für sich alleine spielt. Auch die anderen haben wenig Kontakt untereinander.

Quentin fragt jeden der Reihe nach, wie es ihnen geht. Am schlechtesten geht es Edeltraud, die die Rolle des Inneren Mädchens hat. Sie fühlt sich ganz allein und hat Rückenschmerzen. Es ist, als wenn sie einen tonnenschweren Rucksack zu tragen hat.

„Kannst du die Innere Frau sehen?", fragt Quentin sie.

„Nein, da ist niemand", bekommt er von Edeltraud als Antwort. Quentin bitte die Innere Frau auf das kleine Mädchen zuzugehen, sie zu nähren und in den Arm zu nehmen.

Durch Quentins feinfühlige Arbeit kommen sich im Laufe der Zeit alle Familienmitglieder näher. Das kleine Mädchen hat seinen Vater beschützen wollen, weil die Innere Frau mit ihm nie zufrieden war. Jetzt gibt sie die Gabe des Schutzes an den Inneren Mann zurück. Das macht ihn sehr kraftvoll und Edeltraud spürt, wie die ganze Last von ihr abfällt. Der ganze Druck auf dem Rücken ist wie weggeblasen, einfach nur, indem das kleine Mädchen dem Innern Mann gedanklich den Schutz zurückgegeben hat. Nachdem alle in gutem Kontakt sind und der Innere Mann sich mit der Inneren Frau versöhnt hat, entsteht eine große Lebendigkeit zwischen allen Mitgliedern der Inneren Familie. Es herrscht eine Aufbruchstimmung, in der die Innere Familie das Herz von alten Verletzungen entrümpelt und sich darin eine Wohnung einrichtet. Nachdem diese Arbeit abgeschlossen ist, fühlen sich alle gut. Johanna, Sabine, Edeltraud und Viktoria haben die Last und Entfremdung von Erikas Innerer Familie körperlich gespürt und sind froh, wieder davon frei zu sein. Erika geht es gut. Ihre langjährigen Rückenschmerzen sind fast ganz weg. Sie strahlt von innen heraus und ist den Vieren für ihre Arbeit sehr dankbar.

„Du unterstützt mich doch auch nachher", winkt Viktoria ab.

Viktoria ist ganz neugierig, wie es wohl ihrer Inneren Familie geht.

Viktorias kleines Mädchen hat das Vertrauen in die Inneren Eltern verloren. Es weicht dem Kontakt aus. Durch das Spiel mit dem Inneren göttlichen Kind kommt es wieder mit dem Urvertrauen in Kontakt. Dadurch lernt es sich auf seine Inneren Eltern einzulassen.

‚Ist das spannend', denkt Viktoria nach dieser Aufstellungsarbeit. Sie hätte nie gedacht, dass die Erlebnisse ihrer Kindheit ihr Verhältnis zu diesen archetypischen Seelenkräften blockieren. Sie fühlt sich kraftvoll und erzählt am Abend voller Freude Walter von ihren Erfahrungen.

Walter hört ihr aufmerksam zu, er kennt diese Arbeit aus vielen Aufstellungen mit Quentin. Doch bisher war er immer nur Helfer und hat sich als Stellvertreter für ein Mitglied der Inneren Familie zur Verfügung gestellt. Doch selbst hat er seine Innere Familie noch nie aufgestellt. Er weiß, dass es für ihn auch wichtig ist, doch bisher ist er dem ausgewichen, irgendetwas in ihm hat sehr viel Respekt davor.

In der darauffolgenden Zeit geht Viktoria regelmäßig in Kontakt mit ihrer Inneren Familie. Je mehr Viktoria übt, umso leichter geht es. Die Inneren Kinder lehren sie Leichtigkeit und Fröhlichkeit. Das ist ein wunderbarer Ausgleich zur Ernsthaftigkeit der Inneren Eltern. Es weckt Spontanität und Freude am einfachen und leichten Gelingen der täglichen Arbeit. Quentin hat ihr auch gezeigt, wie sie die Innere Familie als Ratgeber nutzen kann.

Sie möchte den Aufenthalt auf dieser Insel gerne um eine Woche verlängern, doch in Nestland hat sie Termine mit ihren

Patienten. Sie setzt sich in aller Ruhe auf ihr Bett und fragt ihre Innere Frau: ‚Was hältst du von dieser Idee?'

‚Das wird deinem Körper sehr gut tun. Außerdem genieße ich es, wenn Walter dir den Hof macht', ist ihre Antwort.

‚Ruf doch in Nestland an, vielleicht lassen sich die Termine verschieben', schlägt ihr der Innere Mann vor, während ihr göttliches Kind sich ganz sicher ist: ‚das klappt schon, trau dich, es wird sich alles fügen.'

Und siehe da, als Viktoria in Nestland anruft, kommt es Frau Schneider ganz gelegen: „Ich wollte auch schon absagen, weil wir meine Schwester in Liebland besuchen möchten", hört Viktoria sie durchs Telefon antworten. Und auch mit den anderen ist das kein Problem. Im Gegenteil, Herr Habicht freut sich, weil er eine Woche später zusammen mit seinem Bruder kommen kann, der ihre Arbeit unbedingt einmal kennenlernen will. Wunderbar, alle Türen haben sich geöffnet. Es ist genauso, wie es ihre Innere Familie gesagt hat.

Ein gemeinsames Leben auf Nestland

Walter hat auf Nestland mit der Ausbildung zum Heiler begonnen. Am Anfang macht ihm das Lernen noch Freude, doch je mehr es auf die Prüfung zugeht, umso schwerer fällt ihm das Lernen. Viktoria rät: „Hör auf dein Herz, da wirst du wissen, was für dich genau richtig ist." Walter hört auf seine Angst. Sie ist stärker als seine Herzensstimme. Er bricht die Ausbildung ab.

Viktoria ist tüchtig. Sie hat viel gelernt und macht ihre Arbeit mit sehr viel Liebe. Auf Nestland gibt sie mittlerweile Seminare in Akupressur und Chakra Arbeit.

Walter und Viktoria möchten in Nestland ein Zentrum für Heilung eröffnen. Walter will Viktoria beweisen, dass er genauso tüchtig ist wie sie. Es drängt ihn, Seminare zur Arbeit mit der Inneren Familie anzubieten.

Vor dem ersten Seminar zur Inneren Familie wird er unsicher.
  „Viktoria, kannst du nicht dabei sein und mich unterstützen?", bittet er sie.
  „Gern!", sagt Viktoria zu, „aber du leitest das Seminar." Das ist für ihn kein Problem. Er ist erleichtert, dass Viktoria ihm zur Seite steht, dann kann ja nichts schief gehen.

Es hat beiden viel Freude bereitet, gemeinsam das Seminar zu halten. Er ist stolz auf seine Frau. Sie kann so viel. Wie kann er ihr nur beweisen, dass er ihr ebenbürtig ist? Er will dieser wunderbaren Frau zeigen, dass er sie auch verdient hat. Deshalb plant er weitere schamanische Seminare für Nestland zu konzipieren.

Für Viktoria ist das nicht so wichtig. Sie liebt diesen Mann und kann sich sehr gut vorstellen, mit ihm alt zu werden. Hauptsache sie sind miteinander glücklich.

Zwei Jahre später kommt ihr Sohn Marcel auf die Welt. Sie heiraten, weil sie den Rest ihres Lebens miteinander verbringen wollen und damit Marcel im Schutz seiner Familie aufwächst. Walter glaubt, jetzt noch erfolgreicher sein zu müssen. Das macht ihm Druck, hinzukommen die Erwartungen von Viktorias Vater und die Verantwortung für seinen Sohn.

„Warum machst du keine Reise und fragst deine Spirits?", fragt Viktoria ihn. Spirits nennt Walter seine geistigen Führer. Das können Krafttiere, Engel und aufgestiegene Meister sein.

„Ja, das werde ich tun." Doch er tut es nicht. Immer wieder nimmt er es sich vor, immer wieder schiebt er es auf. Lieber geht er spazieren, er braucht das zur Entspannung. Entspannung findet er nur in der Natur.

Viktoria merkt, dass er hin und wieder Alkohol trinkt. ‚Ist das nicht abträglich für seine Arbeit?', macht sie sich Gedanken. Wenn Viktoria Alkohol getrunken hat, kann sie keine Energieheilkunde mehr machen. Der Alkohol stört ihre Konzentration und nimmt ihr die Kraft für eine gute Arbeit. Sie braucht wenigsten einen Tag Pause zwischen einem Glas Wein und der energetischen Arbeit.

Sie spricht Walter daraufhin an.

„Oh, das macht nichts. Das ist nur gelegentlich ein Bier." Viktoria sieht leere Bierdosen im Keller stehen.

„Was sagen denn deine Spirits dazu?", möchte Viktoria wissen. Walter macht eine schamanische Reise, um seine Spirits zu befragen.

„Sie möchten, dass ich damit aufhöre. Es beeinflusst meine Arbeit negativ. Wenn ich Alkohol zur Entspannung trinke, ist meine Energie dunkel." Viktoria ist beruhigt. Sie ist sich sicher, dass er den Rat seiner Spirits beherzigen wird. Das ist doch das Besondere an ihrer Ehe, dass sie beide den göttlichen Weg gehen.

In ihrer Praxis erlebt Viktoria, wie Frau Gerlach unter der Alkoholsucht ihres Mannes leidet. Vergeblich bemüht sie sich, ihn davon zu überzeugen mit dem Trinken aufzuhören. Doch das gute Zureden hilft nur kurze Zeit, wenn überhaupt. Ihr Mann empfindet die Ermahnungen seiner Frau immer mehr als Gemeckere. Er geht fort und trinkt sich die Welt schön.

Sie streiten sich immer mehr, bis er eines Tages anfängt, seine Frau im Suff zu schlagen. Hinterher entschuldigt er sich und will das nie wieder tun. Doch das geht nur drei Tage gut, dann beginnt alles wieder von vorn.

Nachdem sie diesen Teufelskreis mehrfach durchlebt hat, bittet sie Viktoria um Hilfe. Wie kann sie aus dem Kreislauf von Gewalt und Sucht rauskommen? Sie liebt doch ihren Mann und hat drei reizende Kinder mit ihm und er war doch nicht immer so. Wie kann es nur weitergehen?

Viktoria arbeitet mit ihr, wie sie es auf Heilland gelernt hat. Gleichzeitig zeigt sie Frau Gerlach auf, dass ihr Reden sie immer unattraktiver macht. Sie haben sich doch einmal geliebt. Ihre Ehe kann nur gerettet werden, wenn sie zu dieser alten Wertschätzung und Liebe füreinander zurückfinden.

Viktoria schlägt ihr vor, sich räumlich von ihrem Mann zu trennen. Wenn ihr Mann nüchtern ist, können sie sich sehen und gemeinsam schöne Dinge unternehmen und wenn er trinkt, ist er allein.

Wenn die täglichen Streitereien wegfallen, kann die Wertschätzung und Liebe zwischen ihnen wieder wachsen. Ihr Mann kommt wieder mehr mit der Liebe zu ihr und seinen Kinder in Kontakt und dieser Kontakt lässt ihn seine tiefsten Wünsche und Sehnsüchte spüren. Das stärkt in ihm die Motivation, an sich selbst zu arbeiten, stark zu werden und durch diese neu gewonnene Kraft seine Sucht zu überwinden. Soweit der Plan. Frau Gerlach ist bereit, sich auf dieses Abenteuer einzulassen.

Im Herbst fahren Viktoria und Walter mit Marcel zu Quentin nach Erdland. Beide freuen sich schon sehr auf diese Reise. Sabine, die Viktoria bei der Aufstellungsarbeit mit der Inneren Familie kennengelernt hat, holt sie vom Landesteg des Schiffes ab. Gemeinsam fahren sie zu Quentin und essen auf der Veranda zu Abend. Quentin freut sich sehr, die beiden wiederzusehen und auch Marcel kennenzulernen. Die drei wollen ganz in der Nähe in einem Hotel übernachten, um möglichst oft Quentin besuchen zu können.

Am nächsten Morgen fährt Walter zum Grab seiner Großmutter, die im letzten Jahr verstorben ist. Viktoria trinkt in der Zwischenzeit mit Quentin auf der Veranda einen Tee.

„Wie geht es euch beiden denn?", erkundigt er sich bei Viktoria.

„Eigentlich sehr gut", erwidert sie, „Walter setzt sich nur sehr unter Druck, weil er so viel für uns erreichen möchte. Dann finde ich manchmal ziemlich viele leere Bierdosen im Schuppen."

„Oohh, das ist nicht gut, ich mache mir große Sorgen."

„Was sorgt dich so?"

„Walter hat früher einmal mit halluzinogenen Pflanzen experimentiert. Das ist nicht gut und kann Jahre später die Sucht verstärken."

Beide sind sehr nachdenklich.

„Vielleicht hilft ihm die Arbeit mit den Inneren Weisen", lässt sich Quentin vernehmen.

„Was ist das für eine Arbeit, Quentin?"

„Die Inneren Weisen bestehen aus dem liebenden Inneren Krieger, Seher, Heiler und Lehrer. Die vier Inneren Weisen helfen nach der schamanischen Tradition, in der Welt zu leben. Sie helfen sich in der Welt durchzusetzen, Visionen zu verwirklichen, erlittene Verletzungen zu heilen und aus Erfahrung zu lernen. Es ist genau wie die Innere Familie eine Arbeit mit archetypischen Seelenkräften. Walter könnte durch diese Arbeit lernen, anders mit Druck umzugehen, erkennen, was als Erstes ansteht und sich auf das Wesentliche zu konzentrieren. Er lernt mit der Zeit besser umzugehen und sich selbst leichter zu regenerieren."

„Und wie können wir Walter damit helfen? Müssten wir die Inneren Weisen nicht auch aufstellen?", erkundigt sich Viktoria.

„Ja, das wäre wichtig!"

Viktoria kann es kaum abwarten, bis Walter kommt. Schon an der Tür empfängt sie ihn mit der neuen Idee.

„Erst mal langsam, bremst er sie aus, erst mal will ich wissen, um was es da geht."

Quentin lädt die beiden zum Essen ein. Nachdem die Teller abgeräumt sind, erklärt er Walter ganz in Ruhe worum es geht.

„Die Inneren Weisen lehren in der Realität, in der Welt, zu leben. Die Kraft des liebenden Inneren Kriegers ist die Kraft der Präsenz, der Kommunikation und der inneren Einstellung. Er weiß, wofür er steht und wofür er nicht steht und macht dies nach außen hin deutlich.

Der liebende Innere Heiler findet genau wie der liebende Innere Lehrer seine Kraft im süßen Reich der Stille. Menschen, die Stille nicht ertragen, haben es schwer, sich selbst zu heilen, klar und objektiv zu sein. Ihre Urteilsfähigkeit ist beeinträchtigt und es fällt ihnen schwer, sich zu regenerieren. Deshalb sind sie oft unstet und auf der Suche nach Ablenkung. Der liebende Innere Seher lässt uns Sinn und Zweck unseres Handelns erkennen. Durch seine Wahrnehmung, Intuition, Einsicht und Vision können wir erkennen, was der nächste Schritt ist. Der erste Schritt, der zweite Schritt und jeder weitere Schritt führt uns zu unserem Ziel. Zu dem Ziel im Hier und Jetzt genauso wie zum größeren Ziel unseres Lebens. Es entfaltet sich von ganz allein. Wir können im Jetzt leben und sind dennoch eingebunden in ein Ganzes."

„Hört sich gut an", äußert sich Walter, ich werde es mir überlegen." Dann verabschiedet er sich und geht mit Viktoria und Marcel ins Hotel zurück.

Die beiden besuchen Quentin noch öfter. Viktoria möchte wissen, ob er diese Aufstellung machen möchte, doch er weicht ihr jedes Mal aus. ‚Mal sehen', ist das Einzige, was sie aus ihm herausbringen kann. Meist wechselt er einfach das Thema. Und Quentin? Quentin ist zu klug, um Walter darauf anzusprechen. Er weiß aus Erfahrung, dass es nichts bringt, wenn ein Mensch diese Arbeit macht, nur weil er sich dazu gedrängt fühlt.

❖

Der Weg an den Abgrund

Zurück in Nestland, geht das Leben wie gewohnt weiter. Da Viktoria mehr im Zentrum arbeitet, kümmert sich Walter um Marcel und den Einkauf. Dafür entlastet sie Walter von der ungeliebten Büroarbeit, ordnet seine Papiere und führt das Zentrum. Er geht Brötchen kaufen und verwöhnt sie mit Tee. So bemerkt sie zunächst nicht, dass sie mit ihrem Geld nicht mehr auskommen. Erst als Walter möchte, dass sie mehr Geld auf das gemeinsame Konto überweist, stellt sie fest, dass sich die Ausgaben fast verdoppelt haben. Wie konnte das nur geschehen?

Auch vergisst er in der letzten Zeit immer mehr, seine Klienten zurückzurufen. Viktoria erinnert ihn daran und an viele andere Dinge mehr. Unmerklich übernimmt sie die Aufgaben von Walter. Das erhöht bei ihr den Druck und sie hat immer weniger Zeit, sich mit dem zu beschäftigen, was ihr neben der Arbeit noch Freude bereitet. Walter fühlt sich schwach, weil Viktoria die Sachen besser geregelt bekommt und mehr Geld verdient als er. Er geht jetzt öfter in die Natur, um sich zu entspannen.

Die ersten Menschen beginnen Viktoria zu fragen: ‚Trinkt dein Mann?' – ‚Nein, wieso?', antwortet sie irritiert. Am Abend spricht sie Walter darauf an:

„‚Trinkst du?"

„Nein", erwidert er, „die Spirits haben mir doch davon abgeraten."

Zwei Wochen später entdeckt sie im Keller wieder einmal leere Flaschen.

„Was machen die denn hier?"

„Da habe ich mit Freunden ein Bier getrunken. Ich mache sie gleich weg." Viktoria kann sich nicht erinnern, wann die Freunde da waren.

Ein paar Tage später kommt Walter abends nach Hause. Er war draußen, in der Natur. Walter spricht so komisch.

„Hast du etwas getrunken?", fragt Viktoria ihn.

„Nein, wie kommst du darauf?"

„Du redest so merkwürdig. Wie kommt das? Ist das von den halluzinogenen Pflanzen, die du früher einmal genommen hast?" Eine Erklärung muss es ja schließlich dafür geben. Und da Viktoria Walter so gerne glauben will, fällt ihr auch gleich eine ein.

„Ja bestimmt", greift Walter ihren Erklärungsversuch auf.

Viktoria findet eine Woche danach leere Flaschen in ihrem Auto. Gestern waren sie noch gemeinsam bei ihren Eltern zu Besuch. Da lag noch keine Flasche unter ihrem Sitz. Das hätte sie bei der Autofahrt Berg hoch und Berg runter gemerkt, weil sie garantiert unter dem Sitz hervorgerollt wäre.

Hat sie jetzt dasselbe Problem wie ihre Patientin? Hat sie die ganze Zeit, ohne es zu wissen, von ihrer eigenen Ehe gesprochen?

Sie geht ins Wohnzimmer zu ihrem Mann.

„Wann hast du eigentlich das letzte Mal etwas getrunken?", fragt sie ihn.

„Oh, das ist schon lange her", redet er sich raus.

„Du lügst!", zischt Viktoria ihn an. „Gestern war noch keine Flasche im Auto und heute hat eine unter meinem Sitz gelegen." Walter schaut ganz betreten. Dazu kann und will er nichts sagen.

„Du machst eine Therapie", sagt sie entschieden und verlässt das Zimmer.

Alkohol und schamanisches Arbeiten vertragen sich ganz und gar nicht. Die dunkle Energie des Alkohols kann bei der Arbeit mit dem Klienten an seinem Energiekörper hängenbleiben und ihn belasten. Das ist in etwa mit einem Busfahrer vergleichbar, der mit Alkohol am Steuer Auto fährt, beide gefährden die Gesundheit der ihnen anvertrauten Menschen.

Walter geht zur Suchtberatung und beginnt drei Wochen später eine Therapie. Viktoria ist mit Marcel allein und muss jetzt selbst für ihre kleine Familie sorgen. Diese Belastung kostet Viktoria viel Kraft, auch wenn Ihre Mutter ab und zu vorbeikommt und hilft, so gut sie kann.

Viktoria wird gesundheitlich schwächer. Ihr Oberbauch beginnt öfters zu krampfen und die Freude weicht der Anstrengung, durchhalten zu müssen. Die Geduld ihrem Sohn gegenüber sinkt. Sie ist nicht mehr die, die sie einmal war. Unmerklich hat sie immer mehr Verantwortung für ihre Familie übernommen. Nun scheint diese Last sie schier zu erdrücken.

Sie ist in Verantwortlichkeiten hineingerutscht, die für sie viel zu groß sind. Diesen Fehler muss sie korrigieren. Gott sei Dank weiß sie, was zu tun ist: Die Verantwortung für sich selbst wieder ganz bewusst in die Hand nehmen, die entstandenen Verstrickungen entwirren. Nach der Therapie soll Walter sich selbst um seinen Papierkram kümmern, ist ihr Plan. Sie will sich zurückhalten, damit er selbst sein Tempo findet.

Nach vier Monaten ist Walters Therapie beendet. Seine Therapeutin ermutigt ihn, offen mit der Sucht umzugehen, denn sie weiß, dass Walter ein Leben lang gefährdet bleibt.

„Wenn ich noch einmal trinken würde, müsste ich mich schämen wie ein Bettnässer", sagt er der Therapeutin zum Abschied.

„Wieso musst du dich dafür schämen?", fragt Viktoria ihn, „es ist doch nicht schlimm, wenn du noch mal den Druck verspürst, zu trinken. Du musst es nur sagen, wir können doch daran arbeiten." Dann fahren beide nach Hause, in ihr neues Leben.

Sie sprechen zu Hause miteinander darüber, wie es jetzt weitergehen soll. Viktoria hat kein Problem mit Walters Alkoholkrankheit. Sie versteht, was ihn unter Druck gesetzt hat, auch dass er darunter leidet, nie seine Mutter kennengelernt zu haben. Beide arbeiten mit Menschen und wissen viel über Heilung und was die Seele braucht, um ganz gesund zu werden. Walter kann sich in vieler Hinsicht selbst helfen, sie können sich gegenseitig unterstützen und Walter kann Hilfe auf Heilland oder Erdland erhalten, ganz wie er es möchte oder braucht.

Durch den Klinikaufenthalt hat Walter viele Klienten verloren und beginnt deshalb Ketten zu fertigen, um auf diese Weise etwas zum Haushalt beizutragen. Viktoria regt an, dass er doch zu Quentin fahren könnte, um die Aufstellung der Innern Weisen zu machen.

Walter ist es nur recht, von Nestland wegzukommen und so fährt er nach Erdland. Die Arbeit mit den Inneren Weisen hat Walter gut getan. Er kommt mit neuen Anregungen und

Visionen aus Erdland zurück und möchte die bei Quentin kennengelernte Arbeit in Nestland weitergeben. Eigentlich braucht es Zeit und Erfahrung, bis man seine Erkenntnisse auf dem spirituellen Weg an andere weitergeben kann. Das weiß Walter in seinem Inneren auch. Andererseits hat er ein großes Talent und ihm fällt es leicht, geistige Zusammenhänge zu verstehen, weil er in vielen Leben schon schamanisch gearbeitet hat. Und er möchte so vieles wiedergutmachen, was er mit seinem Trinken vermasselt hat. Viktoria soll nicht weiter allein für ihren gemeinsamen Unterhalt aufkommen müssen. Das geht gegen sein Ehrgefühl.

Und wenn sie ihm hilft? Walter fühlt sich an Viktorias Seite stark und bietet ihr an, dieses Seminar gemeinsam mit ihr zu machen. Ja, an Walters Seite in dem Seminar assistieren, das möchte sie sehr gerne, dabei kann sie viel lernen. Sie sagt begeistert zu.

Das erste Seminar halten sie drei Monate später. Die Teilnehmer fühlen sich wohl und lernen die Kräfte ihrer Inneren Weisen kennen. Doch dieses Seminar ist heikler als die Innere Familie. Die archetypischen Seelenkräfte des liebenden Inneren Kriegers, Sehers, Heilers und Lehrers weisen andere Verletzungen auf, als die der Inneren Familie. Die Art der Aufstellung ist die Gleiche, doch es braucht ein aktiveres Erarbeiten dessen, was eigentlich ein liebender Innerer Krieger, Lehrer, Seher oder Heiler ist. Der Kontakt zu diesen Kräften ist verschüttet und im Laufe der Menschheitsgeschichte verzehrt worden.

Der Krieger hat ein negatives Image bekommen, seine Verbindung zu Ehre, Respekt und Ritterlichkeit ist verloren gegangen. Die Familie ist in allen Kulturen sehr wichtig und es gibt viele unterschiedliche Vorstellungen darüber, wie Familie gelebt werden sollte.

Bei den Inneren Weisen ist das ganz anders. Diese archetypischen Seelenkräfte wurden, wenn überhaupt, in erster Linie von einer ganz besonderen Schicht, der Oberschicht, gelebt. Für das einfache Volk war es nicht vorstellbar, überhaupt mit diesen Kräften in Kontakt zu sein. Sie mussten stattdessen Befehle unreflektiert ausführen und durften deren Sinnhaftigkeit nie infrage stellen. Dies war auch nicht erwünscht, weil es den Erhalt der vorhandenen Machtstrukturen erschwert. Deshalb braucht es mehr Übung, um Zugang zu diesem Potenzial zu bekommen.

Damit die Teilnehmer leichter mit diesen Seelenkräften in Kontakt kommen, will Walter ein Konzept erarbeiten und zu diesem Zweck schamanische Reisen unternehmen. Viktoria ist begeistert und unterstützt ihn dabei so gut sie kann. Sie beginnt deshalb wieder, ihm vieles abzunehmen, besonders die Arbeiten, die ihm unangenehm sind. Diese Dinge gehen ihr einfach leichter von der Hand als ihm und Walter ist sehr froh, mehr Zeit für sein Projekt zu haben.

Doch er nutzt die gewonnene Zeit nicht. Immer wieder kommt etwas anderes dazwischen. Mal ist es ein Gespräch mit seinem besten Freund, ein anderes Mal sind es die Pilze im Wald oder die Wildkräuter am Bach. Immer wieder geschieht etwas, das ihn im letzten Moment aufhält.

Viktoria bekommt das nicht mit, da sie wieder verstärkt im Büro und der Praxis eingebunden ist. Sie ist einfach nur froh, wenn die Arbeit getan ist.

Nach 5 Monaten fragt sie Walter: „Wie weit bist du eigentlich mit dem neuen Konzept? Wollen wir das Seminar nicht in diesem Sommer wieder anbieten?"

„Ich bin noch nicht so weit", ist seine Antwort.

„Wie weit bist du denn?"

„Ich bin erst am Anfang, ich hatte bisher noch keine Zeit"

„Wie, du hattest keine Zeit?" Viktoria ist entsetzt. „Warum habe ich dich denn dann die ganze Zeit entlastet?"

Walter zuckt mit den Schultern. „Hast du denn für dich mit den Inneren Weisen gearbeitet?"

„Nein", ist auch hier seine enttäuschende Antwort.

Viktoria kann das alles nicht verstehen. Quentin hat doch ausdrücklich darauf hingewiesen, wie wichtig es gerade bei diesen Seelenkräften ist, regelmäßig damit zu arbeiten. Sie war so überzeugt, dass alles gut wird und jetzt das! Ratlos wendet sich Viktoria ihrer Arbeit zu.

Walter hat ein schlechtes Gewissen. Er weiß, was er alles versäumt hat und was er damit seiner Frau aufbürdet. Er will sich bemühen und jede Woche damit arbeiten. Als Zeichen, wie ernst es ihm ist, setzt er einen Termin für das Seminar fest. Viktoria ist glücklich, sie hat doch gewusst, dass alles gut wird, sie es gemeinsam schaffen.

Durch das schlechte Gewissen greift Walter wieder zur Flasche. Eine Dose Bier ist doch nicht schlimm, die Therapeuten haben doch keine Ahnung. Er hat das schon im Griff.

Als Viktoria zwei Wochen später nachfragt, wie weit er jetzt ist, weckt sie in ihm den Rebell, der keine Lust hat, so zu leben, wie andere es von ihm erwarten. Mit sehr scharfer Zunge sagt er, was ihm nicht passt. Er unterstellt Viktoria, dass sie ihn kontrollieren will, als sie nachfragt, ob Frau Schwarz ihm das

Geld für die letzte Behandlung vorbeigebracht hat. Dabei will sie doch nur die Buchführung in Ordnung halten. Er ist von seiner Sicht sehr überzeugt und braucht über eine Woche, um von diesem Trip wieder runterzukommen.

Viktoria ist irritiert, sie möchte doch nur wissen, wo sie dran ist. So hat Walter noch nie reagiert.

Einen Monat vor dem Seminar fragt sie erneut: „Wie weit bist du?"

„Ich habe noch nichts gemacht." Viktoria ist frustriert. Sie hatten doch abgesprochen, dass er sich darum kümmert. Sie will Walter nicht kontrollieren. Es ist seine Verantwortung, dafür zu sorgen, dass die Dinge ins Laufen kommen.

„Ich bemühe mich jetzt darum", verspricht Walter. Viktoria ist zum ersten Mal skeptisch. Zwei Wochen später fragt sie ihn erneut, wie es denn jetzt aussieht.

„Ich kam noch nicht dazu", meint Walter, „ich hatte keine Zeit."

„Du hattest keine Zeit? Sei doch ehrlich, Zeit hattest du genug. Wenn du Probleme hast, ist das eine andere Sache. Sag das doch, dann können wir die Blockaden auflösen."

„Ja, du hast ja recht."

„Was machen wir nun mit den Anmeldungen?"

„Ich weiß nicht."

„So können wir jedenfalls das Seminar nicht halten. Sollen wir es absagen?"

„Ja gut, sag das Seminar ab."

„Willst du das Seminar ganz lassen, oder sollen wir es auf später verschieben?"

„Nein, ich möchte es auf jeden Fall halten. Lass es uns in einem halben Jahr durchführen."

„Na gut, dann sage ich jetzt ab und wir vereinbaren einen neuen Termin im nächsten Frühjahr."

Viktoria ist enttäuscht. Sie hat sich auf das Seminar gefreut. Außerdem hat er ihr versprochen, sich darum zu kümmern. Warum hat er mit ihr nicht über seine Schwierigkeiten gesprochen? Sie hat viel Arbeit und Geld in die Planung und Werbung investiert und jetzt die Absage. Dabei hätten sie das Geld bei den gestiegenen Kosten wirklich gebrauchen können. ,Aber was soll's, gemeinsam werden wir es schaffen.'

Die Enttäuschung kostet Kraft, Viktorias Antrieb wird schwächer und die Arbeit geht ihr nicht mehr so leicht von der Hand. Und auch auf die Behandlung der Patienten hat sich ein Schatten gelegt.

Viktoria rappelt sich auf, es muss ja schließlich irgendwie weitergehen. Dass Selbstständigkeit viel Einsatz erfordert, hat sie bei ihren Eltern erlebt. Und Walter kennt das ja nicht von zu Hause und vielleicht ist er ja auch nicht so stark wie sie, entschuldigt sie seine Unzuverlässigkeit. Er ist doch auch bemüht. ,Ich bin bemüht', ist überhaupt ein Lieblingssatz von ihm. Sie muss ihm nur etwas mehr Zeit geben.

Im nächsten Frühjahr trifft Viktoria auf Mary. Mary arbeitet schon seit vielen Jahren als Astrologin. Sie fragt Mary, ob sie ihr sagen kann, wann es bei ihnen finanziell besser wird.

„Am ersten September wird dein Karma ausgelöst", sagt Mary.

„Was heißt das?"

„Es wird überprüft, ob du deine Lektionen gelernt hast."

„Was für Lektionen?"

„In früheren Leben hast du sehr viel auf die anderen geschaut und sie unterstützt. Du hast dich ausnutzen lassen und in diesem Leben geht es darum, dass du dich mehr um dich selbst kümmerst. Wenn du das tust, wird es dir auch finanziell besser gehen. Wenn nicht, kann diese Konstellation auch Armut bedeuten."

Armut, dazu hat Viktoria keine Lust. Als Kind hat sie zwar oft geweint, weil ihr Vater reich ist, doch arm will sie auch nicht sein.

„Und deine Ehe wird auf den Prüfstand kommen."

„Meine Ehe kommt auf den Prüfstand? Wieso, was ist mit meiner Ehe? Walter und ich lieben uns. Ich möchte mit ihm alt werden."

„Das muss ja auch nicht heißen, dass ihr euch trennt, es heißt nur, dass ihr aufgefordert seid, noch einmal genau hinzuschauen, Dinge zu verändern, die nicht in Ordnung sind."

Viktoria ist bestürzt, denn das sind genau ihre Themen. Sie hat als Kind oft unter dem Geld ihres Vaters gelitten und nimmt viel Rücksicht auf Walter. Oft vergisst sie sich selbst, wenn es um das Wohl der anderen geht. Auf Heilland hat sie gelernt, wie wichtig es ist, für sich selbst Verantwortung zu übernehmen. Sie ist bereit, all ihre Verletzungen in Bezug auf Geld und Besitz zu heilen und sich damit ganz und gar auszusöhnen. Auch will sie zusehen, dass sie sich selbst wichtiger nimmt. In ihrer Arbeit gelingt ihr das schon immer besser. Sie fühlt sich nicht mehr so sehr für die Gesundheit und die Finanzen ihrer Patienten verantwortlich.

In Heilland hat man ihr beigebracht, wie man auf einfache Art und Weise göttliche Kraft aufnehmen kann. Man setzt sich

entspannt hin, sorgt dafür, dass sich die Beine nicht über-
kreuzen, legt die Hände mit der Handfläche nach oben auf die
Oberschenkel, öffnet sein Herz und bittet Gott um Kraft.
Dabei lauscht man in sich hinein und achtet auf seinen Körper.
Manchmal rieselt es von oben nach unten durch sie hindurch
oder es wird ihr ganz warm. Es kann auch sein, dass die Hände
dick werden oder Kälte sich bemerkbar macht. Wenn etwas im
Körper nicht in Ordnung ist, kommt es gelegentlich zu unangenehmen Gefühlen oder Schmerzen. Geschieht dies während
der Aufnahme der göttlichen Kraft, kann das durchaus positiv
sein.

Ob es auch wirklich so ist, erkennt man daran, dass die
Schmerzen oder unangenehmen Gefühle nach der Kraftauf-
nahme wieder nachlassen und der Gesundheitszustand Schritt
für Schritt besser wird. Wenn die Gesundheit sich nicht ein-
stellt, ist medizinische Hilfe unerlässlich.

Am Beginn ihrer Beziehung mit Walter haben sie oft gemeinsam die göttliche Kraft aufgenommen. Das hat dann im
Laufe der Zeit nachgelassen. Es gab immer wieder Gründe,
warum sie es vernachlässigt haben. Seit Viktoria das nicht mehr
regelmäßig macht, hat ihre Kraft merklich nachgelassen, hinzu
kamen die tagtäglichen Belastungen. Walter hat mittlerweile
ganz damit aufgehört. Wenn sie abends die göttliche Kraft aufnehmen will, kommt er oft noch mit einem Wunsch oder
möchte mit ihr kuscheln. Sie lässt sich davon leicht ablenken
und vergisst darüber die Aufnahme der göttlichen Energie.

Manchen Patienten hat sie in der Praxis gezeigt, wie die göttliche Kraft aufgenommen wird. Einige haben ihre Anregung
aufgegriffen, doch den meisten war das zu viel Aufwand. Frau
Wirtz hat sich das interessiert angeschaut und dann gemeint:

‚Wissen Sie Viktoria, beten Sie für mich, ich habe keine Zeit dazu.'

Was soll man da tun?

Nein, sie möchte diese Verantwortung, die ihr viele ihrer Patienten auferlegen, nicht mehr tragen. Und genauso soll es jetzt auch mit Walter sein. Sie will mehr Verantwortung für sich selbst übernehmen und dazu gehört auch, dass sie selbst wieder regelmäßig die göttliche Kraft aufnimmt.

Gleichzeitig beginnt sie mehr an sich selbst zu arbeiten und ihre Gaben auch für sich selbst zu nutzen. In Heilland hat sie gelernt, nicht auf die Krankheit der Patienten zu schauen, sondern zu sehen, was ihn daran hindert, ganz gesund zu sein. Dabei kommen auch unbewusste Motive und Irritationen zu Tage, von denen die Patienten glaubten, dass sie diese schon längst überwunden und abgelegt haben. Doch auf einer unbewussten Ebene wirken sie dennoch weiter. Für Viktoria sind die Hinweise von Mary ein Anlass zu überprüfen, in welchen Bereichen ihres Lebens das so ist und wo sie sich selbst aus dem Blick verliert. Dabei entdeckt sie, dass ein unbewusster Teil von ihr meint, dass eine Frau weniger Geld verdienen muss als ihr Mann. – Nein, so hat sie nun wirklich noch nie bewusst gedacht, was ist denn das für ein Quatsch?

Sie wendet sich an eine Heilerin aus Heilland, die zurzeit auf Nestland arbeitet. Sie arbeitet ihre negativen Glaubenssätze und Erfahrungen in puncto Geld, Erfolg, Partnerschaft, Selbstliebe und Selbstwert auf. Viktoria will erfolgreich sein und die Herausforderungen annehmen. Sie möchte ihre Kraft, ihre Fähigkeiten, ihr Potenzial entwickeln, ihren Weg gehen und sich dabei von nichts und niemandem mehr aufhalten lassen, auch nicht von Walter.

Viktoria ist nicht plötzlich egoistisch geworden, jedoch hat sie durch die Arbeit mit ihrer liebenden Inneren Kriegerin erkannt, dass es allen am besten geht, wenn jeder zu sich selbst steht, für sich selbst eintritt und sein Potenzial entwickelt. Nur so kann jeder zum großen Ganzen seinen Beitrag leisten. ‚Zum Wohl aller, sich selbst eingeschlossen', ist ihr Motto geworden.

Sie vergleicht das gerne mit einem Orchester. Wenn jeder dafür sorgt, dass er sein Instrument beherrscht, seine Noten kennt, sein Spiel übt, dann leistet er wahrhaft einen guten Beitrag zum Erfolg des ganzen Orchesters. Wenn er sich dann noch bei der Probe und beim Auftritt von dem Dirigenten führen lässt, kann es ein großartiges Konzert werden. Der Dirigent ist für Viktoria die seelische oder göttliche Führung. Lässt sich jeder Mensch auf diese Führung ein, ist das Ergebnis ergreifend.

Und bis alle verstanden haben, worauf es im Leben ankommt und was der Dirigent möchte, braucht es Zeit und ein Verständnis dafür, worum es wirklich geht. Auch Viktoria ist darin noch lange nicht perfekt. Doch sie möchte immer tiefer in dieses Verständnis hineinwachsen. Sie sehnt sich aus ganzem Herzen danach, ihr Leben so zu gestalten, dass sie zum Erfolg aller, sich selbst eingeschlossen, beiträgt. Dafür ist sie bereit alles zu tun, jede Hilfe, die notwendig ist anzunehmen. Sie ist davon überzeugt, dass ihre Ehe mit Walter ein Teil davon ist.

Kurz danach überstürzen sich die Ereignisse. Viktoria hat Walter immer mal wieder gefragt, wie es ihm ohne Alkohol geht, ob er noch manchmal Druck verspürt. ‚Nein', hat er ihr

jedes Mal geantwortet. ‚Es geht mir gut. Alles ist in Ordnung.'
Dennoch hat Viktoria durch Zufall leere Flaschen entdeckt.
Einmal, als sie unter den Schreibtisch kroch, um das neue Tele-
fon einzustecken, einmal, als sie im Keller nach etwas suchte.
Darauf angesprochen, ist Walter jedes Mal verstummt. Viktoria
findet es äußerst dumm, dass er seine Flaschen nicht in den
Glascontainer wirft. Er muss doch wissen, dass er auf diese
Weise über kurz oder lang entdeckt wird.

Normalerweise schaltet Viktoria auf Alarm, wenn dreimal
etwas passiert, das nicht in Ordnung ist. Jetzt ist es zum vierten
Mal geschehen. Für Viktoria sind die Lügen schlimmer als der
Alkoholkonsum. Das ist nicht nur ein Vertrauensbruch,
sondern es macht gegenseitige Hilfe und Unterstützung unmöglich. Viktoria wendet sich an Gott: ‚Lieber Gott, ich liebe
ihn, ich weiß, was ich zu tun habe, bitte zeige mir, wann der
richtige Zeitpunkt zum Handeln ist.'

Drei Wochen später reisen Viktoria und Walter nach Erdland.
Sie wollen dort Quentin besuchen. Walter möchte die Gelegenheit nutzen und sich Adlerfedern mitbringen. Sie setzen
mit der Fähre über und fahren weiter bis zur Adlerwarte. Dort
bekommen sie wunderschöne Federn. Walter ist ganz glücklich
und freut sich, dass er sie später seinem Freund und Lehrer
zeigen kann.

Nach dem Besuch bei Quentin geht es wieder zurück nach
Nestland. Dabei geht es immer wieder bergauf und bergab, bis
sie endlich zu Hause ankommen. Es ist ein wunderschöner
Tag. Walter möchte noch einmal rausfahren und einen Gang
durch die Natur machen. Viktoria bleibt derweil zu Hause und
bereitet das Abendessen vor.

176

Am nächsten Morgen besucht Viktoria ihre Eltern und nimmt Marcel mit. Auf dem Weg zum Haus ihrer Eltern kullert plötzlich eine Bierflasche unter dem Sitz hervor. ‚Die war doch gestern noch gar nicht da', wundert sie sich. Den ganzen Tag waren sie unterwegs gewesen und sind dabei einige Berge rauf und runtergefahren, da hätte sie doch hervorkommen müssen.

Wieder zu Hause zieht sie sich in ihr Zimmer zurück. Sie geht ins Gebet: ‚Lieber Gott, was soll ich tun?', und ganz klar hört sie in ihrem Herzen die Antwort: ‚Du musst dich trennen. Sage Walter, dass er bis zum 1. September ausziehen muss. Wenn er weitertrinkt und schamanisch arbeitet, schadet er dir und den Patienten. Ihr seid nicht mehr geschützt. Er muss die Konsequenzen tragen.'

Viktoria ist erschrocken. Das hat sie gar nicht bedacht. Wenn Walter in ihrer gemeinsamen Praxis arbeitet und durch den Alkoholgenuss seinen Klienten schadet, fällt das auch auf sie zurück. Das darf nicht geschehen. Wie wichtig es ist, sich von einem Partner zu trennen, der sein Suchtproblem nicht in den Griff bekommt, weiß sie, denn darüber hat sie ja ausführlich mit ihrer Patientin gesprochen. Schwierig ist für sie die Vorstellung, konsequent zu bleiben. Sie liebt Walter doch.

‚Lieber Gott, wie geht das, konsequent sein und in der Liebe bleiben? Früher habe ich mich in solchen Situationen von der Liebe abgeschnitten, doch das hat mich auf Dauer hart gemacht. Das möchte ich nicht mehr. Bitte zeige mir, wie ich konsequent und gleichzeitig in der Liebe sein kann.'

Abends fragt sie Walter: „Du, wann hast du eigentlich das letzte Mal Alkohol getrunken?"

„Oh, seit langem nichts mehr", antwortet er.

Viktoria erstarrt. „Du lügst! Du hast gestern Abend getrunken. Heute Morgen ist eine Flasche unter dem Sitz hervorgekullert. Die war vorher noch nicht da."

Walter wird kreidebleich. Er weiß, dass er dazu nichts mehr sagen kann. Er ist aufgeflogen.

„Zum 1. September ziehst du aus. Ich möchte auch nicht, dass du hier noch arbeitest. Wenn du das Alkoholproblem im Griff und Verantwortung für dich übernommen hast, können wir wieder zusammenziehen."

„Ich bin doch kein Alkoholiker. Ich trinke doch nicht viel."

„Wie soll ich dir das glauben? Du ziehst aus und ich will erleben, dass du Verantwortung für dich übernimmst."

In der letzten Zeit hat Walter seine finanziellen Angelegenheiten immer mehr schleifen gelassen. Er hat seinen Klienten nicht rechtzeitig Bescheid gesagt, wenn ein Termin ausfiel, die geleisteten Anzahlungen für das ausgefallene Seminar mit den Inneren Weisen sind nicht zurückgezahlt. Mit all dem will Viktoria nichts mehr zu tun haben. Es reicht ihr! Jetzt hat er drei Monate Zeit, sich eine Wohnung und einen Arbeitsplatz zu suchen.

Komisch, im April war Viktoria noch felsenfest davon überzeugt, dass sie zusammen mit Walter alt wird und jetzt zieht er aus. Ihre Ehe gibt Viktoria noch nicht auf, denn sie hofft, dass er lernen wird, die Verantwortung für seine Arbeit und sich selbst zu übernehmen. Sie wünscht sich sehnlichst, dass seine Liebe stark genug ist, ihm die Kraft geben wird, die notwendigen Schritte auch zu gehen.

Aber merkwürdig ist es schon. Hatte Mary, die Astrologin, nicht im Frühjahr gesagt, dass ihre Ehe auf den Prüfstand kommt, dass zum 1. September ihr Karma ausgelöst wird. Und jetzt zieht Walter zum 1. September aus. Wenn ihr jemand das vor einem halben Jahr gesagt hätte, nie und nimmer hätte sie ihm geglaubt.

Es ist bereits Ende Juli und Walter hat immer noch keine Wohnung. Viktoria hat auch bisher nicht bemerkt, dass er sich darum bemüht etwas zu finden. Als sie ihn darauf anspricht meint er: ‚Ich habe mich doch geändert, wieso soll ich ausziehen?' Aber daran hat Viktoria schon früher geglaubt. Sie mag nicht mehr glauben, sie will es erleben. Erzählt und versprochen hat er schon viel.

Walter ist stolz und fragt nicht, ob er bleiben darf. Das Haus, in dem sie wohnen gehört Viktoria. Sie hat es mit der Unterstützung ihres Vaters gekauft. So geht er schweren Herzens auf die Suche nach einer eigenen Wohnung, in der er auch arbeiten kann.

Innerhalb von 14 Tagen hat er etwas Passendes gefunden. Seine Wohnung ist ganz in Viktorias Nähe. Er kann sofort mit der Renovierung beginnen und zahlt erst ab September Miete. Walter hat also Zeit, sich sein neues Zuhause behaglich einzurichten. Das tut er auch mit ganz viel Liebe, um Viktoria zu zeigen, dass er für sich sorgt.

Zum 1. September soll der Umzug stattfinden. Zwei Tage vorher bekommt Walter einen Hexenschuss, sodass er nichts tragen kann. Wie passend. Viktoria lässt ihm Zeit. Sie würde sich wie ein Schwein fühlen, wenn sie jetzt auf seinen Auszug drängt. Doch Ende September fragt sie schon einmal nach, wie er sich das Ganze denkt, denn der Rücken ist seit vierzehn Tagen wieder in Ordnung.

Walter fühlt sich in seiner Ehre getroffen und zieht aus. Er bestellt seine Klienten in seine neue Wohnung, in der er sich ein Arbeitszimmer eingerichtet hat.

Doch wie will er sie hören? Seine Klingel ist kaputt und er wohnt unterm Dach. Anstatt sich eine neue zu kaufen, schaut er aus dem Fenster und hofft sie von hier oben zu sehen. Ein Klient ist bereits vergeblich gekommen. ‚Gott sei Dank geht mich das nichts mehr an', ist Viktorias einziger Gedanke. Walter hat ihr damit einmal mehr bewiesen, wie weit er noch davon entfernt ist, Verantwortung zu übernehmen.

Sechs Personen möchten von Walter das Räuchern lernen und haben sich nach einem Seminartermin erkundigt. Philipp möchte das Seminar seiner Freundin zum Geburtstag schenken, doch da noch kein Termin feststeht, schenkt er ihr etwas anderes.

„Wieso machst du das Seminar nicht? Es sind doch schon Interessenten da", möchte Viktoria wissen.

„Ich habe kein Geld, ein Seminar zu organisieren", ist seine Antwort. Viktoria versteht das nicht. Man braucht doch nur die Daten und den Preis auf ein Blatt Papier zu schreiben, eine Anmeldung hinzuzufügen und an die Interessenten weiterzureichen. Das kostet doch nicht viel. Sie hätte sein Programm auch gemeinsam mit dem ihren verschickt. Doch darum bittet er nicht. Er informiert seine Klienten auch nicht über seinen Umzug und lässt alle Adressen bei ihr.

Enttäuscht fragt Viktoria sich, was daraus nur werden soll? Walter versteht sie nicht, er ist doch für sich verantwortlich.

Schließlich hat er seine Wohnung schön eingerichtet und sauber ist sie auch. Es liegen Welten zwischen ihren Vorstellungen, was Verantwortung heißt. Wie soll es in ihrer Ehe nur weitergehen?

Sie wünscht sich, dass sie sich regelmäßig treffen und lädt Walter in ein Café ein.

„Ich finde es schön, wenn wir wenigstens einmal in der Woche etwas gemeinsam unternehmen", eröffnet sie das Gespräch.

„Das finde ich gut", ist seine Reaktion, aber er fragt nicht wann. Viktoria fragt auch nicht. Vor zwei Monaten hat er ihr vorgeworfen, sie sei dominant. ‚Stärke neben Schwäche ist immer Dominanz – werde endlich stark', hat sie ihm entgegnet. Jetzt sitzen sie da und keiner stellt die entscheidende Frage: ‚Wann!' Viktoria nicht, weil sie nicht dominant sein will und sich wünscht, dass er um ihre Ehe kämpft. Walter nicht, weil er zu stolz ist.

Sie hat ihn schließlich rausgeschmissen, dann muss sie auch auf ihn zukommen. Also reden sie über Belanglosigkeiten. Als er sie zum Abschied in den Arm nehmen möchte, blockt sie ab: „Das möchte ich im Moment nicht, ich muss erst wieder lernen, dir zu vertrauen", erklärt sie sich, „wenn kein Vertrauen da ist, kann ich mich nicht anschmiegen und so tun, als sei alles okay." Er versteht sie nicht und so wird die Kluft zwischen ihnen immer größer.

Viktoria geht es von Tag zu Tag besser. Sie wacht morgens mit einem Gefühl auf, das unbeschreiblich ist. Sie nennt es verliebt sein in Gott oder verliebt sein ins Leben. Sie hätte nie gedacht, dass es ihr nach dem Auszug von Walter so gut gehen würde. Trotz der vielen Arbeit fühlt sie sich frei und hat Zeit, sich um ihre Dinge, um ihre Arbeit zu kümmern. Sie hat neue Ideen, fühlt sich kraftvoller und die Arbeit macht ihr wieder mehr Freude.

Zwischendrin denkt sie immer wieder ‚Gott sei Dank, geht mich das nichts mehr an', und freut sich, nicht mehr für Walter mitdenken zu müssen. Auch ihre körperlichen Beschwerden lassen immer mehr nach.

Der einzige Wermutstropfen ist, dass Walter so wenig Interesse an ihr zeigt. Sie lädt ihn erneut ins Café ein, um noch einmal mit ihm über ihre Beziehung zu sprechen. Er wirft ihr vor, dass sie ihn nicht besucht. Sie wünscht sich, dass er sie einlädt. Er meint, dass das nicht nötig ist, schließlich ist sie seine Frau. Wieder dieser Stillstand, diese Patt-Situation. Auf diese Weise entfernen sich beide immer mehr und nach einem halben Jahr hat Viktoria keine Lust mehr, für sie ist die Ehe zu Ende. Zu groß sind ihre Unterschiede geworden und die Gemeinsamkeiten immer mehr in den Hintergrund gerutscht. Und obwohl Walter seinen Sohn heiß und innig liebt, ist der Kontakt sehr spärlich. Er vergisst sogar seinen Geburtstag.

Begegnung mit Astrologie

Vieles bessert sich in Viktorias Leben. Sie nimmt wieder regelmäßig göttliche Kraft auf, fühlt sich stark, kraftvoll und voller Freude. Die astrologische Beratung von Mary hat einen starken Eindruck hinterlassen, deshalb will sie jetzt mehr darüber wissen und beschließt Astrologie zu lernen.

Mary wohnt leider sehr weit weg. Also schaut sie sich auf Nestland nach einer Möglichkeit um und wird bei Annelie fündig.

Von Annelie lernt Viktoria, dass es nicht nur auf den Stand der Sonne, sondern auch auf den Aszendenten, die Planeten und die Häuserstellung ankommt. Aus dem Gesamtbild entwickelt sich dann ein Blick auf die Eigenart des Menschen.
  „Jeder Mensch hat jedes Tierkreiszeichen in seinem Horoskop. Nur die Betonung ist unterschiedlich stark", erklärt Annelie. Sie besteht auf den Begriff Tierkreiszeichen. Der Tierkreis hat mit den Sternzeichen am Himmel nichts zu tun. Der Tierkreis ist eine gleichmäßige mathematische Verteilung unterschiedlicher Energien auf einem Kreis. Da ein Kreis 360° hat und der Tierkreis aus zwölf Tierkreiszeichen besteht, entspricht seine Größe jeweils 30 °. Das Tierkreiszeichen Widder stellt den Beginn des Tierkreises dar und 0 ° Widder entspricht der Tag- und Nachtgleiche im Frühjahr. Das letzte Tierkreiszeichen ist Fische und endet vor 0 ° Widder. Ist jemand vom Sternzeichen her Jungfrau oder Löwe, so steht die Sonne bei seiner Geburt in dem mathematisch errechneten Tierkreiszeichen Jungfrau oder Löwe.

Genauso wie der Stand der Sonne im Tierkreiszeichen eine errechnete Größe ist, so ist der Stand der anderen Planeten ebenfalls eine errechnete Größe. Im Horoskop ist abzulesen, in welchem Tierkreiszeichen ein bestimmter Planet zum Zeitpunkt der Geburt steht. Wohlgemerkt, in dem mathematisch genauen Tierkreiszeichen, nicht im Sternzeichen.

Das Tierkreiszeichen sagt etwas darüber aus, wie etwas gelebt wird, der Planet sagt, was gelebt wird und das Haus, wo oder in welchem Bereich es gelebt wird. Die Hausstellung ist abhängig von dem Breitengrad, auf dem der Geburtsort liegt und dem Tierkreiszeichen, das zum Zeitpunkt der Geburt im Osten am Horizont aufgeht. Die Spitze des ersten Hauses ist der Aszendent.

Jeder Planet steht für ein bestimmtes Prinzip, für eine bestimmte Kraft.

Viktoria ist beeindruckt, auch hier geht es, genau wie bei den Inneren Weisen und der Inneren Familie um Kräfte oder Energien. Jeder Planet ist ein Symbol für eine Kraft. Genauso wie ein Kreuz das Symbol für die Kreuzigung Christi, eine Straßenkreuzung oder eine bestimmte Spielkartenfarbe ist, so ist ein Planet ein Symbol für ein bestimmtes Prinzip, eine bestimmte Kraft.

Der Planet Mars steht für das Prinzip der Durchsetzung, der Tat, der Handlung, des Neubeginns, des Anfangens, des sich Durchsetzens. Das Tierkreiszeichen, in dem der Planet steht, zeigt die Art und Weise, wie wir etwas tun, handeln, ‚Täter sind' und das Haus zeigt, in welchem Bereich wir mit unseren Taten am aktivsten sind.

Tierkreiszeichen, Planet und Haus sind Symbole und haben deshalb die Eigenart, dass sie Assoziationsketten auslösen.

Viktoria muss an Miriam denken. Die Begriffe Körper, Seele und Geist stehen ebenfalls für Prinzipien. Und auch, wenn sie in unterschiedlichen Bereichen etwas anderes bedeuten, so bleiben sie doch ihrem Prinzip treu. Genauso ist es auch mit den 5 Elementen in der Akupressur. Dieses Denken in Symbolen hat es ihr sehr erleichtert, komplexe Zusammenhänge zu verstehen. Sie kann dadurch Neues leichter verstehen.

In der Astrologie scheint das ganz genauso zu sein. Es ist ein bisschen so wie das Kinderspiel, was man alles mit einem Glas machen kann. Wenn man dabei über die normale Funktion hinausgeht, ‚ein Glas ist zum Trinken da', eröffnen sich ganz neue Möglichkeiten. Plötzlich kann ein Glas als Blumenvase, Form, Nudelholz oder Kerzenständer Verwendung finden. Geht man über die eigentliche Funktion hinaus, werden Gemeinsamkeiten sichtbar, die vorher im Verborgenen lagen.

Und genauso wirkt das Göttliche, das hat Viktoria in ihrem Leben begriffen. Im Grundprinzip ist alles einfach und lässt sich bis auf ein Minimum reduzieren. Dieses Minimum findet man in den symbolischen Begriffen Körper, Seele und Geist genauso wie in den Begriffen Feuer, Erde, Wasser und Luft.
Die Vielfalt entsteht aus der unterschiedlichen Verbindung der verschiedenen Elemente zu einem großen Ganzen.

Die DNA besteht aus vier Grundbausteinen, die von einem Fünffachzucker und Phosphor zusammengehalten werden. Diese vier Grundbausteine bilden die Basis aller Lebewesen auf der Erde. Aus ihnen bestehen alle Pflanzen, Tiere, die Insekten und auch der Mensch. Obwohl alle in ihrer DNA die gleichen Grundbausteine haben, ist die DNA dennoch so unterschiedlich, dass man jedes Wesen über seine DNA genau identifizieren kann.

Da war es wieder, das universelle Verständnis, das in allen Dingen, bis hinein in die Materie, enthalten ist. Die Einfachheit in der Vielfalt.

Der Tierkreis basiert auf zwölf Tierkreiszeichen. Die zwölf Tierkreiszeichen sind unterteilt in die vier Elemente. Akupressur basiert auf der Fünf Elemente Theorie der östlichen Medizin. Kernpunkt dieser Fünf Elemente Theorie sind dieselben Elemente wie in der Astrologie. Es kommt lediglich ein weiteres Element hinzu, das Holzelement. Das Holzelement ist die Kraft, die die vier Elemente zu einem Ganzen zusammenfügt, sie mit Leben erfüllt. Ihm ist die Lebenskraft zugeordnet und, als Symbol für das Prinzip dieser Lebenskraft, steht die Leber. Tauscht man den Artikel der Leber aus, so heißt es: der Leber, der Mensch, der lebt.

Zur Erklärung der Fünf Elemente Theorie hatte Anjai ihnen eine Geschichte erzählt: „Der östliche Mensch, nennen wir ihn der Einfachheit halber Taom, wollte ergründen, was das Leben ausmacht. Zunächst beobachtete er die Natur sehr genau.

Danach setzte er sich in Ruhe unter einen Ginkgo Baum, sammelte seine Gedanken und suchte die Antwort auf seine Fragen in seinem Inneren. Er war sich bewusst, dass er lebte, also das Leben auch in seinem Inneren finden konnte. Hier verband er sich mit der Natur und sah den großen alten Baum vor sich, unter dem er gerade in Versenkung gegangen war. Was war es, das bei diesem Baum das Leben ausmachte? Was waren die elementaren Dinge, die dieser Baum brauchte?

Der Baum brauchte Wasser, um zu leben und er enthielt ein gewisses Maß an Feuchtigkeit. Zuviel oder zu wenig Wasser schadeten ihm. Dies nannte er das Wasserelement.

Der Baum hatte eine bestimmte Wärme und brauchte Wärme, um leben und sich entfalten zu können. War die Wärme zu stark, verdorrte oder verbrannte der Baum, war sie zu gering, erfror er. Dem gab Taom den Namen Feuerelement, da er Wärme als Feuer kannte.

Der Baum war auch fest in der Erde verwurzelt. Über diese Wurzeln bekam er Nahrung und erhielt er seine Kraft und Standfestigkeit. Die Erde enthielt alle benötigten Nährstoffe und war durchlässig genug, damit er seine Wurzeln tief in ihr verankern konnte. War die Erde zu fest oder zu locker, enthielt sie nicht die benötigten Nährstoffe, so konnte er nicht wachsen und musste vergehen. Dem gab er den Namen Erdelement.

Der Baum bewegte sich auch sanft oder stark im Wind. Er atmete und brauchte die Luft für sein Leben. Wurde er davon abgeschnitten, starb er. Taom nannte diese Kraft Luft oder Metallelement.

Taom unterschied das Wesen der Natur nicht in unterschiedliche Aggregatzustände. Er erkannte, dass alles eins war und alles fest, flüssig oder gasförmig sein konnte. Deshalb war es auch für ihn einerlei, ob es nun Luft- oder Metallelement genannt wurde. Für ihn war es das, was der Baum zum Leben brauchte. Wenn die Luft zu dick wurde und nicht mehr genügend Stickstoff enthielt, konnte der Baum nicht mehr leben.

Taom erkannte, dass alle diese Elemente in der Natur auch einzeln vorkommen. Es gab die Erde, das Feuer, das Wasser und die Luft (Metall). Man konnte dies alles auf einen Haufen schütten und doch war deshalb noch kein Leben darin.

Taom wusste, dass diese vier Grundelemente zum Leben gebraucht werden, sozusagen Bausteine des Lebens sind, jedoch noch nicht das Leben selbst sind. Damit das Leben in den Baum hineinkam, musste noch etwas anderes, Leben bildendes, hinzukommen. Dies nannte er im Hinblick auf den Baum Holzelement. Das Holzelement verband in der Vorstellung von Taom die 4 Elemente miteinander und machte das Leben möglich. Das Holzelement war jedoch in der Natur nie alleine zu finden. Es kam immer nur zusammen mit den anderen 4 Elementen vor und bildete für Taom das 5. Element. Es kann nur zusammen mit den anderen Elementen existieren, aber ohne es ist kein Leben möglich.

Taom erkannte in seiner Versenkung, dass die verschiedenen Formen des Lebens nicht nur aus sich selbst heraus lebten, sondern auch mit einer sich ständig verändernden Umwelt konfrontiert waren. Er beobachtete, dass die verschiedenen Formen des Lebens sich in unterschiedlichem Maß den sich verändernden Bedingungen anpassen konnten. Sie brauchten sogar unterschiedliche Umweltbedingungen. Bäume kamen mit unterschiedlichen Samen in Kontakt und doch war das Leben so intelligent, dass es den Samen der gleichen Gattung erkannte und nur diesen zur Fortpflanzung nutzte. Diese Fähigkeit der Anpassung und des Erkennens der eigenen Art nannte Taom das Schutzelement oder das Schutzsystem. Im Schutzsystem erkannte er die Wirkung der einzelnen Elemente mehr oder weniger stark wieder. Sie waren in gewisser Weise in ihm enthalten. Das Schutzsystem ermöglichte die Anpassung an die unterschiedlichen Bedingungen der Umwelt. Es gab der jeweiligen Art auch die Möglichkeit, bei der eigenen Zielsetzung und Ausrichtung zu bleiben. Die Arten lernten, sich unterschiedlichen Bedingungen anzupassen und doch auf ihre eigene Art sie selbst zu bleiben.

Taom hatte in seiner Versenkung das Wesenhafte des Lebens erkannt. Damit waren noch nicht alle Fragen geklärt. Es galt, die Elemente in allen Wesen, besonders im Menschen wiederzuerkennen. Es galt, ihr Wirken differenzierter wahrzunehmen. Er wollte dieses Wissen nutzen, um für sich selbst und andere bessere Lebensbedingungen zu schaffen. Er überprüfte seine Erkenntnisse immer wieder, passte sie den Beobachtungen in der Natur an und verglich sie mit den Erfahrungen anderer Menschen.

Taom entdeckte in den 5 Elementen auch die Kräfte von Yin und Yang. Yin war die Kraft, die auf den Baum oder Körper einwirkte, Yang die Kraft, die nach außen hin sichtbar war. Er erkannte, dass auch die 5 Elemente einem ständigen Wandel unterworfen waren und bezeichnete sie deshalb auch als Wandlungsphasen. Genauso, wie das Yin im Yang enthalten ist und umgekehrt, so sind auch die anderen Elemente in jedem Element enthalten. So ist z. B. im Wasser auch die Luft enthalten, besitzt das Wasser ein bestimmtes Maß an Wärme und enthält Erde. Steigt der Anteil der Erde im Wasser stark an, haben wir Matsch, der dann dem Erdelement zugeordnet wird, steigt der Luftanteil, so haben wir feuchte Luft, die dann zum Metallelement gehört."

Auch der Tierkreis ist in vier Elemente unterteilt. Zu jedem Element gehören drei Tierkreiszeichen und zusammen ergeben das die zwölf Tierkreiszeichen. Entspricht das dem Prinzip von Körper, Seele und Geist in den 4 Elementen?

Die östliche Medizin spricht von 5 Elementen und dem Schutzsystem. Zu den fünf Elementen und dem Schutzsystem gehören jeweils ein Yang- und ein Yin Meridian. Zusammen ergibt das die zwölf Meridiane, mit denen die Akupressur und Akupunktur arbeiten, um den Energiehaushalt des Menschen ins Gleichgewicht zu bringen.

Für Viktoria ist das faszinierend: zwölf Meridiane in der Akupressur, zwölf Tierkreiszeichen im Horoskop und zwölf Monate hat das Jahr. Im Tierkreis und in den Meridianen sind die vier Elemente. Die DNA hat vier Basensequenzen. Nur jeweils zwei Basensequenzen können sich zu einem Paar zusammenschließen. Drei Paare ergeben einen Codon = eine Informationseinheit. Mehrere Codons bilden einen genetischen Satz.

Körper, Seele, Geist sind drei Grundprinzipien, die sich in der Natur wiederfinden, als Substanz, Kraft und Struktur. Auch die vier Elemente finden wir in der Natur wieder. Wir finden sie in allen Lebewesen und als Urkräfte in Form von Wind, Wasser, Feuer und Erde.

Wenn sich die vier Elemente mit den Prinzipien von Körper, Seele und Geist verbinden, entsteht Leben. Das Leben ist die Verbindung der Elemente mit den Prinzipien von Körper, Seele und Geist. Das Prinzip von Körper, Seele und Geist in jedem Element ergibt die zwölf. Vier mal drei ist zwölf. Es gibt zwölf Meridiane (Energieleitbahnen), zwölf Tierkreiszeichen, zwölf Monate. Die zwölf bildet den Zyklus des Lebens in seinen unterschiedlichen Ausprägungen.

Und wie unterschiedlich und vielfältig das Leben ist! Ist das nicht genial? Viktoria ist fasziniert. Hat man die symbolischen Grundprinzipien verstanden, kann man Gott in allen Dingen finden und entdecken, denn Gott ist das Leben selbst, in all seiner Vielfalt.

Wie diese Elemente wirken, kann man überall auf der Erde beobachten. Wenn man einen Prozess, eine Reaktion, eine Wirkungsweise nicht versteht, braucht man nur in die Natur zu gehen oder einen Gärtner zu fragen. In der Natur erleben wir, welche unterschiedlichen Formen von Erde es gibt, angefangen beim Wüstensand, über Moor, Lehm, fruchtbaren Acker bis hin zum Fels. In der Natur erleben wir die Urgewalten des Feuers genauso, wie seinen wärmenden Einfluss in Form von Sonnenstrahlen. Wir erleben das Wasser als wichtige Grundlage allen Lebens und als entfesselte Urgewalt, wenn es als Tsunami alle Dämme bricht. Wir lernen den Wind als verheerenden Tornado oder als lebensnotwendigen Sauerstoff kennen.

Wenn wir wissen wollen, was passiert, wenn die Elemente ins Ungleichgewicht geraten, brauchen wir nur die Natur zu beobachten. Der Wind kann Feuer auslöschen oder entfachen, je nachdem, in welchem Verhältnis sie aufeinandertreffen. Feuer kann Wasser erwärmen oder alles austrocknen. Das Wasser kann die Erde befeuchten oder wegspülen, je nachdem.

Damit der Mensch gesund bleibt, achtet man in der Akupressur darauf, dass die Elemente in unserem Körper im Gleichgewicht bleiben. Denn nur mit den Elementen im Gleichgewicht, bleibt der Mensch gesund.

Ist zum Beispiel das Wasserelement zu stark, leidet der Mensch vermehrt unter Ängsten. Die Beine werden schwer, die Atmung fällt schwer und er kommt schnell aus der Puste. Es bilden sich leicht Ödeme und er neigt zu Infektionskrankheiten, denn im Wasser fühlen sich so manche Bakterien wohl. Ihm wird oft kalt, denn Wasser löscht sein Feuer. Das macht ihn träge und bewegungsfaul. Durch die Unlust an der Bewegung setzt er leicht Fett an. Der Kreislauf wird schwach, die Gelenke werden belastet und um das auszugleichen, erhöht sich sein Blutdruck usw.

In der Akupressur ist es wichtig herauszufinden, warum das Wasserelement zu stark ist. Ist das Feuer zu schwach, setzt die Erde ihm keine Grenzen, ist das Schutzsystem zu schwach oder gibt es zu wenig Holz, das dem Boden Wasser entzieht? Je nach diagnostizierter Ursache, sieht die Behandlung anders aus.

Ähnlich ist es in der Natur. Will man einen Boden fruchtbar machen, der zu feucht ist, schaut man sich zunächst die Ursache an. Je nach Sachlage wird man entweder Kanäle einziehen, durch die das Wasser abfließen kann, oder Bäume und Sträucher pflanzen, die dem Boden Wasser entziehen und ihn in einen fruchtbaren Ackerboden verwandeln. Je besser man das Zusammenwirken der Elemente versteht, umso leichter und einfacher kann man das Gleichgewicht zwischen ihnen herstellen.

Ähnlich ist es mit der Astrologie. Je besser ein Mensch sein Wesen versteht, umso leichter versteht er, wie er sich selbst im Gleichgewicht halten kann. Er entdeckt, was er braucht und welches Potenzial in ihm steckt. Die Planeten haben keinen

Einfluss auf den Menschen, sie ziehen am Himmel ihre Bahn. Doch die Erde, die Sonne, der Mond und jeder Planet haben ein elektromagnetisches Feld und diese Felder haben erwiesenermaßen einen Einfluss auf die menschliche DNA. Kommt ein Kind auf die Welt, ist es zum ersten Mal ungefiltert diesen Einflüssen ausgesetzt. Das lässt sich in etwa mit dem Formatieren einer Festplatte vergleichen. Durch die Formatierung wird die Struktur der Festplatte vorgegeben und welche charakteristischen Eigenschaften sie besitzt. Wie diese Vorgaben genutzt werden, liegt ganz allein im Ermessen des jeweiligen Menschen.

Von Annelie lernt Viktoria, dass es zwölf unterschiedliche Arten gibt, sich durchzusetzen. Nimmt man noch die verschiedenen Aspekte zu den anderen Planeten und die Häuser hinzu, ergibt sich eine solche Vielfalt und Fülle, wie Menschen sich in ihrem Leben durchsetzen, die überwältigend ist.

Der Planet Mars steht für Durchsetzungskraft und wie wir Dinge in die Welt bringen. Der Mars im Widder macht das auf eine sehr direkte Art. Er ist impulsiv, offensiv und spontan. Er ist der Draufgänger.

Der Mars im Stier braucht seine Zeit, bis er in Bewegung kommt, doch dann ist er nicht mehr so leicht aufzuhalten und gründlich. Er ist eher bedächtig, defensiv und wohl überlegt.

Mars in den Zwillingen ist der Stratege. Er ist flink, pfiffig und wortgewandt. Er handelt klug und geschickt.

Mars im Krebs geht indirekt vor. Er ist phantasievoll und schöpferisch. Er setzt im Kampf Gefühle ein. Seine wechselnde Interessen und Ziele sind von seinen Gefühlen abhängig.

Der Mars im Löwen ist souverän und optimistisch. Selbstsicher möchte er seine Vorhaben in großem Stil durchsetzen, denn es ist für ihn selbstverständlich, dass seine Ideen die besten sind.

Der Mars in der Jungfrau prüft erst kritisch, wofür er sich einsetzt. Er will wissen, ob sich das auch lohnt. Nach eingehender Prüfung möchte er alles sehr genau machen.

Der Mars in der Waage sucht den Ausgleich und setzt sich mit Charme und Liebenswürdigkeit durch. Er bemüht sich, Konflikte zu vermeiden und kehrt dabeit manches unter den Teppich.

Mars im Skorpion kämpft leidenschaftlich für seine Ziele und trifft die meisten Entscheidungen emotional. Er ist ausdauernd, verbindlich und zäh.

Mars in Schütze überzeugt durch seine Begeisterungsfähigkeit und kann sehr missionarisch werden. Er setzt sich gerne für hohe Ziele und Gerechtigkeit ein.

Mars in Steinbock ist sehr bedacht und wohl überlegt in seinen Entschlüssen. Er geht mit hoher Konzentration vor und entwickelt ein enormes Durchhaltevermögen. Ihm gelingt es, mit einem Minimum an Aufwand den höchsten Effekt zu erzielen.

Der Mars im Wassermann ist der Freiheitskämpfer. Er hat eine eigenwillige und unkonventionelle Art sich durchzusetzen. Er kann der Till Eulenspiegel im Tierkreis sein.

Mars in Fischen ist in seiner Entschlusskraft von seinen Gefühlen abhängig. Er kämpft intuitiv und ohne Nachdruck, aus einer tiefen Neigung heraus. Er siegt durch scheinbare Nachgiebigkeit, indem er sich in andere hineinversetzt und hat dabei auch den anderen im Blick.

Je nachdem, wie der Mensch seinen Mars lebt, kann ganz Unterschiedliches dabei herauskommen.

Viktoria setzt sich zum ersten Mal mit ihrer Art des Durchsetzungsvermögens auseinander. Sie hat ihren Mars in den Fischen und versteht plötzlich, warum sie manchmal einfach ignoriert wird. Sie lernt die Stärken und Schwächen ihrer Durchsetzungskraft kennen. Das hilft ihr, sich selbst und andere besser zu verstehen. Sie erkennt, wie ihre intuitive Treffsicherheit und ihr Gefühl für den richtigen Moment sie bei der Verwirklichung ihrer Ziele unterstützen. Andererseits werden ihre Wünsche oft nicht wahrgenommen. Wenn der Nachdruck fehlt, verstehen die anderen nicht, wie ernst es ihr ist und ihre Bitten bleiben ungehört. Von jetzt ab schaut sie lieber öfter hin, ob ihr etwas wichtig ist.

Doch damit ist es noch nicht genug. Annelie lehrt: „Wenn der Mars als Symbol für unsere Durchsetzungskraft steht, so stehen die weiteren Planeten für die anderen Aspekte unseres Lebens. Die Venus steht zum Beispiel für unsere Sinnlichkeit, unsere Verbindung mit der Natur, unsere Fähigkeit zu genießen, unser Verhältnis zu Geld und Besitz und unseren Schönheitssinn, der Merkur für unsere Art zu denken und zu kommunizieren, der Mond für unseren Gefühlsreichtum und das Unbewusste, das uns treibt, der Jupiter für die Bereiche, in denen wir Fülle und Reichtum erfahren können, aber auch unseren Glauben und Gerechtigkeitssinn, der Saturn für die Dinge, die uns begrenzen, für Klarheit und Beständigkeit. Alle diese Planten werden in den unterschiedlichen Tierkreiszeichen anders gelebt. Hinzu kommen die verschiedenen Aspekte zueinander und das Haus, indem der Planet steht.

Oh, ist das alles viel. Viktoria ist froh, dass sie nicht alles an einem Tag lernen muss und jetzt erst mal wieder vier Wochen Pause bis zum nächsten Seminar hat.

In der Zwischenzeit studiert sie das Horoskop von Marcel, Walter und ihren Freunden. Dabei entdeckt sie, dass ihre Freundin Lili ihren Mars im Schützen hat. Ja, Lili ist die Begeisterungstäterin. Wenn sie von etwas überzeugt ist, preist sie es so lange an, bis alle dazu ja sagen. Du lebst mich an die Wand hat Walter einmal dazu gesagt.

Beim nächsten Treffen erklärt Annelie die Häuser im Horoskop.

„Die Häuser zeigen, in welchen Bereichen man die Kraft, die ein Planet symbolisiert, lebt. Steht der Mars im ersten Haus, setzen wir uns in erster Linie körperlich durch und für unseren Körper ein.

Bei Mars im zweiten Haus setzen wir uns am liebsten für alles, was für uns einen Wert hat, ein. ‚Wenn du das nicht tust, hast du vom nichts mehr zu erwarten', ist ein beliebtes Druckmittel von einem Mars im zweiten Haus.

Beim dritten Haus steht bei der Durchsetzung die Kommunikation, das Denken und Lernen und beim vierten Haus die Familie im Vordergrund.

Das Tierkreiszeichen, der Planet und das Haus sagen, welche Themen, auf welche Weise in welchem Bereich gelebt werden wollen. Sie sagen jedoch nicht, ob diese Themen konstruktiv oder destruktiv, erfolgreich oder erfolglos gelebt werden.

Man kann sich das in etwa so vorstellen:
Ein Lehrer gibt im Unterricht den Schülern ein bestimmtes Thema vor, z. B. Sommer. Wie der Schüler dieses Thema bearbeitet, hängt von seinem Lehrer, dem Fach und der Be-

gabung des Schülers ab. Je nachdem, ob der Lehrer Musik, Deutsch, Geschichte, Biologie, Kunst oder Erdkunde unterrichtet, wird der Schüler die Aufgabenstellung anders angehen. Andererseits kann er diese Aufgabe nur mit seinen ganz eigenen, persönlichen Fähigkeiten lösen.

Wie diese Aufgabe gelöst wird, hängt auch davon ab, welches Verhältnis zueinander besteht, von Vorlieben und Abneigungen und dem gegenseitigen Verständnis füreinander.

Der Zeitpunkt der Geburt gibt dem Menschen die Themen vor, Lebensthemen. Wie er diese Lebensthemen löst, ob er gegen die Aufgabenstellung Widerstand leistet oder sie zielgerichtet angeht, entscheidet er selbst. Darüber kann die Astrologie keine Aussage treffen. Es ist ein bisschen wie in der Schule, die jedes Kind für einen bestimmten Zeitraum besuchen muss. Wie es das macht, entscheidet jedes Kind selbst. Es kann dabei faul und säumig sein, mit den entsprechenden Ergebnissen bis hin zum Sitzenbleiben, oder es kann die Zeit nutzen, um zu lernen und die besten Voraussetzungen für sein Leben zu schaffen.

Die Lebensthemen, die im Geburtshoroskop erkennbar sind, unterstützen die Entwicklung und das Wachstum unserer Seele.

Versuchen wir das Ganze durch ein Beispiel zu verdeutlichen:

Die Häuser symbolisieren den Ort des Geschehens. Beim ersten Haus geht es unter anderem um meinen Körper, meine Erscheinung.

Jupiter symbolisiert Fülle, Wachstum, Gerechtigkeit, Glaube, Moral.

Bei Jupiter im ersten Haus geht es um Fülle, Wachstum, Vorstellungen, Glauben über den eigenen Körper, das Körpergefühl, Körperbeherrschung, die Körperform, sportliche Aktivitäten, Bewegung, körperliche Ausstrahlung, das Bild von mir selbst, mein Selbstverständnis, mein Selbstbewusstsein.

Jupiter im ersten Haus sagt also dem Menschen, worum es seinem Jupiter geht und das Tierkreiszeichen, auf welche Weise der Mensch das ausleben möchte.

Ein Jupiter im Widder im 1. Haus möchte seinen Körper auf aktive Weise erfahren. Er freut sich über sportliche Aktivitäten, treibt sich evtl. zu Höchstleistungen an.

Ein Jupiter im Stier im 1. Haus möchte seinen Körper auf sinnliche, genussvolle Weise kennenlernen. Er sucht vielleicht Wohlfühloasen auf, geht zur Kosmetikerin oder in die Sauna, er verwöhnt seinen Körper auf die unterschiedlichste Art und Weise.

Ein Jupiter im Zwilling im 1. Haus studiert die Körpersprache, drückt sich gerne über Mimik und Gestik aus, lernt alles über seinen Körper, wie er funktioniert, was er braucht und was ihm gut tut.

Mit Jupiter im Krebs geht es um den Ausdruck körperlicher Gefühle und Emotionen, sich in seinem Körper zu Hause zu fühlen, wohlzufühlen, ihn zu lieben.

Jupiter macht alles groß, auch den Misthaufen" erklärt Annelie ihren Schülern.

„Nehmen wir als Beispiel Jupiter im ersten Haus im Widder. Dieser Jupiter wird körperlich sehr aktiv sein. Das kann ihn zu Höchstleistungen antreiben, die ihm sportliche Erfolge bescheren, oder zu extremer Überforderung seines Körpers, die zu Unfällen und körperlichen Behinderungen führen. Dazwischen gibt es ganz viele unterschiedliche Ausprägungen, je nachdem, wie dieser Aspekt von der Person gelebt wird und wie verantwortlich sie mit dem eigenen Körper umgeht.

Bei Jupiter im 1. Haus im Stier geht es mehr um körperlichen Genuss, körperliches Wohlgefühl, Wohlbehagen. Diese Thematik kann ein Mensch verwirklichen, indem er sehr auf seine Ernährung achtet, weiß was seinem Körper gut tut, seinen Körper pflegt und sich wohl mit ihm fühlt.

Es kann aber auch sein, dass er große Ansprüche an sein Äußeres hat, eitel ist, übermäßig großen Wert auf die Pflege seines Körpers legt, dekadent und von großer körperlicher Fülle ist. Eine weitere Form der Ausprägung dieses Jupiters ist, dass der Mensch große Anforderung an die Ästhetik seines Körpers, das äußere Erscheinungsbild, sein Auftreten stellt, sich selbst überschätzt.

Wie gesagt, Jupiter macht alles groß, die Fehler und die Stärken. Dazwischen gibt es viele Varianten.

Reduzieren wir das Ganze auf das Wesentliche: Im 1. Haus geht es um den Körper, um das, wer ich bin, bei Jupiter geht es um Fülle, Erweiterung der eigenen Grenzen, Glaube und Gerechtigkeit. Jupiter im 1. Haus zeigt also die Themen in Bezug zum eigenen Körper und dem eigenen Selbstverständnis. Das Tierkreiszeichen sagt wie dieses Körpergefühl, das eigene Selbstverständnis gelebt wird."

Wow, das ist viel, für Viktoria fast zu viel, das muss man alles erst einmal verdauen. Während ihrer Astrologie Ausbildung bei Annelie lernt Viktoria immer mehr über sich selbst. Eigentlich hat sie gedacht schon viel über sich zu wissen. Und nun das. Es ist, als lernt sie sich ganz neu kennen.

Das alles ist sehr spannend für Viktoria. Nur was hat man davon, wenn man weiß, wie man innerlich tickt, aber nicht weiß, was konkret zu tun ist, um das Potenzial im Horoskop für sein Leben zu erschließen, wenn man nicht versteht, wie man diese Lektionen umsetzt? Theoretisch geht das vielleicht schon ganz gut, aber praktisch, wie macht man das praktisch?

Ihr Mars in Fische erwies sich immer wieder als Schlag ins Wasser oder Sturm im Wasserglas. Wie kommt sie an die liebende Innere Kriegerin, die spirituelle Kämpferin mit Durchsetzungskraft heran, die ganz im Dienst des Guten, Wahren und Schönen steht? Sie spürt, dass ihre Themen im Geburtshoroskop ihre Lernaufgaben sind.

Und wann hat man ausgelernt? – ‚Wenn das Leben gelebt ist‘, würde Miriam antworten. Sie spürt innerlich, dass jetzt ein Weg anfängt, auf dem keiner ihr helfen kann. Sie muss die Lösungen in sich selbst finden, ihren eigenen, persönlichen Weg gehen.

Und doch, es müsste doch auch hier möglich sein, sich den Weg zu erleichtern. In der Kinesiologie gibt es doch auch Möglichkeiten, lernen zu erleichtern, das Brett vor dem Kopf wegzubekommen.

Da war sie wieder, die Kinesiologie. Konnte man vielleicht mithilfe der Kinesiologie austesten, welche Form der Energieheilkunde hilft, die Blockaden bei der Weiterentwicklung der Seele schneller zu lösen? Und wenn Miriam recht hatte, und sie hatte bisher immer recht gehabt, dann müsste man doch mithilfe der Kinesiologie herausfinden können, wo man noch Nachhilfe braucht und wo man schon das richtige Verständnis des Lebens und seiner Herausforderungen lebt.

Und überhaupt, Viktoria erinnert sich an das Navigationssystem des Autos, vielleicht kann man mithilfe der Astrologie herausfinden, wohin man in seinem Leben steuert und wo man gerade steht.

Bevor Sam mit seinem Auto losfährt, programmiert er sein Navigationsgerät. Wo die Reise beginnt, findet das Navigationssystem von selbst heraus. Es braucht nun noch die Koordinaten des Ziels und in kürzester Zeit ist die Route heruntergeladen. Das Navigationssystem nutzt für seine Berechnung das Magnetfeld der Erde und den Standort von mindestens zwei Satelliten.

Oh, da ist es wieder, Viktoria ist ganz aufgeregt, der genetische Code wird vom Magnetfeld der Erde beeinflusst. Mit seiner Geburt ist der Mensch zum ersten Mal diesem Feld ungefiltert ausgesetzt. In der Astrologie nutzt man diesen Augenblick für das Geburtshoroskop. Hora ist die Stunde und skopein heißt schauen. Das Geburtshoroskop ist also der Blick auf die Geburtsstunde und dieser Blick zeigt, von welchem Punkt aus wir starten.

Aber wo wollen wir hin, was begegnet uns auf unserem Weg und was können wir tun, um diesen Weg möglichst entspannt, gelassen, voller Liebe und Vertrauen zu gehen? Was kann Viktoria tun, damit sie die Herausforderungen erkennt und annehmen kann und nicht in innere Aufregung verfällt, wenn alles plötzlich anders läuft, als gedacht?

Wieder muss sie an das Navi denken. Die freundliche Stimme des Navis, die sie auffordert, rechts abzubiegen, wenn sie doch nach links will. Manchmal scheint es in ihrem Leben wie auf einer Autobahn zuzugehen. Das Navi möchte, dass sie rechts abbiegt und sie will unbedingt nach links. Anstatt vertrauensvoll ihrem inneren Navi zu folgen, wird sie stur und fährt so lange geradeaus, bis sie endlich realisiert, dass sie schon weit übers Ziel hinausgeschossen ist. Sie muss dann einen langen Umweg nehmen, um anzukommen. Dabei ist es doch ganz einfach. Auf der Autobahn gibt es keine Möglichkeit, links abzubiegen. Sie braucht einfach nur rechts runterzufahren und unter der Autobahn durch nach links und schon ist sie da.

Viktoria kennt diese Sturheit, wenn sie sich etwas in den Kopf gesetzt hat. Dann fällt es ihr oft schwer, loszulassen und den Weg zu nehmen, den das Leben ihr vorschlägt. Und ein anderes Mal? Ein anderes Mal ist sie unsicher, ob sie das Navi richtig versteht. Dann fährt sie aus Unsicherheit zu lange geradeaus oder biegt falsch ab. Wie kann man nur sicher sein, ob man im Leben die richtigen Entscheidungen trifft?

Und wie war das mit Walter? Sie war sich so sicher, die richtige Entscheidung getroffen zu haben. Sie war sich so sicher, dass er der Mann ihres Lebens ist. Und nun? Nun ist alles vorbei.

Viktoria ist also wieder auf der Suche, auf der Suche nach einer Antwort auf ihre Fragen.

,Die Antworten sind überall, Du musst nur die richtige Frage finden', hatte Anjai zu ihr gesagt. Doch was war die richtige Frage? Und wo wendet man sich am besten hin, um Antworten zu finden? Fragen ohne Ende. Bei Annelie kann sie diese Antworten nicht finden, das ist klar. Sie ist fasziniert davon, ihren Studenten die Welt der Astrologie zu erklären, aber an echten Lösungen hat sie kein Interesse.

Also muss sie woanders danach suchen. Doch wo?

Miriam ist für die Astrologie offen und versteht auch einiges davon, doch ihr Hauptinteresse gilt der Energieheilkunde. Es ist frustrierend. Viktoria fühlt sich, als ob sie mit dem Kopf vor eine Wand läuft.

Mittlerweile ist die Trennung von Walter drei Jahre her und seit einem Jahr wird die Zahl der Seminarteilnehmer und Patienten weniger. Vielleicht liegt es an den wirtschaftlichen Veränderungen in Eumerika, vielleicht an ihr? Sie weiß es nicht. Sie sucht nach Lösungen, hält Vorträge über ihre Arbeit, bereist Liebland, um zu schauen, ob sich dort neue Chancen auftun, doch nichts bringt die erhoffte Wendung. Die Besucher klatschen nach ihren Vorträgen, aber in ein Seminar oder zur Behandlung kommen trotzdem nur wenige. Es stagniert.

Viktoria sucht die Antwort immer mehr in ihrem Horoskop. Wie kann sie ihr Potenzial besser leben? Welche Möglichkeiten hat sie, den Menschen die Energieheilkunde so nahezubringen, dass sie von ihrer Arbeit profitieren wollen. Mit anderen Worten, wie findet sie mehr Patienten und Seminarteilnehmer, ohne ihnen etwas aufzuschwatzen? Was ist ihre Lebensaufgabe? Wohin will ihre Seele sie führen?

Im Frühjahr reist Viktoria mit Karin nach Erdland. Sie möchten dort 3 Wochen Urlaub machen und gemeinsam forschen, um Antworten auf Viktorias Fragen zu finden. Gemeinsam mieten sie ein kleines Ferienhaus. Durch den Kontakt mit ihrer seelischen Führung möchten sie herausfinden, wie sie ihr inneres Navigationssystem besser justieren können, zur richtigen Zeit am richtigen Ort sind, erkennen, was der Geist der Zeit gerade von ihnen will, welche Aufgabe das Leben an sie stellt.

In Erdland angekommen, richten sie sich zunächst häuslich ein, packen ihre Sachen aus und erkunden die Umgebung. Am nächsten Morgen beginnen sie gleich mit ihrer Arbeit. Zuerst testen sie, welche Blockaden den Kontakt zu ihrer Seele behindern und lösen sie mithilfe der Energieheilkunde auf. Sie meditieren, testen, fragen nach Innen und tun alles, um eine Antwort zu finden.

Es ist eine intensive Zeit des Lernens und Forschens, in der sie mit den eigenen Planeteneinflüssen in Kontakt kommen möchten. Sie entdecken Zonen im Bereich der Hand- und Fußflächen, die den Zugang zu diesen Energien erleichtern. Es entwickelt sich so etwas wie eine Kommunikation mit der eigenen, gelebten Planetenenergie.

Viktoria entdeckt z. B., dass ihr ‚Pluto', der Planet der Transformation, sehr fleißig ist, alles bis auf die atomare Struktur erneuert. Und weil er so gründlich ist, er steht schließlich in der Jungfrau, macht er dies auch mit Dingen, die in Ordnung sind. Ihr Jupiter hingegen ist ständig auf der Suche und kommt nicht zur Ruhe.

Karin erklärt in einem inneren Dialog den beiden Planeten anhand von Beispielen, wie es leichter für sie werden kann. Pluto lernt zu unterscheiden, ob etwas in Ordnung oder in Unordnung ist. Bei allem was in Unordnung ist, darf er sich austoben, das andere soll er in Ruhe lassen. Jupiter soll es wie Viktorias Organe machen. Die düsen auch nicht durch den gesamten Körper, um ihre benötigten Nährstoffe und den Sauerstoff zu finden. Sie warten bis das Blut ihnen das, was sie benötigen, vorbeibringt. Dann greifen sie zu und haben alles, was sie brauchen. So einfach kann das Leben sein.

Karin klärt die Planeten von Viktoria auf und Viktoria die von Karin. Natürlich nur die, die Nachhilfe brauchen.

Sicher hört sich das jetzt für einen Außenstehenden sehr märchenhaft an, wenn Karin und Viktoria mit den Planeten sprechen. Natürlich sprechen sie nicht mit den Planeten am Himmel, denn die haben nur sehr wenig mit uns Menschen hier unten auf der Erde zu tun. Sie kommunizieren mit der Musik, die entstanden ist, als die Magnetfelder der Planeten zum ersten Mal während der Geburt mit dem Neugeborenen in Kontakt gekommen sind. Das hat auf das Neugeborene eine ähnliche Wirkung, als wenn man eine DVD beschreibt. Auf dieser DVD liegen mit der Geburt drei Spuren nebeneinander. In einer ist die Erbinformation enthalten, in einer zweiten das, was die Seele mitbringt und auf der dritten Spur die Energie in diesem Sonnensystem zum Zeitpunkt der Geburt.

Die Energie des Pluto steht für Transformation, Macht- und Ohnmachtserfahrungen, unsere göttliche Macht, für alle Stirb- und Werde-Prozesse. Mit dieser Kraft kommen Karin und Viktoria über bestimmte Planetenzonen in Kontakt.

Wenn man innerlich ganz still wird und sich in Gedanken auf diese Kraft einstimmt, kommt man mit ihr in Kontakt. Dieser Kontakt ist wie ein innerer Dialog, eine Art Selbstgespräch, wie es von vielen Menschen geführt wird, wenn sie mit einem geliebten Menschen sprechen, der nicht da ist. Sie denken an ihn und erzählen ihm, was sie gerade bewegt. Es entsteht dabei dieser innere Dialog, bei dem wie auf wundersame Weise auf einmal die Antwort da ist, die dem Wesen dieses Menschen entspricht.

In ähnlicher Weise kann man sich auch das Gespräch mit den Planetenenergien vorstellen.

Das Erstaunliche dabei ist, dass sich danach etwas im Leben von Karin und Viktoria verändert. Beide fühlen sich nach der Arbeit sehr zentriert. Sie sind gelassener und Viktorias Drang alles zu ergründen kommt zur Ruhe. Sie kann die Dinge mehr geschehen, mehr auf sich zukommen lassen.

Karin und Viktoria haben eine schöne und intensive Zeit auf Erdland. Sie lernen Regina kennen, die sich mit Heilpflanzen beschäftigt. Sie erklärt den beiden, für welches Planetenprinzip die unterschiedlichen Pflanzen stehen.

Das ist ja spannend, wenn man nicht verstanden hat, wie ein bestimmter Planet gelebt werden will, könnte man auch mit den entsprechenden Pflanzen arbeiten.

Über Kinesiologie oder das Horoskop kann man herausfinden, welche Planeten und Aspekte (gemeint ist natürlich die energetische Kraft, die sie symbolisieren) Stress machen. Dann kann man austesten, auf welche Weise man den Stress löst, damit die anstehende Aufgabe leichter gelöst werden kann. Beide fühlen sich wie im 7. Forschungshimmel. Das macht Freude. Schade, dass man beim Erforschen dieser Zusammenhänge keine finanzielle Unterstützung erfährt und sich auf kurze Urlaube beschränken muss! Auf Heilland wäre das anders. Aber da leben sie nun einmal leider nicht.

Nach dem Urlaub fährt Viktoria wieder nach Hause. Die Seminare laufen immer noch nicht besser und die Auslastung in der Praxis ist auch nicht mehr geworden. Die Zahl der Patienten ist zwar noch genauso groß wie bisher, aber sie kommen nicht mehr so häufig, was durchaus für Viktorias Erfolge spricht. Es müssten einfach neue Menschen zu ihr finden. Viktoria sucht nach Erklärungen und kann keine finden.

Mary sagt ihr, dass sie noch was ganz Neues lernt und damit arbeiten wird. Aber was soll das nur sein? Ihr macht die Arbeit Spaß, warum sollte sie etwas daran ändern? Und was sollte das Neue sein? Sie weiß es nicht!

Es geschehen viele innere Prozesse. Viktoria übt, sich keine Sorgen zu machen und das Neue auf sich zukommen zu lassen. Sie beginnt sich neu mit dem Thema Reichtum und Geld auseinanderzusetzen. Es ist wirklich an der Zeit, dass sie sich damit ganz aussöhnt. Geld war zwar für Viktoria nie der zentrale Punkt in ihrer Arbeit, die Menschen stehen für sie im Mittelpunkt, doch es will anscheinend noch etwas gelöst werden.

Einen Schlüssel zu dieser Frage entdeckt sie in der Astrologie. Annelie hat mit ihnen über Chiron gesprochen und der steht für den verwundeten Heiler. Er steht für die Stelle in uns, an der wir verletzlich sind. Wir sind mit dieser Verletzung auf die Erde gekommen, weil wir in diesem Bereich durch die eigenen Erfahrungen und unser intuitives Wissen anderen Menschen helfen können.

Man kann das mit einem Sternekoch vergleichen, dem es in der Seele weh tut, wenn Köche mit Zutaten von hoher Qualität schlecht umgehen und deshalb das Essen schlecht schmeckt. Weil er sich aber so sehr darum bemüht, die Fehler anderer zu beheben, vergisst er gelegentlich nach seinen eigenen Lebensmitteln zu schauen.

Annelie hat diese Erfahrung auch mit Jesus verglichen. Erst durch seinen Tod konnte er die Menschen in seiner Nähe von der Unsterblichkeit überzeugen. Er starb, um uns dieses Wissen näherzubringen.

Viktorias Chiron steht im zweiten Haus. Das bedeutet, dass sie anderen helfen kann, ihren Selbstwert zu finden, in ihr Potenzial zu kommen und das Talent zu einer ausgezeichneten Finanzberaterin hat. Es heißt aber auch, dass Geld und der Selbstwert sehr verletzbare Stellen bei ihr sind.

Ja, das kann sie nur bestätigen. Das hat sie schon oft erlebt.

Viktoria hat schon vielen Menschen geholfen, ihren Selbstwert zu finden, ihr Potenzial zu entwickeln oder ihre finanziellen Probleme zu lösen.

Martha ist eine Flötistin. Sie ist sehr gut, hat aber Schwierigkeiten, den richtigen Manager zu finden und mit ihrer Kunst in die Öffentlichkeit zu gelangen. Nach drei bis vier Sitzungen bei Viktoria ruft sie ganz begeistert an.

„Stellen Sie sich vor, ich habe jetzt eine Managerin gefunden. Im nächsten Monat gebe ich ein Konzert in Istanbul und drei Monate später habe ich in Rio de Janeiro ein Engagement. Wir haben sogar eine neue CD herausgebracht. Sie wurde zur CD des Monats gewählt und steht in den Geschäften ganz vorne im Regal."

„Das freut mich aber sehr." Viktoria ist ganz erstaunt. So schnell hat sie mit diesem Erfolg nicht gerechnet.

‚Ja, warum klappt das bei anderen und nur bei ihr nicht?'

Auch als Finanzberaterin ist sie patent. Ihre Tipps finden die anderen immer klasse. Nur bei ihr kommt es immer wieder zu

Fehlentscheidungen. Die Ehe mit Walter hat sie auch ziemlich viel Geld gekostet.

Viele Ehepaare sind begeistert, wenn sie ihnen das Vier-Konten-Modell vorschlägt.

Bei diesem Modell hat ein Ehepaar vier Konten: Alle Einnahmen fließen in ein Konto, aus dem die gemeinsamen Kosten bezahlt werden und von dem aus Geld auf die anderen Konten überwiesen wird.

Es gibt ein Rücklagenkonto, in das Geld für den Aufbau von Vermögen oder größere, gemeinsame Anschaffungen eingezahlt wird. Wofür dieses Geld gebraucht wird, entscheidet das Paar gemeinsam.

Dann hat jeder noch ein eigenes Konto. Grundsätzlich steht jedem die gleiche Summe für seine persönlichen Bedürfnisse zur Verfügung. Wenn jemand aus bestimmten Gründen mehr Geld braucht, einigt man sich gemeinsam auf den Betrag.

Über das Geld auf dem eigenen Konto kann jeder ganz frei verfügen. Wenn einer der beiden einen Fehler begeht, der Geld kostet, zahlt er das von seinem Konto. Dasselbe gilt für Kosmetik, Zigaretten, Kleidung etc. Auf diese Weise hat keiner das Gefühl, der andere lebe auf seine Kosten. Fährt der Partner zu schnell mit seinem Auto, zahlt er die Strafzettel von seinem Konto. Das Gleiche gilt für Seminare, Reisen und andere Dinge, die das Paar nicht gemeinsam unternimmt. Jeder ist für seine Finanzen selbst verantwortlich und es ist ganz allein seine Sache, was er damit macht. Es ist nur wichtig, dass der Partner nicht mit Fehlschlägen belastet wird.

Durch diese Regelung fällt ein Grund für viele Beziehungsstreitigkeiten weg und die Partnerschaft ist entlastet.

Kein Wunder, dass in dem Bereich immer wieder Probleme auftauchen, wenn sie sich solche Konstellationen mit ihrer Geburt ausgesucht hat.

Aber wie kann sie ihren Chiron positiv leben?

Vererbte Probleme

Viktoria fährt für ein paar Tage mit Karin nach Liebland. Sie besuchen eine alte Studienkollegin von Viktoria. Auf der Hinfahrt sehen sie im Hafen von Liebland 25 rote Ferraris. Bei einem Ausflug zu einem der vielen Seen auf Liebland sehen sie jede Menge teure Motorboote und abends im Restaurant treffen sie auf einen der bekanntesten Künstler der Insel, der mit zwei Blondinen am Nachbartisch Hummer verspeist und Champagner trinkt.

„So viel Reichtum in einer Woche habe ich noch nie gesehen", gesteht sie Karin, „was will mir das sagen?"

Auf der Rückreise nach Nestland verliert Viktoria ihre Handtasche mit allen Papieren und 400 Dollar, die für 4 Wochen reichen sollten. Zuhause angekommen geht der Motor von ihrem Auto kaputt und Marcel hat mit seinen Kumpels auf dem neuen Wohnzimmerteppich gemalt. Jetzt ist er vollkommen ruiniert.

Das ist ihr zu viel, Viktoria greift zum Telefon und schüttet Karin ihr Herz aus.

„Sonderbar, in so kurzer Zeit habe ich so viel Reichtum bei anderen gesehen und so viel Verlust erlebt. Es scheint wirklich wichtig zu sein, sich dieses Thema noch einmal genau anzuschauen."

„Was würdest du eigentlich mit dem Geld anfangen, wenn du es hättest?"

„Oh, ich würde für Marcel ein neues Fahrrad kaufen, unserem Verein eine großes Spende geben, in die Erforschung der Energieheilkunde investieren …"

„Fällt dir etwas auf?", fragt Karin sie.

Viktoria denkt nach. Sie würde andere unterstützen, in das Erforschen der Energieheilkunde, in ihre Praxis investieren, aber nichts für sich persönlich ausgeben. Keine Reisen, keine teuren Autos oder Kleidung, sie ist bedürfnislos. Materielle Dinge sind ihr einfach nicht so wichtig. Wenn das Konto im Plus ist und sie hat, was sie braucht, geht es ihr gut. Und ein Boot, oder ein Ferienhaus, das braucht sie nicht. Das hatte sie als Kind und daran hat sie keine guten Erinnerungen. Nein so etwas braucht sie ganz und gar nicht. Und der Swimmingpool, das war sehr einsam. Viel lieber ist sie ins öffentliche Freibad gegangen.

Viktoria erzählt aus ihrer Erinnerung: „Du hast recht, Reichtum bedeutet mir wirklich nicht so viel. Als ich 14 Jahre alt war entstand gerade eine richtig schöne Clique. Manchmal haben wir abends zusammen mit dem Bademeister im Freibad Würstchen gegrillt. Dann hatten wir das Bad ganz für uns alleine, wir sind dann zwar nicht mehr ins Wasser gegangen, aber es war dennoch wunderschön.

Als mein Vater wenig später den Betrieb aufgab, baute er ein Schwimmbad direkt hinters Haus. Es war viel kleiner, als das große Freibad, es gab keinen Sprungturm und die Freunde konnte ich da auch nicht treffen. Wenn ich ins Freibad wollte, fragte er: ‚Was kostet das schon wieder? Wir haben doch ein Schwimmbad, indem du schwimmen kannst.' Und aus war es mit der schönen Gemeinschaft."

„Und dann fragst du dich, warum du es heute schwer hast, in Fülle zu leben?"

Nachdenklich legt Viktoria auf, nachdem Sie sich mit Karin für Sonntagnachmittag auf einen Tee verabredet hat. Nein, teure Wünsche hat sie nicht. Einen Tee mit anderen trinken, in der

Sonne sitzen und miteinander plaudern, Freude an der Arbeit haben, Menschen auf ihrem Weg weiterhelfen dürfen, das sind die Dinge, die Viktoria Freude machen. Und diese Dinge sind recht preiswert zu haben. Es braucht also nur mehr Menschen, denen Viktoria helfen darf. Natürlich möchte sie die laufenden Ausgaben bezahlen können, ohne überzogene Konten zu haben.

Und die Investitionen in ihr Haus mit deren Hilfe sie Geld sparen und umweltfreundlich leben wollte, haben sich leider auch nicht gerechnet. Sie erweisen sich im Nachhinein als teuer, da die versprochenen günstigen Energiekosten sich verdoppelt haben. Und wenn das nicht schon ärgerlich genug ist, die Förderung ist einfach ersatzlos gestrichen worden. Wo soll das alles noch hinführen?

Das Thema Finanzen will näher angeschaut werden.

Aus Erzählungen ihrer Eltern weiß sie, dass der Großvater mehrmals Bankrott gemacht hat. Es lag wohl an ihrem Urgroßvater, der mit der Frau seines Sohnes nicht einverstanden war und ihn deshalb enterbte. Überall da, wo sein Sohn ein Geschäft eröffnete, betrieb er ein paar Wochen später das gleiche Geschäft. Der Vater gab sich alle Mühe, dass sein Sohn erfolglos blieb: Ohne mich bist Du nichts, sollte die Lektion sein. ,Es wird getan, was ich sage.' Geld als Waffe, um seinen Willen durchzusetzen ist die Erfahrung in dieser Familie.

Auf der Seite ihrer Mutter gab es ähnliche Probleme. Viktorias Großmutter hat ebenfalls einen Mann geheiratet, mit dem der Vater nicht einverstanden war. Sie hatten danach keinen Kontakt mehr miteinander. Auch Viktorias Großmutter wurde enterbt und Geld als Waffe benutzt.

Da waren sie wieder, die unangenehmen Erfahrungen mit Geld, Geld, mit dem Viktoria am liebsten nichts zu tun hat, weil es an so viele Verletzungen in der Kindheit erinnert.

Aber Geld an sich schadet ja niemandem. Es ist eine Währung, eine Währung für die Wertschätzung, den Respekt, die Achtung, die Anerkennung, die man dem anderen für seine Leistung, sein Können, entgegenbringt oder verweigert. Es ist ein Ausdruck des eigenen Vermögens, nicht nur was die Anhäufung von Reichtum, anbelangt, sondern auch als Ausdruck des eigenen Könnens (Vermögens).

Geld, das man nicht zahlt, ist eine Verweigerung von Wertschätzung. Es hat lange gebraucht, bis Viktoria das verstanden hat. Und wenn man für seine Arbeit kein Geld nimmt, gibt man ihr keine Wertschätzung, sich selbst keinen Wert. Man arbeitet im wahrsten Sinne des Wortes umsonst.

Umsonst auch deshalb, weil der Beschenkte seine Chance nicht nutzt, diese schmerzliche Erfahrung musste sie im Verein Lichtquell sammeln.

Ja, es fällt Viktoria schwer, ihrer Arbeit Wertschätzung zu geben. Vieles ist für sie selbstverständlich und nicht der Rede wert. ‚Das habe ich doch gerne gemacht', ist eine gern gebrauchte Redewendung von ihr.

Eins ist Viktoria aufgefallen: Auf Nestland werden die Dienste, die die Menschen gerne machen nur selten bezahlt. In Liebland ist das ganz anders. Alles was die Menschen gerne tun, wird besonders gerne bezahlt. Auf Liebland und Heilland gilt es als das höchste Glück eines Menschen, die Arbeit machen zu können, die Freude bereitet und mit ihr seinen Lebensunterhalt zu verdienen. Auf Nestland heißt es: ‚Du bist hier zum Arbeiten und nicht zum Vergnügen.'

Arbeit, die dem Menschen Freude macht, gilt als Hobby und für sein Hobby wird man nicht bezahlt. Das ist kostenfreier Liebesdienst oder soziales Engagement und soziales Engagement wird auf Nestland nicht bezahlt.

In Liebland sind Tätigkeiten, die der Mensch mit Freude macht sehr geschätzt. ‚Durch deine Arbeit wird deine Liebe sichtbar', lernt hier jeder schon als Kind und ist bereit das auch zu honorieren.

Lebensqualität geht in Liebland vor materiellem Besitz und die Menschen leben in dem Bewusstsein, dass alles, was sie für ihr seelisches Wohlbefinden ausgeben gut investiert ist.

Auf Nestland denkt man in dieser Hinsicht ganz anders. Dort gilt alles, was in Haus, Wohnung und Besitz angelegt wird als gute Geldanlage. Dafür arbeiten die Menschen gern. Wer Zeit hat, investiert noch in seine körperliche Gesundheit. Alles andere ist zweitrangig und gilt als rausgeschmissenes Geld. ‚Wenn man sich zusammenreißt, dann klappt schon alles', lernen hier schon die Kinder.

Auf Heilland steht dagegen seelisches Wachstum im Vordergrund. Man lebt in dem Bewusstsein, dass es dem Menschen körperlich und materiell gut geht, wenn es seiner Seele gut geht, denn sie hat die Kraft, auch die materiellen Bedürfnisse zu erfüllen.

Auf Erdland steht die Natur im Vordergrund. ‚Nur wenn der Mensch die Natur pflegt und bewahrt, kann es ihm gut gehen', pflegen die Menschen dort zu sagen. Sie leben in dem Glauben, dass eine größtmögliche Anpassung an die Natur den

Menschen vor allem Schaden bewahrt, ihn gesund erhält und seine Seele gedeihen lässt.

Viktoria ist in Nestland aufgewachsen und hat daher Geld als ein beliebtes Machtinstrument kennengelernt. Besonders ihre Großeltern haben Geld als Machtinstrument ihrer Väter erlebt. Vielleicht muss sie einmal auf diese Erfahrung ihrer Ahnen schauen.

Auf dem jährlichen Heiler Kongress im Oktober lernt Viktoria Philipp kennen. Philipp kommt aus Deutschland und ist auf dem Weg nach Kalifornien. Er arbeitet in München mit Energieheilkunde. Er erzählt ihr, dass bestimmte Verhaltensweisen und Probleme genetisch vererbt werden können. Er spricht über Forschungsergebnisse eines amerikanischen Biologen und eines norwegischen Arztes.

Dem norwegischen Arzt ist aufgefallen, dass Diabetes in Lappland nach einem bestimmten Muster auftritt. Er überprüfte seine Thesen anhand von Geburts- und Sterbedaten. Wenn ein Großelternteil als Kind im Mutterleib oder während ihrer Pubertät eine Hungersnot erlebte, erkrankten ihre Enkelkinder oft an Diabetes.

Er tauschte sich über das Internet mit einem amerikanischen Biologen aus. Sie trafen sich und forschten gemeinsam in diesem Bereich.

„Unter bestimmten Umständen vererben sich die Erfahrungen der Großeltern auf ihre Enkelkinder. Diese Erfahrungen führen zu bestimmten Krankheiten oder Verhaltensweisen. Diese Krankheiten oder Verhaltensweisen sind auch über die Enkelgeneration hinaus vererbbar", führt Philipp aus.

Er spricht von Versuchsreihen mit Ratten, die die Erfahrungen der beiden Wissenschaftler bestätigen. Auch hier wird die Erfahrung von Hunger in Form von Diabestes an die Generation der Enkel und deren Kinder vererbt.

Viktoria ist sehr nachdenklich: ‚Haben sich bei ihr die Erfahrungen ihrer Großeltern mütterlicher- und väterlicherseits genetisch ausgewirkt? Bis jetzt gibt es in ihrem Leben ein merkwürdiges Auf und Ab im Bereich der Finanzen, das sehr schwer zu erklären, zu verstehen ist. Wenn sie bei anderen Blockaden im Finanzbereich löst, wirkt sich das sehr schnell positiv aus. Nur bei ihr sind diese Blockaden sehr hartnäckig, tauchen diese alten Strukturen immer wieder auf.'

Von Philipp lernt Viktoria, dass die DNA ein laseraktives, das heißt lichtaktives Medium ist, das optische Hologramme und fraktale Strukturen erzeugt. Ein optisches Hologramm ist ein Bild aus Licht. Viktoria kennt das vom Kino. Dort kann man Hologramme als Filme an der Leinwand sehen. In dem Film Raumschiff Enterprise gibt es das Holodeck, ein großer Kinoraum, der eine dreidimensionale Lichtwelt erzeugt.

Und so etwas soll es in der DNA, im genetischen Code geben? Spannend! Und was ist mit den fraktalen Strukturen?

„Fraktale Strukturen sind Gebilde, die komplexe Informationen enthalten können und immer kleinere Kopien von sich selbst erzeugen", erklärt Philipp.

„Also", fasst Viktoria das Ganze noch einmal zusammen, „du sagst, dass die DNA eine Bilder- und eine Sinnsprache enthält. Diese Bilder- und Sinnsprache beinhaltet Informationen, die über die rein physischen Merkmale hinausgehen. Auf eumerisch ausgedrückt, rein physikalisch bildet die DNA manchmal viel Buchstabensalat. Versteht man jedoch ihre Sprache, entdeckt man eine Vielfalt von Informationen in Form von Bildern und Inhalten. Diese Bilder und Inhalte geben Sinnzusammenhänge wieder, die vererbt werden können. Im Beispiel der Diabetes lautete die weitergegebene Erfahrung: Lagere keinen Zucker in der Zelle, damit er dir jederzeit, unbedingt jederzeit, zur Verfügung stehen kann."

„Richtig", bestätigt Philipp ihre Aussage. Er ist hoch erfreut darüber, wie schnell Viktoria den Kern dieser Forschung erfasst hat.

Ach – jetzt versteht Viktoria. Sie kennt dieses Verhalten von Onkel Franz. Er trägt lieber sein ganzes Geld in der Brieftasche bei sich, als es auf die Bank zu bringen. Er hat überhaupt kein Vertrauen in die Bank und will das Geld jederzeit für sich verfügbar wissen.

Vielleicht haben ihr die Großeltern diese Abneigung gegen Geld vererbt? Sind es diese vererbten oder die eigenen Erfahrungen mit Geld, die es ihr so schwer machen, Fülle in ihr Leben zu ziehen? Diese Erfahrungen möchte Viktoria jedenfalls nicht an Marcel weitergeben.

Aber wenn das so ist, muss man doch diese Bilder und Inhalte verändern können, ohne dass sich dabei die DNA physikalisch verändert. Beim Film ist es doch genauso. Ein Projektor kann jeden beliebigen Film zeigen, man muss nur einen anderen Film einlegen. Der Projektor an sich bleibt immer der Gleiche.

Doch wie macht man das? Wie kann man die Hologramme und Inhalte so verändern, dass sie den Menschen unterstützen und ihn nicht auf seinem Lebensweg behindern?

Viktoria hat eine Vision. Wenn man die natürliche Ordnung in der DNA wieder herstellt, müsste doch alles in Ordnung sein. Der kleinste gemeinsame Nenner sind die Basensequenzen, der Phosphor und der Fünffachzucker in der DNA. Dies entspricht der Element- bzw. der Meridianstruktur. Das hat Viktoria schon von Miriam gelernt.

Der genetische Code hat seine Entsprechung im I Ging, einem alten chinesischen Weisheitsbuch. Das I Ging besteht aus 64 Hexagrammen und der genetische Code aus 64 unterschiedlichen Informationseinheiten. Auch das weiß Viktoria von Miriam. Wenn man herausfinden kann, welche Informationseinheiten sich verändert haben und sie wieder in ihre ursprüngliche Ordnung zurückführt, quasi resetet, müsste das Problem behoben sein.

Philipp ist begeistert. Von der Seite hat er das noch nie betrachtet. Er findet Viktoria genial. Nur wie kann man die ursprünglichen Informationen wieder herstellen?

Zwei große Fragezeichen bilden sich auf der Stirn der beiden. Darüber wollen sie erst einmal in Ruhe nachdenken und eine Nacht drüber schlafen.

Am nächsten Morgen treffen sie sich wieder. In beiden kribbelt es wie Sekt. Sie spüren, dass da etwas ganz Aufregendes in der Luft liegt. Viktoria schlägt Philipp vor, dass er noch eine Zeit in Nestland bleibt. Sie möchte sich eine Woche freinehmen und mit ihm gemeinsam tiefer in diese Welt eindringen.

Drei Tage später ist es soweit. Viktoria hat ein paar Termine vorgezogen und andere nach hinten verlegt und kann sich jetzt voll auf dieses Thema konzentrieren.

„Wenn wir Essenzen hätten, die die Elementstruktur in der DNA wieder in ihre ursprüngliche Ordnung bringen, könnten wir mit ihrer Hilfe die krankmachenden Informationen löschen", teilt Viktoria ihre Gedanken mit.

„Aber wie kommen diese Informationen in den Zellkern?", fragt Philipp.

„Dafür brauchen wir einen Botenstoff, der ähnlich wie die TRNA die Zellkernwand durchdringen kann."

Beide wissen, dass die Zellkernwand besonders geschützt ist, damit nicht gleich jede Schwingung, die in die Zelle eindringt den genetischen Code durcheinanderbringt. Der einzige Botenstoff, der die Zellkernmembran durchdringen kann heißt TRNA.

„Man müsste also ein Mittel haben, das wie die TRNA die Zellkernmembran passieren kann", kommt Viktoria direkt zum Punkt.

„Ja, aber was könnte das sein?", fragt Philipp.

„Miriam hat Essenzen hergestellt, die Träger bestimmter energetischer Informationen sind. Wir müssten Essenzen haben, die diese Information enthalten."

„Aber wie kommen wir an diese Essenzen heran?"

„Mmmhh!" Nachdenklich sitzen sie beieinander.

„Komm lass uns spazieren gehen", vielleicht fällt uns dann ja etwas ein!", schlägt Viktoria vor.

Und so machen sie sich auf den Weg. Innerlich fragen sie sich immer wieder, wie das Problem zu lösen ist.

„Lass uns gemeinsam meditieren, vielleicht kommen wir ja danach weiter", schlägt Viktoria vor. Sie setzen sich auf eine Bank und beginnen göttliche Kraft aufzunehmen. Als sie ganz in ihrer Ruhe, in ihrer inneren Mitte sind, fragt jeder seine geistige Führung, was zu tun ist. Viktoria erhält die Information wie sie die benötigten Essenzen herstellen kann. Philipp erkennt die Struktur, die es ermöglicht, die energetische Ordnung in der DNA wieder herzustellen.

Nachdem sie noch eine Weile miteinander gelaufen sind, kehren sie nach Hause zurück. Dort bereiten sie gemeinsam alles Notwendige vor, um mit der Produktion beginnen zu können.

Nach vier weiteren Tagen ist die Arbeit vollbracht. Sie probieren die Essenzen an sich selbst aus, Viktoria mit ihrem Thema Finanzen und Philipp mit seinem Thema Beziehungsstress.

Philipp denkt an seinen Beziehungsstress. Danach findet Viktoria mithilfe des I Ging heraus, welcher Teil der DNA die Fehlinformationen enthält und gibt ihm die heilende Essenz.

Als er wieder an die Situation denkt, ist der Stress wie weggeblasen und er findet ganz neue Lösungsansätze. Super! Nun ist Viktoria mit ihrem Thema Finanzen an der Reihe.

In der nächsten Zeit beobachtet Viktoria die Wirkung der neu gefundenen Essenzen auch bei ihren Patienten. Da wo sie gebraucht sind, haben sie einen durchschlagenden Erfolg.

Eine junge Frau hat jahrelang versucht, ihre Gedächtnisschwierigkeiten in Prüfungssituationen in den Griff zu bekommen, mit mäßigem Erfolg. Doch jetzt ist das einfach verflogen. Auch bei Gustav hat sich einiges getan. Er braucht kein

Insulin mehr, seit seine Themen mithilfe von Viktorias Essenzen bearbeitet wurden.

Frau Müller hört von Gustavs Fortschritten und möchte auch unbedingt diese Essenzen haben.

„Bitte geben Sie mir auch die Essenzen, die Sie Gustav gegeben haben. Sie sollen so wunderbar gegen Diabetes helfen. Ich möchte endlich wieder so viel Kuchen essen, wie ich mag", wendet sie sich an Viktoria.

„So einfach geht das nicht", erklärt Viktoria, „die Essenzen heilen die Informationsstruktur der DNA. Sie ersetzen keine gesunde Lebensweise.

Man muss auch schauen, in welchem Bereich die Blockade liegt. Manchmal ist die Störung in der DNA zu finden, manchmal in der Wahrnehmung. Der Mensch spürt dann einfach nicht, wenn er satt ist und braucht eine Arbeit, die es ihm ermöglicht die Sättigung wahrzunehmen. Dient der Speckgürtel als Schutzmauer, ist es wichtig, das dahinter liegende Thema zu behandeln, um die Blockade zu beheben oder der Mensch hat einen bestimmten Entwicklungsschritt zu machen", versucht Viktoria ihr den Sachverhalt zu erklären. Frau Müller ist enttäuscht.

„Dann eben nicht, wenn Sie mir die Essenzen nicht verkaufen wollen, machen Sie halt damit, was Sie wollen", entrüstet sie sich.

Viktoria atmet tief durch. Es ist manchmal schwer, die richtigen Worte zu finden, besonders wenn Menschen ihren Körper wie eine Maschine betrachten. Sie glauben, dass es nur die richtigen Handgriffe und Materialien braucht und schon läuft alles wieder wie geschmiert.

Wenn das so einfach wäre. Viktoria hat sich schon so manches Mal einen großen Bottich gewünscht, in die man die Menschen krank reinsteckt und gesund wieder herausholt. Doch so leicht ist das nicht. Und die Menschen hier in Nestland sind noch sehr weit von dem Verständnis, das auf den anderen Inseln herrscht, entfernt. Ob sie deshalb umsiedeln sollte?

Andererseits liegt der Reiz an der Arbeit auf Nestland gerade an der Freude und der Wertschätzung, die die Menschen ihr entgegenbringen, wenn sich plötzlich ihr Leben zum Guten wendet, reicher, schöner und intensiver wird. Das ist jedes Mal wieder zutiefst berührend. Das möchte Viktoria auf keinen Fall missen.

Viktoria bringt es immer wieder sehr viel Erfüllung, wenn sie mit Menschen wie Philipp oder Karin zusammenarbeiten kann, tiefer in die Materie eindringt und immer neue Möglichkeiten entdeckt, wie man energetisch helfen und heilen kann.

Die Gespräche mit Miriam sind auch immer wieder erhellend und schenken ihr viele Anregungen.

Warum kann sie die Energieheilkunde nicht so intensiv erforschen, wie es mit der symptomatischen Medizin auf Nestland geschieht? Das wäre ein Traum, doch leider ist das alles noch Zukunftsmusik. Für Viktoria kann diese Zukunft nicht früh genug beginnen.

Die Praxisgemeinschaft

Beschwingt von der wunderbaren Zusammenarbeit mit Philipp wünscht sich Viktoria einen Menschen, mit dem sie in ihrem Zentrum zusammenarbeiten kann.

Bei einem Vortrag trifft sie Elisabeth. Elisabeth hat auf Heilland Rückführungen in frühere Leben studiert. Während ihrer Arbeit versetzt Elisabeth ihre Klienten in eine tiefe Entspannung und achtet darauf, dass sie zu jeder Zeit die Kontrolle über sich behalten. Die Tiefenentspannung unterstützt ihre Klienten darin, die Außenwahrnehmung so weit draußen zu lassen, dass sie davon nicht gestört werden. Dann reist sie mit ihnen in Begleitung ihres Schutzengels oder einem anderen geistigen Führer an den Punkt, der für die Lösung des Problems im Hier und Jetzt wichtig ist.

Wenn der Mensch an diesem Punkt ankommt, schildert er, was geschieht. Meistens befindet er sich dort in einer ziemlich misslichen Lage. Elisabeth bittet ihn danach an den Anfangspunkt für dieses Dilemma zu reisen. Sie fragt nach seinem Befinden und wie sein Kontakt zu seiner Seele ist. Meistens fehlt dieser Kontakt oder es bestehen Missverständnisse zwischen ihm und seiner Seele. Sie bittet den Klienten in direkten persönlichen Kontakt mit der Seele oder dem Schutzengel zu gehen und diese um Rat zu fragen.

An diesem Punkt beginnt sie die Geschichte des Menschen zu verändern, indem sie ihn auffordert, sein weiteres vergangenes Leben nach den Ratschlägen der Seele oder des Schutzengels zu führen. Er stellt sich vor, dass er täglich mit seiner Seele kommuniziert und deren Ratschlägen folgt.

Danach führt sie ihren Klienten durch verschiedene Stationen seines Lebens. Zunächst schaut er sich an, was in seinem Leben in den nächsten drei Tagen, drei Wochen oder drei Monaten geschieht. Dabei überprüft sie, ob er noch eine gute Verbindung zu seiner Seele hat. Eine der vielen Stationen seines Weges durch das vergangene Leben ist das Alter, in dem er in dieses Leben eingetaucht ist. Oft kommt es gar nicht mehr zu der furchtbaren Situation, weil sein Leben sich komplett verändert hat. Falls sie dennoch auftaucht, finden sich ganz neue Lösungen und seine Geschichte hat einen ganz anderen, einen guten Ausgang.

Elisabeth führt so lang durch die verschiedenen Abschnitte dieses ausgewählten Lebens, bis der Zeitpunkt des Übergangs, des Todes erreicht ist. Hier hält der Klient Rückschau auf sein Leben. Elisabeth ist jedes Mal tief berührt, wenn sie erlebt, wie erfüllt ihre Klienten dann von diesem Leben sind und geleitet sie danach zurück ins Hier und Jetzt.

Jutta, eine ihrer Kundinnen, hat jedes Mal Schweißausbrüche wenn sie zum Zahnarzt geht. Dabei ist das Bohren das kleinste Problem. Zu den Schweißausbrüchen kommt es jedes Mal, wenn der Zahnarztstuhl ihren Kopf nach hinten und ihre Füße nach oben fahren lässt. Elisabeth begleitet sie auf der Reise in das ursächliche Leben.

Jutta findet sich in einem Leben wieder, in dem sie als gottesfürchtiger Bauer mit ihrer Familie in einem kleinen Dorf lebt und ihren Hof bewirtschaftet. Sie ist felsenfest davon überzeugt, dass Gott sie immer beschützen wird.

Eines Tages ertönt im Dorf die Alarmglocke, weil Banditen im Anmarsch sind. Alle Bewohner ergreifen hastig die Flucht.

Nur Jutta bleibt mit ihrer Familie. ‚Gott schützt uns', sagt sie jedem, der sie dazu bewegen will, den Ort zu verlassen.

Als die Banditen in das Dorf kommen, ist nur noch Jutta mit ihrer Familie da. Die Banditen sind überrascht, sie noch vorzufinden. ‚Ihr könnt mir gar nichts', schleudert sie ihnen entgegen, ‚der Herr wird mich schützen!' Die Räuber lachen. Im Nu nehmen sie ein Seil und hängen Jutta am nächsten Baum auf, mit den Füssen nach oben und mit dem Kopf nach unten.

Gehe bis zu dem Punkt zurück, an dem diese Situation entstanden ist, bittet Elisabeth sie. Jutta ist plötzlich in einem ganz anderen Leben. Hier ist sie Räuberhauptmann und überfällt mit ihren Kumpanen ein Dorf am Meer, in dem gottesfürchtige Menschen leben. Sie zeigen keinerlei Angst vor der Räuberschar und leben aus der festen Überzeugung, dass Gott sie beschützen wird.

Jutta gibt den Befehl die Leute ins Meer zu treiben, wo sie alle in den Fluten ertrinken. ‚Wie kann man nur so dumm sein?', arbeitet es nach dieser Tat in Juttas Kopf, ‚wie kann man sich das alles mit so viel Ruhe gefallen lassen?' Der Räuberhauptmann von damals kann das nicht verstehen. Und so entwickelt sich seine Seele weiter, bis zu dem Punkt, an dem er selbst so fest und tief im Glauben ist. Und an diesem Punkt macht er die gleiche Erfahrung, wie die Menschen damals in dem Dorf am Meer.

Und genau hier fängt die Arbeit mit Jutta erst richtig an.

„Jutta, geh noch einmal zurück in die Situation, in der du der Bauer bist, der gehängt werden soll."

„Ja, jetzt bin ich da."

„Jutta, hast du denn Gott gefragt, was er sich von dir wünscht?"

„Was meinst du damit?"

„Hast du ihn in der damaligen Situation gefragt, was du tun sollst?"

„Nein!" Auf diese Idee ist Jutta gar nicht gekommen.

„Dann tu das doch bitte jetzt einmal. Frage Gott, was du tun sollst."

„Ich soll mit den Räubern reden."

„Dann lass dir einmal von Gott die richtigen Worte ins Herz geben", wird sie von Elisabeth ermutigt. Jutta lässt sich von Gott die Worte geben.

„Und was geschieht jetzt?", hakt Elisabeth nach.

„Da passiert etwas Merkwürdiges. Die Hälfte der Räuber will hier mit mir leben und Gott auch in dieser Weise erfahren und die andere Hälfte haut ab."

„Und wirst du ausgeraubt?"

„Nein!"

„Wirst du erhängt?"

„Nein, wie leben harmonisch zusammen und die Räuber lernen von mir."

„Ach so, das ist ja prima! – Dann komm langsam ins Hier und Jetzt zurück. Und wenn du hier angekommen bist, öffne deine Augen." Damit ist die Rückführung beendet und Jutta hat von diesem Tag an nie mehr Schweißausbrüche, wenn sich der Zahnarztstuhl nach hinten bewegt.

Es macht viel Freude mit Elisabeth zusammenzuarbeiten. Durch die Forschungen mit Karin und Philipp hat sich Viktorias Arbeitsspektrum erweitert. Sie hat seit ihrer Behandlung mit Zellheilung und ihren neuen Essenzen wieder mehr Patienten und Teilnehmer in ihren Seminaren.

Zu Beginn der Zusammenarbeit mit Elisabeth wollen viele von Viktorias Patienten eine Rückführung bei Elisabeth machen. Doch dann flacht das Interesse wieder ab. Elisabeth ist irritiert. ‚Woran kann das nur liegen?', fragt sie sich. Sie sucht nach Gründen. Und weil das nicht so einfach ist und es ihr schwer fällt, die Situation so zu nehmen wie sie ist, findet sie im Außen eine plausible Erklärung.

Viktoria wohnt im Haus und geht deshalb öfter ans Telefon. Da liegt der Schluss nahe, dass Viktoria die Ursache für Elisabeths Probleme ist. Es spielt für sie auch keine Rolle mehr, dass Viktoria sie gern und oft empfohlen hat. Für Elisabeth steht fest, Viktoria zieht die Menschen zu sich in die Behandlung, denn erstens hat sie in der letzten Zeit mehr Patienten und zweitens ist sie am meisten am Telefon.

Dass Elisabeth sie selbst darum gebeten hat, ihr die lästige Büroarbeit abzunehmen, ist vergessen und sie kommt auch gar nicht auf die Idee, im Büro mehr präsent zu sein. „Wenn Viktoria die Patienten nicht abwerben würde, wäre das gar kein Problem", rechtfertigt sie ihr fehlendes Engagement.

Vor lauter Freude über die Zusammenarbeit bemerkt Viktoria nicht die schleichende Unzufriedenheit ihrer Kollegin. Als die Zahl von Elisabeths Klienten sinkt, tröstet Viktoria sie: „Das wird schon wieder werden, du machst eine gute Arbeit. Ich hatte auch schon einen Rückgang in der Praxis."
Dass sie mehr Zeit im Büro verbringt als Elisabeth macht ihr nichts aus. Sie wohnt ja im Haus und Elisabeth muss eine ganze Stunde hin und her fahren. Da kann sie doch das Telefon bedienen, für Elisabeth tut sie das gerne und es ist schön,

die Kosten der Praxis mit ihr teilen zu können, da nimmt man das bisschen Mehrarbeit gerne in Kauf.

Viktoria ist irritiert, Woche für Woche hat sich die Stimmung in der Praxis verschlechtert. Zunächst macht sie sich keine großen Gedanken darüber und vermutet bei Elisabeth persönliche Probleme. ‚Was ist nur los?', überlegt sie, als es nach ein paar Wochen immer noch nicht besser geworden ist.

Ein paar Tage später spricht sie Elisabeth daraufhin an: „Was ist, Elisabeth? In der letzten Zeit ist die Stimmung so angespannt. Ist etwas mit dir?"

„Das fragst du noch?", platzt es aus Elisabeth heraus, „du weißt doch ganz genau, was los ist! Alle neuen Kunden ziehst du zu dir. Findest du das fair? Zuerst tust du so, als wolltest du mit mir zusammenarbeiten und dann sorgst du dafür, dass alle zu dir in Behandlung kommen."

Viktoria fühlt sich wie vor den Kopf geschlagen. Damit hat sie nicht gerechnet. Dass irgendetwas im Argen lag, hat sie gespürt. Doch diese heftige Reaktion hat sie nicht erwartet. Traurig, enttäuscht und vollkommen verwirrt senkt sie den Kopf. Elisabeth deutet dieses Verhalten als Schuldeingeständnis.

„Wie kommst du darauf?", fragt Viktoria mit leiser Stimme.

„Wie ich darauf komme? Du bist die Einzige, die in letzter Zeit neue Patienten hat."

„Aber das kann doch auch ganz andere Gründe haben."

„Andere Gründe? Und welche sollten das sein?"

Das weiß Viktoria auch nicht. Sie weiß nur, dass das mit ihr nichts zu tun hat, dass man ihr bitter unrecht tut. Es macht keinen Sinn, in dieser festgefahrenen Situation weiter miteinander zu sprechen. Viktoria zieht sich zurück und möchte das erst einmal sacken lassen. Und dann wird sie in sich gehen und fragen, was zu tun ist.

Enttäuscht, irritiert und traurig geht sie an diesem Abend zu Bett. Es hat alles so gut angefangen. Und jetzt das! ,Lieber Gott, was soll ich tun?', betet sie im Stillen. Bevor sie einschläft bittet sie um Erkenntnis und Lösung. Morgen früh will sie nach Innen gehen und fragen, was zu tun ist.

Viktoria hat eine unruhige Nacht. Immer wieder plagen sie Zweifel und Ängste. Was hat sie nur falsch gemacht? Wie kommt Elisabeth nur darauf? Dann versinkt sie doch noch in einen tiefen Schlaf.

Durch das Klingeln des Weckers erwacht Viktoria noch ziemlich benommen von der unruhigen Nacht und stellt als Erstes den CD-Player an, um bei einer besinnlichen Musik Kraft aufzunehmen. Anschießend lauscht sie nach Innen. ,Elisabeth hat Angst. Ihr fällt es schwer Verantwortung für das, was mit ihr passiert zu übernehmen. Deshalb sucht sie noch lieber im Außen nach den Ursachen. Biete ihr an, dass sie in der nächsten Zeit den Bürodienst übernehmen kann. Biete ihr an, dass du dich ganz aus der Beratung der neuen Interessenten für die nächsten vier Wochen zurückziehst.' Vier Wochen lang, ist das nicht zu viel für Elisabeth? Viktoria weiß, wie schwer es Elisabeth fällt, die Büroarbeit zu übernehmen. Sie hat stattdessen lieber für die Dekoration der Praxis gesorgt. Das kann sie flexibler gestalten. Viktoria ahnt, dass Elisabeth von dem Vorschlag nicht begeistert sein wird. ,Muss das sein?', fragt sie ihr göttliches Selbst. ,Nein, ihr könnt euch auch abwechseln.

Hinterher wird etwas sehr Gutes daraus entstehen.' Das hört sich doch gut an. Und Elisabeth kann sich bestimmt leichter darauf einlassen, die Bürozeiten mit ihr im Wechsel abzudecken. Gedacht, getan. Voll Zuversicht geht Viktoria ins Bad und ist sich ganz sicher, dass wieder alles in Ordnung kommt.

Zwei Tage später sucht sie das Gespräch mit Elisabeth. Die beklagt sich über die Kosten der Praxis und möchte weniger bezahlen, da sie weniger Klienten hat. Sie schlägt vor, eine dritte Kollegin zu finden, die sich an der Praxis beteiligt.

„Da möchte ich erst eine Nacht drüber schlafen", verschafft sich Viktoria Zeit zum Nachdenken. Sie geht nach Innen und fragt den Gott in ihrem Innern. ‚Lass das!', ist der klare Gedanke. ‚Warum nicht?', fragt Viktoria nach. ‚Wenn Du es trotzdem tust, wirst Du eine wichtige Lernerfahrung machen. Nachher wird alles gut.' – ‚Wenn sie eine wichtige Lernerfahrung machen wird, warum dann nicht? Lernerfahrungen sind doch etwas Gutes. Und wenn alles gut wird?' Viktoria entschließt sich ja zu sagen.

Vier Wochen später sind sie zu Dritt. Mit Elisabeth ist es in letzter Zeit wieder harmonischer gelaufen. Viktoria vereinbart mit Elfriede, der neuen Kollegin, zunächst eine Probezeit von 6 Wochen. Viktoria arbeitet Dienstag und Mittwoch, Elisabeth nur noch am Donnerstag, Elfriede am Freitag und am Wochenende finden Seminare statt.

Vier Wochen später braucht Viktoria für eine Patientin einen extra Termin und verabredet sich für Montagnachmittag. Als Viktoria in die Praxis kommt, ist Elfriede bereits da. Sie nutzt die Praxis, um in Ruhe ihre Patientenakten zu studieren. Als Viktoria sie bittet, den Raum zu verlassen ist sie sehr erbost.

„Warum fragst du nicht, ob du den Raum haben kannst? Schließlich arbeiten wir zu Dritt hier!", empört sie sich. Viktoria ist ganz verdutzt. Das ist doch ihr Haus und ihre Praxis, warum muss sie da fragen?

Nachdem ihre Patientin gegangen ist, geht sie erst einmal schwimmen. Sie muss ihre Unruhe in Bewegung umsetzen. Danach geht sie in sich. Was hatte ihr das Göttliche gesagt? ,Lass das!', war die klare Antwort gewesen. ,Das war also die Lernerfahrung, die sie machen sollte. Na gut, der Fehler kann behoben werden.'

Abends ruft sie Miriam an und fragt sie um Rat. Auch Miriam empfiehlt ihr sehr deutlich, sich von Elfriede zu trennen. Wer seine Grenzen nicht kennt und mein und dein nicht unterscheiden kann, mit dem wird es immer wieder Probleme geben. Manche Menschen haben die Erfahrung gemacht, dass ihre Grenzen nicht geachtet werden. Es fällt ihnen dadurch schwer, die Grenzen anderer zu respektieren. Aber das kann nicht Viktorias Problem sein. Sie wollte sich mit Elfriede ihre Praxis teilen und nicht ihre Therapeutin sein.

Viktoria fällt es schwer Elfriede zu sagen, dass sie nicht weiter in ihrer Praxis arbeiten kann. Irgendwie fühlt sie sich verantwortlich, fühlt sie sich schuldig. ,Warum hat sie bloß nicht auf sich gehört? War das die Lernerfahrung, die sie machen sollte? Ging es darum, dass sie endlich anfängt, auf sich selbst zu hören? Ihre eigene Innere Stimme und damit sich selbst ernst zu nehmen?'

Elfriede ist über Viktorias Entscheidung pikiert. ,Mit so jemandem wie dir hätte ich auch nicht weiter zusammenarbeiten wollen', mokiert sie sich. Dann ist das Thema durch. Nur in Viktoria hallt es noch eine Zeitlang nach: ‚Warum habe ich nur nicht auf mich gehört? Dann wäre das erst gar nicht passiert.'

Die Praxisgemeinschaft mit Elisabeth läuft weiter. Viktoria mag Elisabeth und ist von ihrer Art auf Menschen zuzugehen fasziniert. Viktoria selbst ist da etwas zurückhaltender und wirkt deshalb distanzierter. Dabei möchte Viktoria auch so entspannt fröhlich auf Menschen zugehen. Bei ihren Patienten und Seminarteilnehmern ist von ihrer Zurückhaltung nichts zu spüren. Da ist sie in ihrem Element, weiß, wie gut es ihnen tut, wenn sie offen und freundlich auf sie zugeht. Da ist jede Anspannung wie weggeblasen und sie fühlt sich einfach nur wohl.

Viktoria möchte Elisabeth zeigen, wie sehr sie sie schätzt und dass sie ganz sicher niemanden davon abhält, ihre Arbeit in Anspruch zu nehmen. Ganz im Gegenteil, sie empfiehlt sie immer sehr.

Doch das kommt bei Elisabeth nicht an und so gibt es trotz der geteilten Bürozeiten immer wieder indirekte Vorwürfe. Als dann eines Tages das Toilettenpapier ausgegangen ist und Elisabeth ihr vorwirft, dass sie sich nicht darum gekümmert hat, weil ihr die Klienten von ihr egal sind, ist für Viktoria das Maß voll.

Warum passiert ihr das immer wieder? Warum unterstellt sie ihr schlechte Absichten? Als Elfriede etwas vergessen hatte, sagte sie: ‚Kein Problem', und geht schnell in den Laden nebenan, um es zu besorgen. Wieso reagiert sie so empfindlich auf mich? ‚Erst mal schwimmen gehen', schiebt Viktoria ihre Enttäuschung auf Seite. Danach schaut sie sich einen schönen

Film an. Er ist lustig und bringt sie zum Lachen. Vor dem Einschlafen nimmt sie wie immer göttliche Kraft auf. ‚Bitte, lieber Gott, zeig mir, was ich falsch mache! Ich möchte verstehen, warum manche Menschen so empfindlich auf mit reagieren. Ich habe doch gar nichts getan. Ich mag Elisabeth doch.'

Der Schlaf ist unruhig und schwer. Viktoria wälzt sich in ihrem Bett hin und her. Gegen vier Uhr morgens wacht sie auf. An Schlaf ist nicht mehr zu denken. Ihre Gedanken kreisen um Elisabeth. ‚Na gut, bitte lieber Gott, zeig mir, warum mir das immer wieder passiert.'

Viktoria beginnt innere Bilder zu sehen. Sie sieht sich selbst, wie sie Kontakt mit Elisabeth aufnimmt. Sie mag Elisabeth und möchte von ihr geliebt werden. Weiße Energiebänder strahlen von ihr noch vorne aus, machen nach einer Weile eine Kurve, um auf Elisabeth zuzulaufen. Sie befindet sich auf gleicher Höhe links neben ihr. Elisabeth lehnt den Kontakt ab und so kommt der Energiestrahl auf demselben Weg zu ihr zurück. Da sie von Elisabeth gemocht werden will, geht der Strahl wieder auf Elisabeth zu. Er wird wieder zurückgeworfen, diesmal begleitet von Abneigung.

Man zeigt ihr, dass sie darum kämpft, von Elisabeth angenommen zu werden. Es ist wichtig, dass sie damit aufhört, ihren Strahl der Wertschätzung immer wieder zu Elisabeth zu schicken.

Viktoria wählt nun für ihre Energie einen freien Weg, der geradeaus geht. Dadurch verhakt sich Elisabeths Energie nicht mehr mit der ihren.

‚Ach so ist das!', interessant. Man zeigt ihr, dass es wichtig ist, sich von Elisabeth zu lösen, sie frei zu lassen, nicht um Anerkennung, Liebe oder Wertschätzung zu kämpfen. Wenn Anerkennung und Wertschätzung vorhanden sind, ist es gut, wenn nicht, ist es auch okay. Danach schläft Viktoria ein. Diesmal hat sie einen sehr erholsamen Schlaf.

Am nächsten Morgen ist klar, sie mag Elisabeth. Dabei will sie auch bleiben. Doch sie will nur noch mit Elisabeth zusammenarbeiten, wo es notwendig ist. Wenn sich etwas Grundlegendes in ihrem Verhältnis verändert hat, kann es wieder ganz anders werden.

„Guten Morgen", begrüßt Viktoria Elisabeth in der Praxis.

„Guten Morgen!"

„Ich möchte gerne einmal mit dir in Ruhe reden. Wann hast du Zeit?"

„Ab ein Uhr."

Um ein Uhr treffen sich die beiden. Viktoria beginnt: „Elisabeth, ich habe nachgedacht. Ich mag dich! Doch da sind immer wieder Spannungen zwischen uns. Vieles nimmst du anders als ich es meine. Deshalb habe ich mich entschieden, dass wir zwar die Praxis gemeinsam weiter nutzen können, aber der Kontakt zu deinen Klienten von deinem eigenen Telefon, deinem eigenen Büro ausgeht. Ich möchte bis auf Weiteres damit nichts mehr zu tun haben. Die Säuberung der Praxis möchte ich in die Hand einer Reinigungsfrau geben, die auch alles Notwendige einkaufen wird und wir teilen uns die Kosten. Ich hoffe, dass damit dann alle Anlässe für Spannungen unter uns aus dem Weg geräumt sind."

Elisabeth ist erstaunt, aber durchaus einverstanden. Zwei Tage später ist sie für drei Wochen im Urlaub. ‚Das ist gar nicht so schwer gewesen', denkt sich Viktoria. Ihr fällt ein, dass ihr schon vorher geraten worden war, die Verantwortung für das Büro in Elisabeths Hand zu legen. Sie hat nur nicht darauf hören wollen.

Viktoria geht es mit der neuen Lösung sehr gut und als Elisabeth nach dem Urlaub wieder in der Praxis erscheint, ist alles wie verwandelt. Elisabeth strahlt Viktoria an und die ursprüngliche Harmonie ist wieder da. Sie lachen bei ihrer Arbeit und haben viel Spaß miteinander.

Das große Unglück

Viktoria ist glücklich. Die Arbeit in der Praxis läuft, die Seminare florieren und die Zusammenarbeit mit Elisabeth macht wieder Freude.

Mittlerweile sind einige Jahre vergangen und ihr Sohn Marcel ist inzwischen ein großer Junge von 14 Jahren, der in seiner Entwicklung den anderen Jungs seines Alters weit voraus ist. Er unterstützt sie bei der Arbeit im Garten und ist die Freude ihres Lebens. Auch ihre Eltern sind sehr stolz auf ihn. Seinen Papa sieht er wenig, denn Walter ist zurück nach Erdland gegangen. Etwa zweimal im Jahr kommt er ihn in unregelmäßigen Abständen besuchen. Wenn Walter Viktoria anschaut, gleicht sein Blick immer etwas dem eines geprügelten und vertriebenen Hundes. Viktoria merkt, dass er sehr gerne wieder mit ihnen zusammenleben möchte und ignoriert deshalb diesen Blick.

Einmal im Jahr fährt Marcel rüber nach Nestland und hat mit Walter eine richtige Männerzeit, wie sie das nennen. Walter nimmt ihn mit raus in die Natur, übernachtet viel mit ihm im Freien und zeigt Marcel die Pflanzenwelt von Erdland.

Am Donnerstagabend kommt Marcel zu ihr und setzt sich neben sie aufs Sofa.

„Du Mama, ich möchte gerne mit den Jungs übermorgen nach Jangua zum Segeln fahren."

„Aber du kannst doch noch gar nicht segeln."

„Thomas segelt doch schon seit drei Jahren und Maik hat es letztes Jahr von seinem Vater gelernt. Sie wollen mir das Segeln beibringen." Marcel etwas abzuschlagen, fällt Viktoria sehr schwer. Er ist der Sonnenschein in ihrem Leben.

Sie hat ein ungutes Gefühl, denn in der letzten Zeit war die See etwas stürmisch. Heute ist seit langer Zeit der erste schöne Tag.

„Nein Marcel, fahrt lieber, wenn das Wetter stabiler ist", lautet ihre Antwort.

„Aber Mama, die anderen Jungs fahren alle mit. Endlich ist das Wetter schön und wir freuen uns alle so sehr." Ihr Innerstes zieht sich zusammen, sagt nein. Ihr Herz ist offen und weich für Marcels Wunsch. ‚Vielleicht kommt mein Unbehagen ja auch nur daher, weil ich ihn noch nie allein mit seinen Freunden weggelassen habe? Thomas ist doch ein vernünftiger Junge von 17 Jahren. Was soll da groß passieren?', versucht sie sich zu beruhigen. ‚Du musst lernen, Marcel loszulassen. Er ist doch fast schon ein junger Mann mit seinen 14 Jahren.' Marcel bittet weiter, macht Viktoria Komplimente, was für eine super Mama sie ist.

„Mama, du weißt doch, dass ich vorsichtig bin. Sonst vertraust du mir doch auch und es ist doch noch nie etwas passiert. Die anderen Jungs in meinem Alter sind ganz neidisch, weil du so viel Verständnis hast und mir was zutraust."

Viktoria fühlt sich geschmeichelt. Sie kann dem Charme ihres Kindes nicht wiederstehen und sagt: „Ja."

„Danke Mama, danke!" Marcel ist überglücklich. „Ich werde auch bestimmt nicht vergessen, dir nächste Woche den Rasen zu mähen und das Gemüsebeet jäte ich auch", mit diesen Worten ist er aus der Tür. Er will seinen Freunden unbedingt so schnell wie möglich mitteilen, dass er dabei ist. Segeln lernen, das wird schön sein!

Am Samstagmorgen geht es schon früh los. Marcel ist bereits ganz aufgeregt und will unbedingt sein Surfbrett mitnehmen. Viktoria freut sich für ihren Sohn. Doch eine bohrende Unruhe hat sie die letzte Nacht nicht schlafen lassen. Immer wieder schiebt sie ihre Sorgen auf Seite. Sie kann doch jetzt nicht plötzlich nein sagen, wo Marcel sich schon so sehr auf die Segeltour mit seinen Freunden freut. Im Fernsehen haben sie für Sonntag von plötzlich aufkommenden Winden gesprochen. Thomas ist doch ein ganz vernünftiger Junge. ,Die werden schon aufpassen und dann nicht rausfahren', tröstet sie sich.

Dann sind alle weg. Viktoria bleibt allein zurück und geht in ihr Zimmer, um göttliche Kraft aufzunehmen. Das macht sie wieder ruhiger. Sie hat noch einiges an Arbeit in Haus und Garten, der sie sich danach zuwendet.

Abends liest sie ein schönes Buch und genießt das Alleinsein. Wie schön, dass Marcel schon so groß ist. Das gibt ihr mehr Freiraum, ihren eigenen Interessen nachzugehen. Nur leider nimmt er sie nicht mehr so häufig in den Arm. Als er noch kleiner war, hat er sie oft ganz herzlich gedrückt und dabei gesagt: ,Mama, ich hab dich ja soooo lieb.' Das fehlt ihr manchmal.

Marcel ist es peinlich, wenn sie ihn vor den anderen umarmt. Deshalb hat sie es beim Abschied unterlassen und ihm stattdessen ein extra Taschengeld mitgegeben.

Am Samstagabend ruft Marcel ganz begeistert an. Das Segeln mit den Jungs hat ihm sehr viel Spaß gemacht und morgen wollen sie wieder raus.

„Morgen können plötzliche Winde aufkommen", ermahnt Viktoria ihn.

„Ja, Mama, das wissen wir. Wir wollen morgen auch gar nicht so weit raus. Und wenn das Wetter umschlägt, kommen wir zurück." Viktoria ist beunruhigt. ‚Warum sorge ich mich nur so viel? Das tue ich doch sonst nicht', wundert sie sich im Stillen.

Ein Sonntag ohne Seminar ist für Viktoria immer ein Tag, an dem sie ausschläft, viel Zeit mit einem Buch oder einem Rätsel im Bett verbringt, im Bademantel einen Märchenfilm schaut und sich erst mittags in die Badewanne setzt. Erholung pur ist das für sie.

Kurz nach 12:00 Uhr klingelt das Telefon. ‚Nanu', wundert sie sich, ‚wer will denn da was von mir?' Sie steigt aus der Wanne, zieht sich den Bademantel über und geht ans Telefon.

„Ja, Viktoria Michels", meldet sie sich.

„Guten Tag, wir sind von der Hafenpolizei in Jangua. Wir müssen Ihnen leider die traurige Mitteilung machen, dass Ihr Sohn heute Morgen bei einer Segeltour verunglückt ist. Er liegt im Moment hier im örtlichen Spital. Es geht ihm sehr schlecht. Können Sie bitte sofort hierher kommen?"

„Ja natürlich, ich bin in zwei Stunden bei Ihnen." Viktoria schaut auf die Uhr. Wenn sie sich jetzt gleich auf den Weg macht, kann sie in etwa zwei Stunden da sein. Sie zieht sich schnell an, packt noch ein paar Sachen von Marcel ein und nimmt sein Lieblingsbuch mit. Dann sitzt sie auch schon im Auto und ist auf dem Weg nach Jangua. Nur ruhig, tief durchatmen, versucht sie sich immer wieder zu beruhigen. ‚Lieber Gott, bitte hilf Marcel, mach, dass er bald wieder ganz gesund ist. Bitte schenk mir die Kraft und die Ruhe zum Fahren. Was nützt es, wenn ich vor Aufregung unterwegs einen Unfall baue?' Um ihrer Unruhe und Aufregung eine Richtung zu geben, fängt sie an im Auto spirituelle Lieder zu singen. Sie legt ihre ganze Kraft, ihre ganze Aufmerksam da hinein. Auf diese Weise wird sie nach und nach immer ruhiger.

Mit der Ruhe kommt die Gewissheit, die innere Gewissheit, dass es zu spät sein wird, dass sie ihrem Sohn nicht mehr helfen kann, dass er gehen wird. Viktoria atmet tief aus. Nur nicht erstarren, sie muss da sein, für ihren Sohn da sein. Wie von einer höheren Kraft getragen kommt sie in Jangua an und fragt nach dem Spital, parkt, sucht nach ihrem Sohn und ist bald in seinem Zimmer. Endlich, Gott sei Dank, er lebt!

Marcel schläft, während Viktoria an seinem Bett sitzt. Sie kann jetzt nicht aufstehen. Sie fühlt, dass sie bei ihm bleiben muss, hält seine Hand und ist mit ihrer ganzen Aufmerksamkeit bei ihm. ‚Mach dir nur ja keine Sorgen, stör ihn nicht mit deinen Gedanken bei seiner Regeneration', meldet sich ihre Innere Stimme. Und so gibt sich Viktoria Mühe die ganze Zuversicht auszustrahlen, die sie aufbringen kann. ‚Werde gesund, mein Kind, werde gesund!' Im Inneren macht Viktoria sich bittere Vorwürfe, dass sie nicht auf ihr Inneres Gefühl gehört hat, dass sie sich von ihm hat überreden lassen. Doch noch nicht einmal diese Vorwürfe darf sie sich jetzt machen. Damit würde sie seinen Heilungsprozess stören, das weiß sie von ihrer Arbeit mit ihren Patienten. Oft genug hat sie erlebt, wie schnell sich Angst, Sorgen und negative Gedanken auf den Kranken übertragen und seinen Heilungsprozess verzögern. Das darf ihr nicht passieren. Zu dem ersten Fehler darf sie nicht auch noch diesen zweiten hinzufügen. Sie fühlt sich überfordert.

Plötzlich macht Marcel einen tiefen Atemzug. Viktoria ist mit ihrer ganzen Aufmerksamkeit bei ihrem Kind. Langsam öffnet er die Augen.

„Marcel, ich bin bei dir, es wird alles gut werden, das verspreche ich dir."

„Mama, es tut mir leid, dass ich dir den Rasen nicht mehr mähen kann."

„Das ist doch jetzt gar nicht mehr so wichtig." Marcel atmet noch einmal tief durch. Dann schließt er wieder die Augen, diesmal für immer.

„Nein!!!" Ein Schrei geht durch Viktorias Herz. ‚Lieber Gott, das darf nicht wahr sein, bitte nicht, nimm mir nicht mein Kind.'

Viktoria läuft raus zu der Krankenschwester: „Bitte, holen Sie sofort einen Arzt, mein Sohn, ich glaube mein Sohn ist tot. Sie müssen was tun, er darf nicht sterben." Die Schwester ruft den Arzt, doch er kann nur noch bestätigen, dass Marcel tot ist.

‚Wie konnte das nur geschehen?', eine Frage die in Viktorias Seele brennt. Und vor allem die Frage, ‚warum hab ich mein Inneres Gefühl ignoriert, warum habe ich mir selbst nicht vertraut und einfach nein gesagt?' – Ihr größter Schmerz ist der Schmerz der eigenen Schuld, er ist noch viel bedrückender, als der Tod von Marcel. Den Tod kann sie noch gar nicht begreifen, aber die Schuld, nicht auf sich gehört zu haben lastet schwer auf ihrer Seele.

„Wo sind Thomas, Maik und die anderen Jungs? Was ist mit ihnen geschehen?" Suchend schaut Viktoria sich um. Sie fragt die Schwester, die bei Marcel gerade die Schläuche entfernt. Sie zeigt ihr den Weg in den Wartebereich.

Dort trifft sie die Jungs kreidebleich und noch ganz verwirrt von den Ereignissen der letzten Stunden.

„Frau Michels", kommt Thomas auf sie zu, „das tut uns leid, wir haben das nicht gewollt. Wie geht es Marcel?"

„Er ist tot", kommt es tonlos von Viktorias Lippen.

Die Jungs sind geschockt: „OOOhhhh!" Mehr wissen sie nicht zu sagen. Viel zu plötzlich hat der Spaß sein tragisches Ende gefunden.

Sie waren heute Morgen zum Segeln draußen. Marcel hatte sein Surfbrett mitgenommen und sich darauf draußen auf dem Meer treiben lassen. Es war windstill und die Segel hingen lasch am Mast, als ganz plötzlich ein Wind aufkam.

„Komm zurück", rufen die größeren Jungs Marcel zu. Er hatte zuerst keine Lust.

„Das ist doch gleich wieder vorbei." Bei der nächsten Bö ruderte er dann doch mit seinem Surfbrett auf das Boot zu. Die Jungs wollten ihm entgegenkommen und wendeten das Boot. Als Marcel schon fast längsseits ist, streckten sie ihm ihre Hände entgegen. Da ergriff plötzlich eine weitere Bö das Segel und drehte das Boot. Marcel verlor sein Gleichgewicht und rutschte von seinem Surfbrett. Das Brett kam unter das Schiff, verkantete sich, haute Marcel vor den Kopf und quetschte ihn zwischen Boot und Surfbrett ein. Es dauerte, bis Thomas im Wasser war. Marcel musste viel Wasser schlucken und hatte sich schwere Quetschungen zugezogen. Am schlimmsten hatte es seinen Kopf erwischt. Thomas bemühte sich, ihn so schnell wie möglich ins Boot zu hieven und segelte mit ihm zurück in den Hafen. Dort brachte ein Krankenwagen Marcel ins Spital.

Jetzt sitzen sie hier und wissen nicht, wie sie es Viktoria erklären sollen. Es war ein Unfall. Sie dachten, der Wind frischt erst am Nachmittag auf.

Viktoria erledigt im Krankenhaus wie in Trance die notwendigen Formalitäten. Am nächsten Tag soll Marcel nach Hause überführt werden und in vier Tagen wird die Beerdigung sein. Wie soll das alles gehen?

Nachdem alle Formulare ausgefüllt sind, ruft sie ihre Eltern an.

„Marcel ist tot." Sie bringt es kaum über die Lippen.

„Wir kommen, morgen sind wir bei dir", ist ihre erste Reaktion. Dann legt Viktoria den Hörer auf, um Walter zu informieren.

Am Montagmorgen kommt der Leichenwagen. Marcel wird in den Sarg gebettet, den Viktoria für ihren Sohn ausgesucht hat. Sie schieben ihn mit dem Sarg in den Wagen und fahren los. Viktoria fährt in ihrem Wagen hinterher. ‚Näher mein Gott zu dir …', sie singt dieses Lied in einer Tour auf dem Weg nach Hause. Es ist wie ein Mantra, das ihr Halt geben soll. In dieser schwierigen Situation kann nur noch Gott helfen.

‚Wie soll ich damit nur fertig werden, wie soll ich damit nur umgehen? Bitte lieber Gott, zeig mir das.' Je länger sie fährt, umso ruhiger wird sie. Bei Gott geht es Marcel gut, tröstet sie sich. Besser tot als lebenslang verkrüppelt, behindert oder voller Schmerzen. Doch solche Gedanken können sie nicht über den Verlust und vor allem die in ihr nagenden Schuldgefühle hinwegtäuschen.

Als sie Zuhause ankommt, fällt es ihr schwer, die vielen Fragen der Menschen um sie herum zu beantworten. Was soll sie sagen? Sie weiß die Antwort selbst nicht. Sie versteht jetzt, wie es ihrer Mutter und ihrem Vater beim Tod ihrer Schwester gegangen sein muss. Immer wieder kommen der Schmerz und die Schuld in ihr hoch. Die aufrichtige Anteilnahme hilft nicht, tröstet nicht, sie reißt nur immer wieder neu die Wunde auf.

Viktoria möchte Marcels Leben feiern, so wie sie es bei Mutter Miriam erlebt hat. Auf Heilland feiert man nach dem Tod eines geliebten Menschen sein Leben, um es zu ehren, um alles Gute und Schöne in Erinnerung zu behalten.

Der Verstorbene ist für sie vorausgegangen und wird sie später im Jenseits wiedersehen und empfangen. Sie glauben, dass der Tod eines geliebten Menschen ein Geschenk für seine Angehörigen enthält, das zunächst noch verborgen ist.

Viktoria möchte das Leben ihres Sohnes feiern und alle seine Freunde und die Verwandten zu einem Fest einladen. Wie dieser Plan letztlich funktionieren wird, weiß sie jetzt noch nicht. Vor allem weil die Menschen in Nestland mehr mit sich, ihrer Trauer und ihrem Verlust beschäftigt sind. Sie neigen dazu, sich selbst zu bemitleiden und anderen zu zeigen, wie schwer es sie getroffen hat. Wie werden die Nestländer auf ihr Vorhaben reagieren und wie wird es für sie selbst sein?

Als sie am Morgen der Beerdigung aufwacht, weiß sie noch nicht, wie sie diesen Tag durchstehen soll. ‚Vielleicht habe ich mich mit dieser Feier überfordert und sollte die Beerdigung so gestalten, wie es hier üblich ist?', fragt sie sich im Stillen.

Auf der Beerdigung schauen sie die Leute aus dem Ort voller Mitleid an. Ihr Vater und ihre Mutter sind voller Trauer. Sie haben ihren Enkel sehr geliebt und fühlen sich an Lisas Tod erinnert. Alte Erinnerungen, alte Schuldgefühle kommen wieder hoch. Sie geben Viktoria die Schuld an Marcels Unfall. Hätte sie ihm doch bloß nicht die Segeltour erlaubt, dann wäre das alles gar nicht passiert. Doch sie trauen sich nicht, diese Vorwürfe laut auszusprechen und hadern mit ihrem Schicksal.

Während der Trauerfeier geht es Viktoria zunehmend besser. Die Lieder und die Rückschau auf das Leben ihres Sohnes tun ihr gut. Es ist gut, Walter an der Seite zu haben, seine Hand zu halten und sich gegenseitig Kraft zu geben. Beide wissen, dass es Marcel auf der anderen Seite sehr gut geht.

Nach einem wundervollen Lied spürt Viktoria plötzlich eine Präsenz. Marcel ist bei ihr und sagt: „Mama, Papa ich habe euch so lieb. Danke, dass ihr meine Eltern wart."

Viktoria schaut Walter an: „Hast du das auch gespürt? Es ist, als ob Marcel da ist."

„Ja, ich spüre ihn auch", erwidert Walter „und er bedankt sich, dass wir seine Eltern waren, dass du während er starb seine Hand gehalten hast."

Beide sind ganz ergriffen. Die Trauer weicht der Freude über Marcels Anwesenheit. Von jetzt an geht es ihnen mit jedem Lied besser. Es ist, als ob sie von einer unerklärlichen Kraft getragen werden. Sie sind glücklich, glücklich ihren Sohn bei sich zu haben, ihn zu spüren, ihn zu fühlen. Sie sind glücklich, dass sie solch einen Sohn haben durften.

Nach der Beerdigung schauen sie in die Gesichter seiner Freunde. Auch sie sehen ganz anders aus. Ein Leuchten ist in ihren Augen und es scheint, als ob sie sich Mühe geben müssen, traurig auszuschauen.

„Ich bin auf einmal so glücklich", flüstert Viktoria Thomas ins Ohr. „Ich spüre Marcel. Es ist, als ob er heute zusammen mit uns sein Leben feiern will."

„Mir geht es auch so", bestätigt Thomas „ich dachte, ich muss mich für mein Glücksgefühl schämen."

„Schäm dich nicht, auf Heilland ist das ganz normal", erklärt Viktoria ihm. Thomas scheint erleichtert zu sein.

„Was hat Marcels Mutter zu dir gesagt?", fragen seine Freunde, als er plötzlich strahlt. Thomas erzählt ihnen von seinem Gespräch mit Viktoria.

„Uns geht es genauso, wir fühlen uns auch glücklich. Wir haben das Gefühl, als sei er hier mitten unter uns."

„Wie bei Jesus", kommt es Maik in den Sinn, der christlich aufgewachsen ist. „Der hat auch gesagt, nach meinem Tod lebe ich weiter, da bin ich mitten unter euch. Ob das für alle Menschen gilt und nicht nur für Jesus?" – Plötzlich ist es, als sei eine schwere Last von ihnen gefallen. Sie erlauben es sich, auf einer Beerdigung glücklich zu sein. Alle Schuldgefühle, alles was wäre wenn, fällt von ihnen ab. Zusammen mit Viktoria gehen sie zu der Feier von Marcels Leben. Die Verwandten und engsten Freunde begleiten sie, während alle anderen nach Hause gehen.

Für Marcel wird ein Teller mit seinem Lieblingsessen und seinem Lieblingsgetränk auf den Tisch gestellt. Daneben steht sein Bild.

„Auf dein Leben", stoßen sie alle miteinander an. Während die Gläser klirren, reden plötzlich alle wild durcheinander. Jeder weiß eine Geschichte aus Marcels Leben zu erzählen und erinnert sich an seine schönsten Stunden mit ihm. Es ist ein Lachen und eine Freude wie auf einer Hochzeit. Ja, Marcel ist noch da, er ist nicht tot, sondern lebt auf der anderen Seite weiter, auf der Seite, von der sie alle gekommen sind. Er ist vorausgegangen, auf dem Weg zu Gott und bereitet für die zurückgebliebenen den Weg.

Viktoria stellt sich vor, dass er jetzt da drüben den Garten pflegt und ihr zuruft, wenn sie sich wiedersehen, Mama, ich habe dir mal schon den Rasen gemäht.

Diese wunderbare Energie von Marcels Beerdigung trägt Viktoria noch die nächsten drei Wochen. Sie erledigt alle notwendigen Dinge, arbeitet voller Freude in ihrer Praxis, sodass sich jeder wundert, wie gut sie Marcels Tod verkraftet.

Ihre Eltern können ihren Zustand nicht verstehen. Sie sind jedoch froh, dass Viktoria keinen Zusammenbruch erlitten hat. Damit wüssten sie nicht umzugehen. So können sie unbesorgt zurück nach Port Lucky fahren, ohne sich um ihre Tochter kümmern zu müssen.

Langsam lässt dieses gute Gefühl der Freude in Viktoria immer mehr nach. Es weicht einem quälenden, ,warum habe ich nur nicht auf mich gehört. Dann könnte mein Junge noch leben.'

Schon früher hat sie ihre Innere Stimme ignoriert. Auch als Elfriede in ihrer Praxis mitarbeiten wollte, ist sie gewarnt worden. Immer wieder lässt sie sich überreden, übergeht ihr Inneres Wissen, nimmt sich selbst nicht ernst.

Marcel geht es gut, dort wo er jetzt ist. Diese Gewissheit bleibt und tut ihr gut. Doch was ist mit ihr, warum macht sie immer wieder dieselben Fehler?

Sie fährt zu Miriam nach Heilland. Viktoria hat ein langes Gespräch mit ihr.

„Ja Viktoria, in jedem Tod liegt auch ein Geschenk für uns. Nur können wir es in den seltensten Fällen sofort erkennen. Erst mit Abstand, nach einiger Zeit wird es für uns offenbar.

Im ersten Moment wirkt der Tod oft sinnlos, besonders, wenn der, der stirbt so jung ist wie Marcel."

„Ich glaube, Marcel ist nur gestorben, damit ich mehr auf meine Innere Stimme achte", äußert Viktoria ihre Vermutung.

„Nein, das glaube ich nicht, deshalb stirbt kein Mensch. Das würde auch viel zu viele Schuldgefühle hinterlassen. Ich denke jeder Tod bringt uns wieder mehr mit dem Leben in Kontakt. Er lädt uns ein, darüber nachzudenken, was uns in unserem Leben wirklich wichtig ist. Er lädt uns ein neue Wege zu gehen, neue Erfahrungen zu sammeln."

„Marcel fehlt mir so sehr. Je länger er fort ist, umso einsamer fühle ich mich in meinem Haus. Die Arbeit mit meinen Patienten macht mir immer weniger Freude. Es ist plötzlich eine innere Leere entstanden, die vorher nicht da war."

„Wenn der Tod eine innere Leere in dir hinterlässt, dann war diese Leere schon vorher da. Das heißt, dass dein ganzes Leben auf Marcel ausgerichtet war. Doch was ist mit dir? Hast du dein Leben gelebt? Womit hast du es gefüllt? Was ist mit deinem Freundeskreis, was mit einer Partnerschaft?" – Viktoria muss zugeben, dass sie ihren Freundeskreis ziemlich vernachlässigt hat. Marcel und die Praxis waren der Mittelpunkt ihres Lebens. Und nun ist ein wichtiger Teil weg und die Arbeit, die sie vorher so sehr geliebt hat, scheint immer weniger Sinn zu machen. Und was einen Partner anbelangt, dafür hatte Viktoria keine Zeit. Der Tag war ausgefüllt mit Marcel, der Praxis und dem Haus. Sollte das wirklich alles gewesen sein? Marcel hätte über kurz oder lang sein eigenes Leben gelebt und wäre von Zuhause weggegangen.

Nachdenklich verabschiedet sich Viktoria von Miriam und geht am Meer spazieren. Der Wind streift durch ihr Haar und die

Wellen umspülen ihre nackten Füße. Vielleicht sollte sie einmal etwas ganz anderes machen. In der letzten Zeit hat sie sich selbst ein bisschen aus den Augen verloren. Das war bevor sie Walter kennenlernte anders. Da war sie viel mehr im Kontakt mit sich selbst. Doch plötzlich war Walter da, dann Marcel, dann der Alkohol, die Kämpfe um die Praxis. Immer gab es etwas zu tun, immer gab es etwas anderes. Doch wo war sie bei dem Ganzen? Gut und schön, sie hat den Kontakt zum Göttlichen wiedergefunden und das gibt ihr sehr viel. Doch was ist mit ihrem Kontakt zu sich selbst. Auch mit ihrer Inneren Familie und ihren Inneren Weisen ist sie schon lange nicht mehr im Kontakt gewesen.

Viktoria spürt sehr deutlich, dass hier etwas anders werden sollte. Sie muss wieder anfangen, mehr nach sich selbst zu schauen, den Kontakt zu dem, was sie tief drinnen bewegt wiederfinden. ,Ja, Miriam hat recht, wenn sie sagt, die Arbeit an sich selbst ist genauso wichtig wie Zähne putzen.' Zähneputzen tun die meisten Menschen zweimal am Tag. Auch das Geschirr und die Wohnung werden regelmäßig gereinigt. Doch wenn es um sie selbst, um ihr seelisches Wohlbefinden geht, glauben die meisten Menschen, dass sich das von selbst erledigt. Und wenn sie dann doch einmal etwas für ihre Seele tun, deshalb zu einem Seminar oder in eine Behandlung kommen, erwarten sie, dass mit einem Seminar oder ein, zwei Behandlungen für den Rest ihres Lebens alles im Lot ist. Das hat sie selbst schon oft bei ihren Patienten erlebt und im Stillen immer wieder darüber den Kopf geschüttelt. Anscheinend macht sie es auch nicht anders.

Es ist schwer, der eigenen Wahrheit ins Auge zu schauen. Auch wenn man um die Dinge weiß, ist man nicht davor gefeit, Fehler zu machen. Wie gut, dass Miriam sie daran erinnert hat.

Abends trifft sie sich mit Anjai im Park. Sie unterhalten sich miteinander.

„Weißt du was, ich sollte mal einige Zeit ganz hier raus. Ich glaube, ich werde mal für eine Zeit wegfahren, vielleicht nach Europa, Amerika oder Afrika. Hier ist alles zu dicht, zu nah und zu präsent. Da fällt es mir schwer, das Wesentliche zu erkennen."

„Das ist eine prima Idee", ermutigt sie Anjai. „Doch pass auf, dass du deine Schuldgefühle nicht zu sehr pflegst. Das macht dich nur krank und helfen tut es keinem."

„Ich weiß, aber was soll ich tun?"

„Stell dir doch einfach vor, du fährst mit Marcel. Du schaust dir alles an, was er sich nicht mehr anschauen kann. Du lebst ein Leben voller Glück und Freude, weil er es nicht mehr kann und ehrst ihn, indem du ihn an der Schönheit deines Lebens teilhaben lässt."

„Das ist eine wunderbare Idee, danke Anjai." Viktoria steht auf, verabschiedet sich und geht schlafen. Morgenfrüh wird sie wieder zurück nach Nestland fahren. ‚Bitte lieber Gott, gib mir morgen ein ganz klares Gefühl, was für mich der nächste Schritt ist'. Mit diesem Gedanken schläft Viktoria zufrieden ein.

Die Reise nach Europa

Am nächsten Morgen wacht Viktoria nach einem erholsamen Schlaf auf. ‚Mit welcher Frage war sie am Abend vorher eingeschlafen? Ach ja, sie wollte wissen, was jetzt der richtige Weg ist.' Viktoria macht sich eine sanfte Musik an und nimmt göttliche Kraft auf, so wie sie es jeden Morgen tut. Als sie damit fertig ist, stellt sie innerlich die Frage: ‚Was ist jetzt zu tun, lieber Gott? Was ist für mich der nächste Schritt?' – ‚Gehe für ein Jahr nach Europa', antwortet eine leise Stimme in ihr, ‚Fahre gleich nächste Woche los. Deine Patienten kann Elisabeth übernehmen.' – ‚Nächste Woche schon? Da habe ich doch so viele Patienten. Und in drei Wochen ist doch das Seminar in Kinesiologie. Die Leute freuen sich schon so darauf. Und der Garten muss auch noch versorgt werden.' Also beschließt Viktoria erst in sechs Wochen aufzubrechen und für ein halbes Jahr nach Europa zu fahren. Bis dahin wird sie alles regeln können.

Am Morgen des 4. Mai läuft Viktorias Schiff aus. In drei Tagen wird sie in England ankommen. Dort möchte sie zuerst Stonehenge besuchen. Danach geht es weiter nach London, von dort mit dem Flugzeug nach Paris, dann weiter nach Chartre, München und zu den Externsteinen. Wenn sie schon einmal nach Europa fährt, will sie auch möglichst viele Kraftorte kennenlernen, von denen Quentin immer gesprochen hat. Die Schamanen auf Erdland sind sehr mit dem Verlauf der Energielinien von Mutter Erde vertraut. Sie nutzen solche Plätze auf Erdland, um Mutter Erde und ihrer Kraft nahe zu sein. Quentin vergleicht diese Linien mit den Energielinien des menschlichen Körpers, mit denen in der Akupressur und der Akupunktur gearbeitet wird.

Nach Erzählungen von Quentin ziehen sich diese Energielinien wie ein Netz um die gesamte Erde und verbinden alle Länder miteinander. Für Quentin hat die Erde Organe, die man in gewisser Weise mit den menschlichen Organen vergleichen kann. Sie sehen zwar nicht so aus wie menschliche Organe, aber sie erfüllen auch eine Funktion. Für Quentin ist Mitteleuropa das Herz der Erde, Russland die Leber, die Regenwälder Südamerikas die Lunge, Amerika das Gehirn und China der Magen der Erde. Genau wie im menschlichen Körper jeder Teil seine Aufgabe hat und für das Ganze gebraucht wird, so hat auch jedes Land und jede Rasse eine ganz bestimmte Funktion und Aufgabe für das Leben auf der Erde.

Da jeder Teil der Erde eine andere Aufgabe hat, kann nicht jeder Teil der Erde gleich sein. Quentin vergleicht das mit dem menschlichen Körper. Wenn die Lunge genau wie der Magen ist, kann sie nicht ihre Arbeit machen.

Dasselbe gilt für die fünf menschlichen Rassen, die er nach ihrer Hautfarbe unterscheidet. Die weiße, rote, schwarze, braune und gelbe Rasse stehen für die fünf Elemente Feuer, Erde, Wasser, Luft und Holz. Für die Menschen, die eine Rasse als besser ansehen als eine andere, hat er nur ein müdes Schulterzucken. Wer das tut, hat seiner Meinung nach das Wesen der Natur und damit das Wirken Gottes auf der Erde noch nicht verstanden und ist deshalb zu entschuldigen.

Genau wie die Organe in der ihr eigenen Art und Weise arbeiten, genauso leistet jede Rasse ihren ganz persönlichen Beitrag für das Leben auf der Erde. Und so wie jedes Organ aus vielen unterschiedlichen Zellen besteht, von der jede einzelne zur Gesundheit des Körpers beiträgt, genauso leistet jede Rasse und jeder Mensch einen wichtigen Beitrag für die Menschheit.

Dieser Beitrag muss für Quentin nichts Herausragendes sein. Er vergleicht ihn mit den Millionen Zellen, die täglich für den Körper arbeiten. Auf ähnliche Weise gehen Milliarden von Menschen ihrer Aufgabe nach und erfüllen damit ihren Beitrag. Gerade die scheinbar unwichtigsten Taten tragen für Quentin wesentlich zum Wohl des Ganzen bei. Das können ein aufmunterndes Wort, eine liebevolle Geste, die Arbeit bei der Müllabfuhr, im Krankenhaus oder einer Fabrik sein.

Einige Menschen haben für ihn die Gabe, anderen auf eine ganz besondere Art und Weise zuzuhören, andere packen mit an, wo jemand Hilfe braucht, manche bringen ein Lächeln auf unsere Lippen, einfach nur dadurch, dass sie da sind oder haben die Fähigkeit ein Fest so zu bereichern, dass sich hinterher alle wohl und glücklich fühlen. Wie und womit der Einzelne die Gemeinschaft bereichert, kann nur jeder für sich selbst herausfinden. Viele Menschen wissen nicht, wie gut sie anderen tun, weil niemand es ihnen sagt und dennoch geschieht es.

Welchen Beitrag ein bestimmtes Land, ein bestimmtes Volk oder eine bestimmte Rasse zur Evolution auf der Erde leistet, kann nur jedes Land, jedes Volk und jede Rasse für sich selbst herausfinden. Je mehr dem Menschen bewusst ist, was sein ganz persönlicher Beitrag ist, umso mehr ist sein Leben erfüllt von Glück und Sinnhaftigkeit.

Viktoria möchte die Kraftorte in Europa besuchen, um besser zu verstehen, was Quentin meint, wenn er sagt, dass die

Länder und Nationen unterschiedliche Kräfte der Erde in sich tragen. Und da es für Viktoria auch eine Reise zu sich selbst ist, will sie sich vom Ziel ziehen lassen, wie Picasso es einmal ausgedrückt hat. Sie wird so lange an einem Ort bleiben, wie es ihr gut tut und dann weiterziehen.

Ende Juli ist Viktoria an den Externsteinen. Dort begegnet sie Roswitha, die in Marburg das Zentrum für Naturheilkunde leitet. Roswitha lädt Viktoria zu sich nach Marburg ein und bietet ihr an, vorübergehend in der kleinen Einliegerwohnung in ihrem Haus zu wohnen.

Für Viktoria ist das wie ein Geschenk des Himmels. Also auf nach Marburg.

Begegnungen in Deutschland

Viktoria richtet sich in Roswithas Einliegerwohnung gemütlich ein. Sie unternimmt Ausflüge, besucht die Klöster und historischen Stätten der Gegend. Obwohl Marburg eine schön gelegene, grüne Stadt ist, stellt sie in Gesprächen mit ihren Bewohnern fest, dass diese Marburg nicht so recht mögen, die Marburger als stur bezeichnen. Dieses Selbstbild kann sie nicht nachvollziehen. Aber sei's drum, sie fühlt sich wohl.

Sie genießt die Gespräche mit Roswitha, die lauen Sommernächte an der Lahn und das viele Grün drum herum.

Roswitha beschäftigt sich unter anderem mit Astrologie. Sie hat bei Sandra in Frankreich Astrokinesiologie gelernt. Sandra hat zusammen mit einer Freundin für jede Planetenenergie eine Übung entwickelt, mit der diese Energien körperlich gespürt werden können. Als sie gemeinsam diese Übungen machen, ist Viktoria fasziniert, wie leicht man dabei mit sich und seiner Umgebung in Einklang kommt. Roswitha erzählt, dass Sandra in ihrer Ausbildung mit Isis arbeitet. Isis ist ein Planet hinter Pluto, weshalb er von vielen auch Transpluto genannt wird. Isis steht für ein höheres, ausgleichendes Prinzip und wird von Sandra dem Tierkreiszeichen Waage zugeordnet. Indem sie scheinbar gegensätzliches miteinander verbindet wie z. B. Yin und Yang, Tag und Nacht, Winter und Sommer, verhilft sie zu einem tieferen Verständnis des Seins.

„Was soll dieses höhere, ausgleichende Prinzip sein?", fragt Viktoria, „Yin und Yang kenne ich von der Akupressur her. Aber was hat das mit Isis zu tun, wie ist das gemeint?"

„Das Männliche und das Weibliche, Licht und Dunkelheit, heiß und kalt erleben wir als Gegensätze. Wir müssen erst das eine erfahren, um das andere zu verstehen, doch wenn wir als Frau geboren werden, können wir nicht auch als Mann leben. Wir erleben nur die eine Seite.

Genauso ist es, wenn wir als körperlich vitale und kraftvolle Menschen geboren werden. Dann erleben wir nicht wie es ist, krank und schwach zu sein. Diesen Ausgleich können wir nicht wie heiß und kalt, oder dick und dünn fast gleichzeitig, sondern nur nacheinander erleben."

„Du meinst, wenn wir körperlich fit sind, müssen wir im selben Leben auch körperlich schwach sein?"

„Nein ganz und gar nicht, wir können ein ganzes Leben in Gesundheit und körperlicher Fitness verbringen. Wir sind ja auch nicht einen Teil unseres Lebens Mann und einen anderen Teil unseres Lebens Frau."

„Ja, doch jeder Mensch hat einen männlichen und einen weiblichen Anteil in sich." Das hat Viktoria bei Quentin erlebt, als sie mit der Inneren Familie gearbeitet haben.

„Da hast du recht, aber lebt jeder auch diesen inneren Anteil und wenn er ihn lebt, lebt er ihn bewusst?", fragt Roswitha sie.

„Nein natürlich nicht, das habe ich auf Nestland in den Seminaren zur Inneren Familie mit Walter oft genug erlebt."

„Siehst du, die Seele möchte die Erfahrung machen, wie es ist, Mann zu sein und wie es ist, Frau zu sein. Sie möchte sich als dominant und selbstaufopfernd, stark und schwach erleben, um zu wissen wie sich das anfühlt. Was wir in einem Leben nicht nebeneinander oder nacheinander leben können, erfahren wir in unterschiedlichen Leben.

Isis steht für den Ausgleich zwischen den Erfahrungen in unterschiedlichen Leben. Dieser Ausgleich hilft uns, uns gegenseitig besser zu verstehen, zu wachsen und zu reifen und Lösungen jenseits unserer Vorstellungskraft zu finden."

„Was meinst du mit Lösungen jenseits unserer Vorstellungs-kraft?"

„Schau, früher haben Menschen in einer Familie oder alleine gelebt. Doch plötzlich hatten sie den Drang, andere Wohn-formen zu finden und so entstand die erste Wohngemein-schaft. Hier in Deutschland reagierten die meisten Menschen empört auf diese Lebensweise, es war für sie der Anfang vom Ende, da diese Art des Zusammenlebens außerhalb ihrer Vor-stellungskraft lag. Heute, Jahre später, ist die Wohngemein-schaft eine allgemein anerkannte Lebensform, die besonders für Studenten und ältere Menschen attraktiv ist. Sie fühlen sich nicht so abhängig und können sich gegenseitig unterstützen."

„Wie spannend", äußert sich Viktoria, und fragt sich nach-denklich: ‚Was heißt das für mich'?

„Viktoria, du sprachst eben von der Inneren Familie. Was hast du damit gemeint?", möchte Roswitha nach einer Weile wissen.

„Genau wie wir eine Familie im Außen haben, haben wir eine Familie im Innen. Diese Innere Familie ist eine arche-typische Seelenkraft, die in uns wirkt. Du sprachst von den männlichen und weiblichen Anteilen im Menschen. Wir in Eumerika nennen diese Anteile die Innere Frau und den Inneren Mann.

Die meisten Menschen haben gar keinen Kontakt zu ihnen und wenn sie im Kontakt sind, ist dieser oft schlecht. Dieselben Konflikte, die Frauen mit Männern haben, führen sie auch mit ihrem Inneren Mann. Bei Männern ist das ähnlich. Sie zoffen sich auf dieselbe Art und Weise mit ihrer Inneren Frau, wie sie das mit ihren Frauen tun oder haben dieselben

Macho Allüren ihrer Inneren Frau gegenüber. Und wer mit Kindern nicht klar kommt, hat meist auch kein gutes Verhältnis zu seinen eigenen Inneren Kindern."

„Das ist ja spannend, wie arbeitet ihr mit der Inneren Familie? Ich kenne nur die Arbeit mit der Familienaufstellung."

„Familienaufstellung, was ist denn das?", will Viktoria wissen.

„Beim Familienaufstellen wird deine Familie durch Stellvertreter repräsentiert. Über ein energetisches Feld, das beim Aufstellen entsteht, spüren die Stellvertreter, wie es dem Familienmitglied geht, für das sie stehen. So spürt der Stellvertreter für den Vater, wenn der Vater sich nicht geachtet fühlt. Der Stellvertreter für die Tochter spürt, wenn der Vater lieber einen Sohn gehabt hätte oder mit ihrer Leistung nicht zufrieden ist. Diese Dinge werden dann durch die Stellvertreter ausgesprochen. Der Seminarleiter führt die Stellvertreter so, dass die einzelnen Familienmitglieder sich so wahrnehmen und wertschätzen, wie sie sind. Er achtet darauf, dass zum Schluss jeder Wertschätzung erhält und sich in seiner Familie wohlfühlen kann. Die Person, um dessen Familie es geht, schaut zu was gerade in ihrer Familie passiert. Sie fühlt sich im Nachhinein viel besser und kann auch die anderen Familienmitglieder besser verstehen. Dadurch entsteht in den meisten Fällen in der Familie ein entspanntes Klima. Manchmal sind jedoch mehrere Aufstellungen der eigenen Familie notwendig", erzählt ihr Roswitha.

„Bei der Aufstellung der Inneren Familie entsteht auch ein energetisches Feld. Die Person, um die es geht ist nie Zuschauer. Sie ist der zentrale Punkt des Geschehens. Sie liegt auf einer Decke oder einer Liege und vier Personen sitzen um sie herum. Die Innere Familie besteht aus dem Inneren Mann, der

Inneren Frau, dem Inneren kleinen Jungen und dem Inneren kleinen Mädchen. Beim Mann steht das Innere kleine Mädchen für sein Inneres göttliches Kind, bei der Frau ist das der Innere kleine Junge.

Die Stellvertreter für die Innere Familie gehen in körperlichen Kontakt mit der Person, die ihre Innere Familie aufstellt. Sie lassen ihr persönliches Bewusstsein in den Hintergrund treten und stellen sich vor, Projektionsfläche für den Teil der Inneren Familie zu sein, den sie vertreten.

Jeder Teil der Inneren Familie steht für eine bestimmte archetypische Kraft. Die Zuordnungen sind, da es um archetypische Kräfte geht, nicht austauschbar.

Die Innere Frau steht für unsere Fähigkeit zu nähren, zu heilen und zu pflegen.

Der Innere Mann steht für die Fähigkeit zu schützen und zu ernähren.

Das göttliche Kind in uns steht für unser Urvertrauen, unsere Intuition, Lebensfreude, Offenheit und Lebendigkeit, während das Innere Kind für unsere Neugier, unseren Wissensdurst, die Fähigkeit im Hier und Jetzt zu leben, unsere Unbeschwertheit und Verletzlichkeit steht.

Der Seminarleiter fragt zunächst jeden Teil der Inneren Familie, wie es ihm geht und wie sein Kontakt zu den anderen Familienmitgliedern ist. Im zweiten Schritt geht es darum, die Beziehungen untereinander zu heilen und wieder herzustellen. Oft haben der Innere Mann und die Innere Frau die gleichen Kämpfe miteinander, die der Betreffende in seinem Leben schon erlebt hat. Nachdem die Harmonie wieder hergestellt ist, lernt die Innere Familie, wie sie sich gegenseitig unterstützen und helfen kann.

Die Innere Frau heilt zum Beispiel die Verletzungen der Inneren Kinder und des Inneren Mannes. Der Innere Mann beschützt seine Innere Familie und beschafft alles, was gebraucht wird.

Das göttliche Kind und das Innere Kind bringen gemeinsam Urvertrauen, Lebensfreude, Leichtigkeit und Lebendigkeit in die Familie.

Wenn die Beziehungen geheilt und der Kontakt hergestellt ist, fragt der Seminarleiter, ob die Innere Familie jetzt in ihr Haus, das Herz, einziehen möchte.

Ist die Bereitschaft da, wird das Haus aufgeräumt, indem der Aufsteller alles Gerümpel aus seinem Herz entfernt. Dieses Gerümpel können alte Verletzungen, negative Gefühle und falsche Vorstellungen sein. Manchmal ist es nötig, dass der Seminarleiter einen Riss in der Aura schließt oder eine andere energetische Arbeit macht, damit dies möglich wird. Die Verantwortung für die Heilung der Inneren Familie liegt jedoch immer bei der Person, um die es geht. Sie muss die Integration ihrer Inneren Familie geschehen lassen. Nachdem das Herz sauber und von der Inneren Familie neu eingerichtet ist, ziehen alle zusammen ein.

In der Mitte des Herzens gibt es eine Quelle, die aus dem Licht der Seele gespeist wird. Alle sorgen gemeinsam dafür, dass diese Quelle immer rein ist, fließt und die Innere Familie mit Kraft versorgt.

Nachdem die Aufstellungsarbeit getan ist, liegt es in der Verantwortung des Aufstellers, in Kontakt mit seiner Inneren

Familie zu bleiben. Er kann jeden Tag mit seiner Inneren Familie sprechen und bei ihr Rat für viele Bereiche des Alltags finden. Seine Innere Frau kann die alltäglichen Verletzungen heilen und der regelmäßige Kontakt zu den Inneren Kindern stärkt sein Urvertrauen, seine Freude und Lebendigkeit. Ein guter Kontakt zu unserer Inneren Familie bewirkt, dass wir in uns selbst Zuhause sind, uns sicher und geborgen fühlen. Es reicht in der Regel, diese Aufstellung ein einziges Mal zu machen, wenn der Aufsteller im Kontakt mit seiner Inneren Familie bleibt."

„Das ist ja spannend", begeistert sich Roswitha. „Von dieser Arbeit habe ich noch nie gehört. Kannst du diese Arbeit einmal mit mir machen?"

„Ja gerne", willigt Viktoria ein. Sie hat diese Arbeit nicht mehr gemacht, seit sie sich von Walter getrennt hat. Im Stillen hat sie das des Öfteren bedauert und sie nun für Roswitha zu machen, wäre wunderbar.

„Wir brauchen vier Helfer als Stellvertreter für deine Innere Familie."

„Das wird kein Problem sein. Ich kenne genügend Menschen, die mich gerne darin unterstützen. Vielleicht möchte der ein oder andere auch selbst aufstellen."

„Ja gerne, das ist überhaupt kein Problem. Ich mach das gerne auch für andere."

Viktoria ist glücklich. Jetzt kann sie in Deutschland zeigen, was sie in Eumerika für wunderbare Dinge gelernt hat. Ohne Marcels Tod wäre sie nie nach Europa gefahren. So langsam beginnt ein Teil in ihr zu verstehen, welches Geschenk in dem tragischen Tod ihres Sohnes liegt.

Drei Wochen später treffen sich sechs Personen, um in Roswithas Zentrum die Arbeit mit der Inneren Familie kennenzulernen. Viktoria ist ganz aufgeregt. Einmal, weil sie diese Arbeit so lange nicht mehr geleitet hat und auch weil es für sie etwas ganz Besonderes ist, ihr Wissen Roswitha zur Verfügung zu stellen. Außer Roswitha stellen noch drei weitere Personen auf. Roswitha hat für Tee, Obst und genügend Schleckereien gesorgt. Es kann also losgehen.

Peter sagt nach den ersten Aufstellungen: „Wie schön ist es, wenn ein Mann, Mann sein kann."

„Ja", erwidert Marianne, „das habe ich auch so empfunden. Wie schön ist es, ganz Frau zu sein und nicht für alles zuständig sein zu müssen. Das ist so genussvoll und wunderschön."

„Am Anfang warst du aber ganz schön zickig. Immer musstest du rumkommandieren", neckt sie Peter.

„Ja, da fiel es mir noch sehr schwer zu vertrauen."

Nach dem Seminar sind alle überrascht, wie viel Wissen über das Mannsein, Frausein und Kindsein ihnen diese Erfahrung geschenkt hat. Sie sind gespannt, was sich in der nächsten Zeit bei ihnen tun wird.

Viktoria gefällt es in Marburg. Sie mietet die Wohnung von Roswitha für die Zeit ihres Aufenthalts in Europa an und beschließt, sie als Basis für ihre Erkundungen zu nehmen.

Die Teilnehmer ihres Seminars fühlen sich in sich selbst immer wohler und haben es leichter, zu ihrer eigenen Männlichkeit, bzw. Weiblichkeit zu stehen und ihre Konflikte mit dem anderen Geschlecht sind weniger geworden. Und noch etwas ist geschehen: Sie sind viel fröhlicher und manches Mal sitzt ihnen ein kindlicher Schalk im Nacken.

Viktoria wird immer wieder gebeten, dieses Seminar anzubieten. In einer Pause sagt ein Teilnehmer: „Es ist schon erstaunlich, wie viele Verletzungen wir aus der Kindheit mit uns
rumschleppen und wie lange wir brauchen, um wir selbst zu
sein."

Daraufhin holt Viktoria aus der Küche einen Besteckkasten
und zeigt ihn den Teilnehmern. Darin liegen Löffel, Gabeln,
Messer, ein Dosenöffner, ein Korkenzieher und eine Nusszange. Dann erklärt sie: „Stellt euch vor, eure Familie ist wie
dieser Besteckkasten. Es gibt mehrere Messer, Gabeln und
Löffel. Doch es gibt jeweils nur einen Korkenzieher, eine
Nusszange und einen Dosenöffner. Das Messer versteht nicht
unbedingt die Löffel, aber es sind genug Messer da, mit denen
es sich identifizieren kann, die Vorbild sind und mit denen es
Erfahrungen austauscht. Genauso ergeht es den Löffeln und
Gabeln.

Wird ein Kind in eine Familie hineingeboren, weiß es zunächst
nicht, wer es ist. Es schaut sich seine Eltern an und will so sein
wie sie. Deshalb ahmt es sie nach und will all die Dinge tun, die
sie tun.

Stellt euch vor, dem Dosenöffner geht es wie einem Kind. Er
versucht Suppe zu löffeln, ein Steak zu schneiden oder eine
Kartoffel aufzuspießen. Er kann nur scheitern.

Der Dosenöffner ist weder Messer noch Gabel oder Löffel
und so wie er ist kein anderer. Ähnlich geht es dem Korkenzieher und der Nusszange. Die Messer, Gabeln und Löffel sind
irritiert, weil sie nichts mit diesem Dosenöffner anzufangen
wissen. Der Dosenöffner ist auch verwirrt und spürt seine
Andersartigkeit, aber er kann sie sich nicht erklären. Weil er
nichts so gut wie die anderen kann, fängt er an sich schlecht zu

fühlen und glaubt er sei nichts wert. Das denkt er so lange, bis er entdeckt, dass er etwas ganz Besonderes ist, ein Dosenöffner. Er entdeckt, dass er eine Kraft und Macht hat, die die anderen nicht haben. Er allein ist in der Lage, eine Dose zu öffnen. Er wird zwar nicht so oft gebraucht, wie die anderen, aber wenn er gebraucht wird, ist er die Tür zu dem, was sich die anderen wünschen, er ist etwas ganz Besonderes. Er ist deshalb nichts Besseres, er ist nur anders, einzigartig.

Indem ein Kind sich abguckt, was die anderen machen, erkennt es sich selbst. Es lernt, in welchen Teilen es den anderen ähnlich ist und in welchen Teilen es ganz anders ist. Die meisten Menschen wollen genau so sein wie die anderen. Von ihnen wird seit ihrer Kindheit erwartet, dass sie wie der Vater, die Mutter, der Onkel, der Filmschauspieler, der Popstar … sind. Nur selten gestatten Eltern ihren Kindern zu entdecken, wer sie sind und genauso selten gestatten wir uns selbst so zu sein, wie wir sind. Doch das löst Gefühle, unterschiedliche Gefühle in uns aus."

Viktoria lädt die Teilnehmer ein sich vorzustellen, wie es so einem kleinen Dosenöffner in einer Gemeinschaft von Löffeln, Messern und Gabeln wohl gehen mag, wenn er noch nicht entdeckt hat, was er kann.

Wenn der Leser mag, kann er dies auch gerne einmal ausprobieren.
Wie geht es dir als kleinem Dosenöffner mit all den Messern, Löffeln und Gabeln?
Ab wann kannst du erkennen, wer du in Wahrheit bist?
Und wie wirst du dich fühlen, wenn du entdeckt hast, wer du in Wahrheit bist?

Du kannst das gerne auch weiter ausprobieren. Wie fühlt sich ein Löffel mit einer Gabel oder ein Messer mit einem Löffel? Welche Besteckteile kommen besser miteinander klar und welche streiten sich miteinander, weil der eine den anderen nicht versteht, von ihm Dinge erwartet, die der nicht erfüllen kann?

„Wenn wir herausfinden, was wir der Welt zu geben haben, wird unser Leben reich und schön", erklärt Viktoria weiter. „Wir fühlen uns auf einmal genau richtig, so wie wir sind. Die Löffel und Messer haben es dabei leichter. Aber das liegt weder an uns noch an den Löffeln und Messern. Es gehört einfach zum Leben dazu!"

Die Seminarteilnehmer erinnert das an die Spannungen zwischen den Geschlechtern, wenn der eine die Art des anderen nicht versteht.

Auch außerhalb der Seminare geht es Viktoria gut. Manches Mal kommen die Erinnerungen an Marcel wieder hoch. Es sind schöne Erinnerungen, die sie mit sehr viel Freude erfüllen und des Öfteren führt sie ihren ganz eigenen Dialog mit ihm.

Doch da gibt es diese eine Sache, die sie sich immer wieder vorwirft: ‚Warum höre ich so wenig auf meine Innere Stimme, warum lasse ich sie in den entscheidenden Momenten meines Lebens außer Acht?

In unwichtigen Dingen geht das so gut, aber wenn es wirklich drauf ankommt, höre ich immer mehr auf andere als auf mich selbst.'

Viktoria lernt Land und Leute immer besser kennen und erlebt dabei immer mehr die Unterschiede zwischen der Kultur in

Eumerika und der in Deutschland. Vieles ist Viktoria fremd und anderes sehr vertraut.

Deutschland ist in vielen Dingen Nestland sehr ähnlich. In beiden Ländern versucht man, die Menschen in seiner Familie oder seinem Freundeskreis zu beeinflussen. Es gibt in Nestland eine Gesundheitskasse und in Deutschland Krankenkassen.

Als Krankenkasse würde man diese Einrichtungen in Nestland niemals bezeichnen, man will doch gesund werden. Aber das was von ihnen finanziert wird, ist das Gleiche, mit einem Unterschied: In Nestland muss jeder, aber auch jeder, einen persönlichen Beitrag zu seiner Gesundheit leisten. Dieser Beitrag richtet sich nach seinem Einkommen und seiner Lebensweise. Jemanden ganz davon zu befreien, würde der Pflicht zur Eigenverantwortung widersprechen. Auch wenn sich in Nestland viele als Opfer der Umstände erleben, so kommt doch keiner auf die Idee, andere seien für ihn verantwortlich.

Es gibt auf Eumerika auch soziale Systeme, von denen Hilfebedürftige profitieren und je nach Insel, sehen diese Systeme unterschiedlich aus. Aber dass jemand seinen gesamten Lebensunterhalt von der Gemeinschaft bezahlt bekommt, ist in Eumerika undenkbar. Die, die Hilfe bekommen, leisteten einen Beitrag zum Wohl der Gesellschaft, das ist wichtig für alle und stärkt das Selbstbewusstsein.

Man hat auf Eumerika beobachtet, dass Menschen ohne Arbeit verlangsamen, sich nutzlos und überflüssig fühlen und diese Gefühle aggressiv, depressiv, träge, nörglerisch oder mutlos machen. Seine Reaktion hängt von seiner Elementstruktur ab, wie Viktoria im Akupressur Unterricht von Anjai gelernt hat.

Nur wenn der Mensch nützlich ist, fühlt er sich wohl, stark, gebraucht und entwickelt Selbstbewusstsein. Er erlebt sich als Teil der Gemeinschaft und ist deshalb auch bereit, etwas für die Gesellschaft zu tun.

In Deutschland sieht Viktoria, dass die Menschen, die Hilfe zum Lebensunterhalt bekommen, oft am wenigsten bereit sind, etwas für die Gemeinschaft zu tun. Sie fühlen sich auch nicht als Teil der Gesellschaft, im Gegenteil, sie fühlen sich ausgegrenzt und ungewollt.

In Eumerika wurde die Erfahrung gemacht, dass Menschen mit zu viel oder zu wenig Arbeit krank werden, deshalb achtet man auf ein ausgewogenes Verhältnis zwischen Arbeitszeit und Freizeit.

In Deutschland kann es sein, dass Menschen, die arbeiten weniger Geld haben, als die Menschen, die Hilfe zum Lebensunterhalt bekommen. Das wäre in Eumerika undenkbar. Dort kann sich jeder, der Arbeit hat, mehr leisten, als jemand, der keine Arbeit hat.

Viktoria ist befremdet von den Diskussionen, ob Menschen, die Hilfe zum Lebensunterhalt bekommen auch ein Anrecht darauf haben, sich Kulturelles zu leisten. In Eumerika gehen alle, die möchten, ins Theater oder Kino. Wer kein Geld hat, fragt, ob er helfen kann und bekommt als Gegenleistung den Eintritt geschenkt.

In Deutschland hat man Angst, dass durch solch einen Austausch jemand seinen Arbeitsplatz verlieren könnte. Für Viktoria ist das Unsinn. Nur weil man hilft und sich nützlich macht, verliert doch keiner seinen Arbeitsplatz. Es gibt so viel zu tun, man braucht sich doch nur umzusehen. Und wenn jemand helfen möchte, dann ist das doch prima, dann kann man etwas tun, wofür man sonst keine Zeit hat.

Im Oktober feiert Roswitha ihren Geburtstag. Auf diesem Fest lernt Viktoria Christiane kennen. Christiane hat vor drei Jahren ein kleines Café in der Innenstadt von Homburg eröffnet. Ihr Vater hatte ihr Geld geschenkt, damit sie sich ein Haus kaufen kann. In diesem Haus wohnt und arbeitet sie nun.

Das ist für sie ein Glücksfall, denn als allein erziehende Mutter kann sie so im Notfall immer für ihre beiden fünf- und siebenjährigen Kinder da sein. Besonders Marlene, die sieben-jährige Tochter, braucht ihre Mutter, weil im ersten Schuljahr der Unterricht nur ein paar Stunden dauert und hin und wieder die Schule ausfällt. Sie kann dann bei ihrer Mutter im Café sitzen und schon mal die Hausaufgaben machen oder malen.

In den ersten beiden Jahren investiert Christiane. Deshalb sind die Einnahmen nicht so groß. Später erweist sich für die allein erziehende Mutter der Hauskauf als Bumerang, da sie den Ab-trag für ihr Haus steuerlich nicht geltend machen kann. ‚Da das Haus nach Ablauf der Finanzierung Ihnen gehört, können sie den Abtrag für das Café nicht als Kosten einsetzen. Nur Kosten sind steuerlich abzugsfähig', erklärt der Steuerberater ihr die Auffassung des Gesetzgebers. Aber von dem, was ihr später einmal gehört, kann sie heute nicht leben. Also strengt sich Christiane an, mehr zu verdienen. Sie macht ein Autoren Café, es werden Vorträge gehalten und samstags abends gibt es einmal im Monat Live Musik. Die Gäste kommen, die Aktionen sprechen sich rum, die Menschen sind von der freundlichen Atmosphäre angetan und fühlen sich wohl. Christiane freut sich, weil ihr Geschäft so gut läuft und nutzt die Mehreinnahmen, um schneller ihre Schulden abzuzahlen. Dann bleibt uns auch mehr übrig, ist ihre Logik.

Doch auch dieser Schluss erweist sich als Irrtum, denn sie kann auch die schnelle Rückzahlung der Schulden steuerlich nicht geltend machen. Es ist gesetzlich geregelt, in welchem Zeitraum sie die Kosten für das Café absetzen kann.

Für Christiane sollte das Haus ihre Altersvorsorge sein. Weil es für Selbstständige keine Rentenversicherung gibt, muss sie selbst für ihre Altersabsicherung sorgen, die zum größten Teil steuerpflichtig ist.

Christiane ist verzweifelt. Wie soll sie die hohe Steuernachzahlung begleichen? Wovon soll sie mit ihren Kindern leben? Was geschieht einmal mit ihr, wenn sie alt ist? Ist sie dann von ihren Kindern abhängig? Muss Christiane ihr Haus mit dem Café verkaufen? Sie hat sich einfach übernommen, weil sie nicht gewusst hat, was steuerlich auf sie zukommt.

Viktoria ist erschüttert, nachdem Christiane ihr dieses ganze Dilemma erzählt hat.

„Was wirst du tun, wenn das Haus verkauft werden muss?", fragt Viktoria.

„Ich weiß nicht, eine Arbeit habe ich dann nicht mehr und Arbeitslosengeld bekomme ich nicht, weil ich Selbstständig bin. So wie es aussieht, muss ich dann wohl Sozialhilfe beantragen, wenn meine Eltern mir nicht noch einmal helfen können. Beides möchte ich nur sehr ungern. Doch wenn ich Sozialhilfe bekomme, habe ich wenigstens wieder mehr Zeit für meine Kinder", tröstet sie sich.

Viktoria ist erstaunt. Auf Heilland würde so ein Projekt wie Christianes Café aus dem Sozialfond unterstützt und auf Nestland wäre Christiane für den Abtrag ihrer Darlehen steuerlich belohnt worden. Es stärkt die Wirtschaft im eigenen Land, wenn die Betriebe möglichst wenig Schulden haben, ist die gängige politische Meinung. Für Viktoria ist es immer wieder spannend, die gesellschaftlichen Unterschiede kennenzulernen. Auf diese Weise lernt sie die Lebensweise in Eumerika immer mehr zu schätzen. Da geht es bei ihnen doch sozial gerechter zu.

Im November trifft Viktoria bei einem ihrer Seminare zur Inneren Familie Gislinde, die als Helferin teilnimmt. Gislinde erzählt in der Pause von der astrologischen Symbolaufstellung. Sie macht darin bei Gertrud eine Ausbildung.

„Was ist das, astrologische Symbolaufstellung?", fragt eine Teilnehmerin interessiert.

„In der astrologischen Symbolaufstellung werden nur die Planeten aufgestellt, die unsere Seelenkräfte symbolisieren", erläutert Gislinde. „Es geht darum, die Verbindung zur Seele wieder herzustellen und den Streit, den wir oftmals mit ihr haben zu schlichten. Dabei müssen manchmal Dinge gesehen oder ausgesprochen werden, die gelöst werden wollen."

Viktoria ist hellhörig geworden.

„Was will manchmal gesehen werden?", bringt sie sich in das Gespräch mit ein.

„Manchmal gibt es etwas, das uns aus einem Vorleben noch belastet, manchmal ist mit einem der Vorfahren noch Frieden zu schließen, es muss noch etwas ausgesprochen werden oder wir vermissen einen Verstorbenen. Es kann aber auch sein, dass es einfach nur etwas zu verstehen gibt, damit wir in einem guten Kontakt mit der Seele sind. In der astrologischen Symbolaufstellung wird geschaut, mit welcher Seelenkraft wir die größten Schwierigkeiten haben. Sind es Macht/Ohnmachtserfahrungen, sind es Probleme unsere Individualität zu leben, oder geht es darum, dass wir mehr in unser Potenzial, in unsere Fähigkeiten hineinwachsen?

Zu Beginn der Aufstellung wählt die Person, um die es geht, für sich einen Stellvertreter. Der Stellvertreter stellt sich vor einen Teppich mit astrologischen Symbolen und spürt in seinen Körper hinein, wie es ihm an seinem Platz geht.

Nach und nach stellt die Seminarleiterin drei Helfer für die Planeten Neptun, Uranus und Pluto dem Stellvertreter gegenüber in die Mitte des Teppichs. Meist hat der Stellvertreter ein ausgesprochen schlechtes Verhältnis zu einem Aspekt seiner Seele. Die Seminarleiterin prüft, mit welchem Planet, das heißt mit welcher Seelenkraft gearbeitet wird. Danach können die anderen Helfer sich wieder hinsetzen. Aus dem Horoskop sucht sie jetzt die Aspekte aus, mit denen der Aufsteller die meisten Schwierigkeiten hat. Für diese Aspekte werden Helfer ausgewählt, die für diese Schwierigkeiten stehen. Zunächst weiß keiner der Helfer, was er symbolisiert. Man kennt nur den Stellvertreter des Aufstellers und den Planeten als Symbol für die Seelenkraft, um die es geht. Es ist jetzt sehr spannend zu beobachten, wie die unterschiedlichen Menschen aufeinander reagieren.

Wenn erkennbar ist, wer mit wem gut kann und wer sich durch wen gestört fühlt, erklärt die Seminarleiterin für welche Aspekte die Helfer stehen und was das für den Aufsteller bedeutet."

„Was für Aspekte werden denn gestellt?", wollen gleich drei auf einmal wissen.

„Die Aspekte ergeben sich aus dem Horoskop und können sein: Selbstwert, Partner, Lüge, Familiengeheimnis, Opferhaltung, Lebensangst, Durchsetzungsschwäche, Selbstwirksamkeit, Machtkampf, Schock, Minderwert, Auftrag der Mutter und noch viele andere mehr. In der Regel werden zwei bis drei Aspekte gestellt.

Es ist immer spannend, wer dem Stellvertreter besonders wichtig ist und mit wem er lieber nichts zu tun haben will. In einer Aufstellung habe ich einmal erlebt, dass dem Stellvertreter der Selbstwert sehr gut getan hat. Als dann der Partner dazu gestellt wurde, hat er den Selbstwert sofort weggeschickt und mit dem Partner gekuschelt. Als das dann aufgedeckt wurde, war der Aufsteller ganz überrascht. Er bestätigte, dass er den Selbstwert in einer Partnerschaft immer wieder verliert."

„Und jetzt", will Simone wissen, „das kann doch nicht so bleiben, das ist ja schlimm."

„Natürlich bleibt das nicht so", erklärt Gislinde, „jetzt beginnt erst die eigentliche Arbeit. Wenn klar ist, was schief läuft, werden Helfer und Stellvertreter befragt. Dabei wird aufgedeckt, welche falschen Glaubenssätze und welche Erfahrungen hinter diesen Strukturen stecken. Es beginnt ein Erkenntnisprozess, in dem der Stellvertreter spürt und versteht, dass er damit nicht glücklich wird. In diesem Fall hat er gelernt, seinen Wert auch in der Partnerschaft zu leben und sich selbst nicht immer an die letzte Stelle zu setzen. Er hat erkannt, dass man Achtung und Respekt in einer Partnerschaft nur dauerhaft behält, wenn man Achtung und Respekt für sich selbst hat. Er hat erlebt, wie wichtig es ist, den Selbstwert zu wahren und dies eine wichtige Voraussetzung für eine glückliche Partnerschaft ist.

Wenn alles gelöst ist, was gelöst werden will, ist der Weg zur Seele frei. Die unguten Gefühle, die vorher einen guten Kontakt behinderten sind wie weggeblasen und einer Vereinigung des Stellvertreters mit der Seele steht dann nichts mehr im Weg. Nachdem der Stellvertreter den Kontakt zur Seele hergestellt hat, geht der Aufsteller selbst in Kontakt mit dem Vertreter seiner Seelenkraft. Er kann diese Kraft jetzt für sich selbst wahrnehmen und spüren."

„Das ist ja spannend", entfährt es Viktoria, „das will ich auch einmal erfahren." Sie lässt sich die Adresse von Gertrud geben und meldet sich eine Woche später für ein Seminar in astrologischer Symbolaufstellung an.

„Du bist ja schnell", sagt Roswitha erstaunt, als Viktoria ihr von ihrem Vorhaben am nächsten Morgen im Treppenhaus erzählt.

„Ja, ich möchte das unbedingt einmal erleben. In Eumerika habe ich viel über Astrologie gelernt, aber so direkt habe ich Astrologie noch nie erlebt."

„Ahhh, du willst als Helfer dabei sein."

„Nein, wenn ich schon an einem Seminar teilnehme, möchte ich auch aufstellen. Mich beschäftigt die ganze Zeit die Frage, warum ich in den wesentlichen Dingen meines Lebens nicht auf meine Innere Stimme höre. Ich bete jeden Tag und höre in so vielen Situationen nach innen, nur da wo es wirklich drauf ankommt, höre ich auf andere."

„Na dann, viel Erfolg", verabschiedet sich Roswitha. „Erzähl mir doch hinterher wie es für dich war."

„Werde ich machen, tschüss bis später", damit geht auch Viktoria.

❖

Im Kontakt mit der Seele

Am Samstagmorgen steht Viktoria früh auf, um rechtzeitig zu Seminarbeginn bei Gertrud in Frankfurt zu sein. Gertrud ist eine sympathische junge Frau, die ganz genau weiß, was sie will. Sie leitet das Seminar sehr souverän und lässt nicht viel Raum für das Wenn und Aber ihrer Teilnehmer.

Als Viktoria aufstellt, fragt Gertrud sie zunächst nach ihrem Anliegen. Viktoria sagt worum es ihr geht und Gertrud formuliert daraus einen Zielsatz. Erst nachdem der für Viktoria in Ordnung ist, beginnt die eigentliche Arbeit. Viktoria sucht für sich eine Stellvertreterin und folgt danach ganz gespannt dem Geschehen.

„Nein, das was dort geschieht hat nichts mit ihr zu tun. Das ist nicht sie. Da läuft etwas ganz anderes."

„Na warte es doch erst mal ab", sagt Gertrud. „Das kann passieren, dass man die Zusammenhänge zunächst nicht versteht. Schau doch mal, was sich danach in deinem Leben tut."

„Okay!" Viktoria ist skeptisch.

Viktoria beeindruckt die tiefe Liebe zwischen der Seele und den aufstellenden Menschen. Sie ist froh, dass sie diese unglaubliche Intensität als Stellvertreterin der Seele und nach ihrer eigenen Aufstellung erleben darf.

Doch dass sie so im Clinch mit der eigenen Seele liegt, kann sie nicht nachvollziehen. Nachdenklich fährt Viktoria zurück nach Marburg.

Nach einer guten Nacht wacht Viktoria am nächsten Morgen auf. ‚Mache die Ausbildung bei Gertrud', rät ihr die Innere Stimme. – ‚Das geht doch nicht, ich muss doch wieder zurück nach Eumerika. Was soll denn aus meiner Praxis werden? Und von irgendetwas muss ich ja auch leben.' – ‚Das fügt sich schon. Du kannst bei Roswitha im Zentrum arbeiten und die Seminare zur Inneren Familie laufen doch auch schon ganz gut.' – ‚Ja aber, ob das für Roswitha auch okay ist, wenn ich in ihrem Zentrum arbeite?', entspinnt sich ein innerer Dialog.

Plötzlich hält sie inne: ‚Moment mal, was geschieht hier gerade in mir? Ich diskutiere ja in einer Tour mit mir selbst. Halt, Stopp! Ich habe mir versprochen, auf meine Seele zu hören und wenn die möchte, dass ich hier bleibe und diese Ausbildung mache, werde ich das auch tun.'

Nach dem Frühstück kämpft es wieder in Viktoria. Soll sie jetzt gleich mit Roswitha sprechen oder bis nächste Woche warten? ‚Nein, Stopp, was will meine Seele?' – Viktoria geht in die Stille und fragt nach. ‚Rede doch gleich mit ihr', ist die Antwort. Dann dämmert es in Viktoria: ‚Bevor ich nach Europa gefahren bin, habe ich auch um den Zeitpunkt und die Dauer meiner Reise mit ihr diskutiert. Ich scheine das tatsächlich öfter zu tun.'

Also macht sich Viktoria auf und schellt bei Roswitha an der Wohnungstür.

„Hast du einen Moment Zeit für mich?"

„Ja, komm doch rein! Magst du einen Tee?"

„Nein danke, ich habe gerade gefrühstückt und meinen Tee schon zu mir genommen."

„Ach so, setz dich, was kann ich für dich tun?"

„Ich würde gerne länger hier bleiben und bei Gertrud die Ausbildung machen. Wäre es für dich in Ordnung, wenn ich die Wohnung ein weiteres Jahr anmiete, bis die Ausbildung bei Gertrud abgeschlossen ist?"

„Ja gerne, natürlich. Darüber freue ich mich sehr."

„Ich habe da noch ein Anliegen."

„Was denn?"

„Ist es für dich okay, wenn ich während dieser Zeit deinen Praxisraum hin und wieder für meine Energieheilkunde nutze? Du brauchst ihn doch nicht die ganze Woche."

„Aber gerne! Florian wollte ihn auch nutzen. Ich wollte nachher zu ihm fahren und ihm zusagen, doch eine innere Stimme hat mich zögern lassen. Mit dir teile ich den Raum viel lieber."

Viktoria ist erleichtert.

„Danke, das ist ja prima, ganz herzlichen Dank. Dann werde ich mich jetzt gleich bei Gertrud für die Ausbildung anmelden."

Viktoria ist glücklich. Wie gut, dass sie auf sich gehört hat, sonst wäre es vorbei mit der Möglichkeit, Roswithas Räume zu nutzen. Ja, das waren die Kämpfe mit sich, mit ihrer Seele. Die Aufstellung hat das sehr gut gezeigt, auch wenn sie das nicht wahrhaben wollte. Wie gut, dass Gertrud sich da nicht irritieren ließ. Da kann sie einiges von ihr lernen.

Nach und nach fällt Viktoria ein, wie oft sie zwar ihre Seele um Antworten und Lösungen gebeten hat, in den wichtigen Dingen sich jedoch von ihren Ängsten, anderen Menschen und ihren eigenen Urteilen leiten ließ. So war es auch bei Marcel.

Bevor Marcel mit seinen Freunden zum Segeln fuhr, war da diese intensive Warnung. Doch sie wollte keine Spielverderberin sein und hat sich überreden lassen. Ja, auch da hat sie die Herzensstimme ihrer Seele in den Wind geschlagen. Und jetzt ist Marcel tot. Jetzt steht sie da mit ihren Schuldgefühlen. Diese Aufstellung hat ihr wirklich einiges gezeigt.

Jetzt, wo klar ist, dass sie noch eine Weile in Deutschland bleiben wird, gilt es noch einige Dinge zu regeln. Sie muss mit Elisabeth in Nestland Kontakt aufnehmen. Wird sie die Praxis alleine weiterführen?

Ihr Vater versteht nicht, was sie da in Deutschland macht, aber er will die laufenden Kosten für das Haus übernehmen.

„Tu, was dein Herz dir sagt", bestärkt ihre Mutter sie in ihrem Endschluss.

Nachdem das alles erledigt ist, informiert sie die Teilnehmer aus ihren Seminaren über ihren verlängerten Aufenthalt. Sie bietet ihnen Einzelsitzungen und unterschiedliche Seminare mit Energieheilkunde an. Außerdem sucht sie in anderen Städten Kooperationspartner, die sie bei der Organisation weiterer Seminare unterstützen.

Die neue Ausbildung bei Gertrud beginnt erst im März. Das gibt ihr noch etwas Zeit, sich Europa anzuschauen. Sie fährt nach Wien und besucht auf dem Rückweg die Bischofsmütze im Dachsteingebirge. Sie ist neugierig auf die Energie dort, da die Bischofsmütze ein Chakra der Erde sein soll. Danach geht es in die Schweiz und über Freiburg und Straßburg zurück nach Marburg. Nach drei Wochen ist sie wieder da.

Die Zeit bis zur Ausbildung vergeht wie im Flug. In den ersten Tagen lernen sie die Bedeutung der Planeten Uranus, Neptun und Pluto. Uranus steht für den Ausbruch aus dem System und wie wir unsere Individualität leben.

Neptun steht für unsere Fähigkeiten und unser Potenzial, aber auch für unsere Schwächen. Also das, was wir zu lernen haben, damit wir unsere Stärken leben können.

Pluto steht für Macht und Ohnmachtserfahrungen. Er zeigt, wo wir uns opfern, damit Gerechtigkeit im System entsteht. Er steht aber auch für die Inanspruchnahme unserer ureigenen göttlichen Macht.

„Da, wo unsere Vorfahren schwach waren, haben wir oft ein Pluto Thema. Das heißt, wir haben diese Schwäche von unseren Großeltern übernommen", erklärt Gertrud.

„Ist das immer so?", fragt eine Teilnehmerin.

„Nein, es ist eine Möglichkeit."

Gertrud hat jedem sein Horoskop ausgedruckt. So können alle nachsehen, wo ihr Uranus, Pluto oder Neptun steht. Es wird geschaut, in welchem Haus sie stehen und ob es Quadrate, Konjunktionen oder Oppositionen mit ihnen gibt. Gertrud erklärt ihren Schülern, was diese Konstellationen bedeuten und diese erzählen, wie sie die Konstellation bisher erlebt haben. Das macht alles sehr anschaulich und spannend. Ja, hier ist Viktoria genau richtig. Hier kann sie fühlen, was die Kräfte des Horoskops im Menschen bewirken.

Wenn jemand ungeduldig wird, bleibt Gertrud ganz ruhig und achtet darauf, dass jeder mitteilt, was ihn gerade bewegt. Für Viktoria ist das ganz besonders angenehm. Es erinnert sie daran, wie es ihr auf Heilland ging, als ihr Wissensdurst in der Akupressur Ausbildung von den Teilnehmern nicht so ernst genommen wurde.

Nach der Theorie werden die Teilnehmer geprüft, ob sie alles richtig verstanden haben. Alle sind sehr aufgeregt und einige haben Angst, was sein wird, wenn sie durchfallen.

Beim nächsten Treffen geht es mit der Praxis weiter. Nachdem Gertrud ihnen viermal gezeigt hat, wie man eine Aufstellung leitet, sind die Teilnehmer dran. Gertrud ist dabei, unterstützt und übernimmt, wo es notwendig ist. Doch sie fordert auch ihre Schüler heraus, sich selbst zu vertrauen und einfach loszulegen.

„Es wird schon richtig sein, was du machst. Du kannst das!", muntert sie die Unsicheren auf.

In der astrologischen Symbolaufstellung von Iris steht Viktoria als Helferin in der Rolle der Seele. Iris möchte die Blockaden lösen, die verhindern, dass sie eine erfüllende Partnerschaft führt.

Die Stellvertreterin von Iris schaut auf die Männer in den Vorleben. Während Gertrud nach den Hintergründen fragt, wird Viktoria plötzlich klar, dass es gar nicht um diese Männer geht. Es ist viel wichtiger, dass Iris anfängt, ihre Kreativität zu leben und ihr schöpferisches Potenzial entwickelt. In diesem Bereich ist sie anderen gegenüber sehr unterstützend, nutzt ihre Fähigkeiten aber nicht für sich selbst.

Doch davon will die Stellvertreterin nichts wissen und hält an den Beziehungsdramen fest. In Viktoria kriecht eine unendliche Einsamkeit hoch, die ganz und gar von ihr Besitz ergreift, sodass sie kaum in der Lage ist, sich zu äußern. Diese Einsamkeit rührt aus dem nicht verstanden werden wollen von Iris. Das fühlt sich viel schlimmer an, als wenn man ignoriert wird. Viktoria fühlt das unendliche Leid der Seele, weil das Gegenüber immer wieder um Rat und Unterstützung bittet, aber seine Vorstellungen nicht loslassen will.

Dieses seelische Leid nimmt erst ein Ende, als die Stellvertreterin bereit ist, ihrem schöpferischen Potenzial Raum zu geben. Kreativität und Sexualität sind eins, sind Teil der Schöpferkraft, ist die Botschaft der Seele. Nur wenn beides gelebt wird, beides seinen Platz hat, kann auch der andere Teil Erfüllung finden.

Alle sind tief beeindruckt. So kann also die Lösung für unsere Probleme aussehen, so weitreichend können die Folgen nicht gelebter Kreativität sein. Dass sich das auch auf Ehe und Partnerschaft auswirkt, hätte keine für möglich gehalten. Das kann man mit einer normalen Therapie nicht erfassen.

Iris leidet seit Jahren unter starken Rückenschmerzen. Beim nächsten Treffen sind diese deutlich besser und ein Seminar später ganz weg.

Viktoria kann es kaum fassen, welche Fülle an Informationen sich durch ein Horoskop auftun. Natürlich kann man diese Details aus keinem Horoskop erkennen, doch es macht die übergeordnete Thematik sichtbar.

„Und was ist, wenn ich einmal etwas aufstelle, womit der Aufsteller kein Problem hat?", möchte Bianca wissen.

„Dann wird das nicht ziehen. Es wird für Helfer und Stellvertreter im wahrsten Sinne des Wortes gleichgültig sein, ob dieses Symbol steht oder nicht", erklärt Gertrud.

„Und was mache ich dann?"

„Dann nimmst du das Symbol einfach wieder runter", kommt die beruhigende Antwort.

Gertrud zeigt ihnen, wie negative Symbole ins Positive gewandelt werden, aus der Lüge die Wahrheit, aus der Durchsetzungsschwäche die Durchsetzungskraft und der Mut, nein zu sagen, aus dem Minderwert der Selbstwert und aus der Scheinwelt die Realität wird.

Alle Teilnehmer stellen in der Ausbildung auf und leiten eine Aufstellung. Zwischendurch stellen Klienten von Gertrud oder Familienangehörige und Freunde der Teilnehmer auf. Auf diese Weise sammeln sie miteinander viele Erfahrungen.

In einer Aufstellung von Viktoria wird der Schock gelöst, den sie durch den Tod ihrer Schwester vor ihrer Geburt erlitten hat. Durch diesen Schock entstand Lebensangst. Jetzt versteht sie besser, weshalb sie manchmal so vorsichtig und zurückhaltend ist. Die Auflösung dieses Schocks setzt aber auch eine Begabung frei, die Gabe, seelische Hebamme für andere zu sein.

Viktoria hat diese Ausbildung begonnen, weil sie den Einfluss des Horoskops auf ihr Leben spüren wollte. Sie suchte für sich eine Lösung und wollte endlich begreifen, warum sie in den wichtigen Fragen ihres Lebens ihrem Inneren nicht vertraut. Sie hat nie gedacht, dass sie selbst Aufstellungen leiten würde.

Doch jetzt möchte sie unbedingt selbst astrologische Symbolaufstellungen anbieten, um ihren Klienten den Kontakt mit der Seele zu ermöglichen. Einige greifen ihren Vorschlag gleich auf und so hat sie schnell ein paar Leute zusammen.

Drei Wochen später finden die ersten Aufstellungen von Viktoria in Roswithas Praxis statt. Bei Ilonas Aufstellung müssen alle herzlich lachen. Viktoria hat als Symbol den Partner hingestellt und als es um die Auflösung geht, sagt ihre Stellvertreterin ganz erstaunt: ‚Ach, Männer haben auch Gefühle?‘ So gibt es doch trotz ernsthafter Arbeit auch viel zu lachen, weil die Teilnehmer sich in vielen Situationen wiedererkennen. Sie erleben, wie man sich selbst im Weg steht, was außer Acht gelassen wird und wie einfach manche Lösung ist. Es tut allen gut, zu erleben, wie leicht sich letzten Endes so manches Negative ins Positive wandeln lässt.

Einen Tag nach ihrer Aufstellung ruft Ilona Viktoria an. Sie ist Sozialpädagogin und betreut einen autistischen Jungen. Ilona erzählt: „Als ich heute zur Arbeit kam, hat Robert mich gefragt, was ich gemacht habe. Er will das auch. Er sagt, seine Seele möchte sich verändern."

„Das ist ja erstaunlich", Viktoria ist tief berührt.

„Er hat das alles aufgeschrieben. Wenn du magst, komme ich morgen vorbei und zeige es dir."

„Ja gern, wie wäre es morgen Nachmittag um 15:00 Uhr?"

„In Ordnung, also bis morgen." Dann legt Ilona auf.

Am nächsten Tag ist Ilona um 15:00 Uhr bei Viktoria. Sie trinken gemeinsam Tee und Ilona zeigt ihr, was Robert geschrieben hat. Ja, Viktoria möchte Robert gerne unterstützen und empfindet es als eine Ehre, die Aufstellung für diesen sensiblen Jungen zu leiten.

In 14 Tagen hat sie für die Arbeit mit Robert Zeit und bis dahin müssen sich beide um die notwendigen Helfer bemühen. Nach 5 Tagen ist alles geklärt. Roberts Eltern werden auch dabei sein. Ilona hat zwei Helfer aufgetan und Viktoria drei. Es kann also losgehen.

Eine Woche später kommt Anne mit ihrer Tochter Katrin zur Behandlung. Katrin ist acht Jahre alt und hat Asthma. Am Wochenende war sie auf dem Kindergeburtstag von Tom. Anne hat ihr bei dem regnerischen Wetter frische Kleidung mitgegeben. Die Kinder haben fast drei Stunden draußen im Wald gespielt. Dabei sind Katrins Kleidung und die Sachen zum Wechseln nass geworden, weil sie ungeschützt auf einer Bank lagen.

Toms Mutter hatte nicht auf Katrins Kleider geachtet, weil sie nicht wusste, wie empfindlich Kinder mit Asthma sind. Abends beginnt Katrin zu husten. Der Husten wird immer schlimmer und am Montagmorgen sind sie bei Viktoria in der Praxis. Doch die Arbeit greift nicht wie sonst. Abends geht Anne mit ihrer Tochter zum Arzt, dessen Asthmamittel auch nicht helfen. Am Dienstag wird Katrin in die Kinderklinik eingewiesen. Sie hängt am Schlauch und ihre Atmung wird künstlich stabilisiert.

Die Ärzte sind ratlos, weil keine Besserung eintritt und Katrins Mutter ist verzweifelt.

„Was soll ich nur tun?", fragt sie Viktoria am Telefon. „Nichts scheint zu helfen."

„Am Samstag stelle ich einen Jungen auf. Wie wäre es, wenn wir Katrin auch aufstellen. Vielleicht wird dann die Ursache klarer?"

„Ich weiß nicht, aber wenn du meinst, lass es uns versuchen."

So werden am Samstag Katrin und Robert aufgestellt. Katrin ist zuerst an der Reihe. Während das Mädchen im Krankenhaus liegt und Besuch von ihrem Vater hat, verfolgt ihre Mutter, was während ihrer Aufstellung geschieht.

Danach kommt Robert an die Reihe. Nachdem Viktoria bereits einiges abgelöst hat, steht nur noch das Geheimnis da. Das Geheimnis von Robert ist, dass er sich am liebsten telepathisch unterhält. Nur Telepathie versteht kaum einer.

Nachdem das geklärt ist fragt Viktoria das Geheimnis, ob da noch was ist.

In diesem Moment dreht sich das Geheimnis zu Peter, dem Helfer für die Seele. Fast im selben Moment fällt dieser fast nach hinten. Er kann gerade noch rechtzeitig von Viktoria aufgefangen werden. Sie bittet Sven als Helfer für Isis dazuzukommen.

Isis steht für den Geistführer der Seele und weiß, weshalb die Seele inkarniert ist. Sven hält Peter mit beiden Händen fest.

„Was ist das für ein Geheimnis?", fragt Viktoria die Seele.

„Ich will nicht auf der Erde sein", antwortet Peter.

„Bist du denn nicht freiwillig gekommen?"

„Nein, ich wurde gezwungen."

„Wer hat dich denn gezwungen?"

„Gott!"

„Hat Gott dich wirklich gezwungen?"

„Na ja, ich wurde überredet."

„Was wolltest du denn lernen?"

„Ich sollte lernen, Verantwortung zu übernehmen."

„Wolltest du das denn nicht auch?"

„Doch!"

„Und jetzt?"

„Ich habe Angst."

Peters Atem wird immer flacher. Viktoria fordert ihn auf: „Atme, komm atme, ja atme, tiefer atmen." Peter atmet tief durch und wird von Viktoria und Sven gehalten, damit er nicht umfällt. Es hört sich an, als ob eine Schwangere Presswehen hat. – Auf einmal ist alles vorbei.

„Ich habe ja Füße!", ruft Peter. Er hat wieder einen sicheren Stand und atmet normal.

„Wie geht es dir?", erkundigt sich Viktoria.

„Gut, sehr gut", ist seine Antwort. Danach kann die Aufstellung abgeschlossen werden.

Hinterher sitzen sie noch zusammen.

„Jetzt möchte ich Sekt!", sagt Robert. Viktoria besorgt eine Flasche Sekt und alle reden miteinander über das Erlebte. Robert geht zu jedem hin und nimmt intensiven Kontakt über die Augen und die Hände auf. Nach eineinhalb Stunden trennen sie sich tief bewegt.

Zuhause in ihrem Wohnzimmer lässt Viktoria den Tag noch einmal Revue passieren. Ach so fühlt es sich an, seelische Hebamme zu sein. Dass das so nah an der Geburtshelferin ist, hätte sie nie gedacht. Sie ist erfüllt von einer tiefen Freude. Ja, das ist ihr Ding, Seelen zu ermutigen ganz auf der Erde anzukommen. Wenn all die Erfahrungen ihrer Kindheit notwendig waren, damit sie heute diese wunderbare Arbeit machen kann, dann hat es sich gelohnt. Glücklich und zufrieden macht sie sich eine Musik an, nimmt göttliche Kraft auf und schickt ein großes Danke in den Himmel.

Montagmorgen ruft Anne an.

„Du, ich muss dir unbedingt etwas erzählen. Am Sonntag hat Katrin zu mir gesagt: ‚Mama, ich glaube ich bin gesund.' Als ich daraufhin den Arzt rief, hat er keine Geräusche mehr auf der Lunge festgestellt. Er hat alle Schläuche entfernt und heute Morgen ist sie entlassen worden. Ist das nicht genial?" – Viktoria ist fassungslos. So einen großen Erfolg hatte sie sich in ihren kühnsten Träumen nicht vorgestellt.

❖

Eine ganz andere Kultur

Roswitha, Simone, Christiane und Viktoria haben sich für den Abend verabredet. Sie besuchen gemeinsam einen Vortrag an der Volkshochschule, den eine Inderin hält, die seit 15 Jahren in Frankfurt lebt.

In ihrem Vortrag spricht sie von den kulturellen Unterschieden zwischen Indien und Deutschland. „Diese Unterschiede kann man in ihrer ganzen Auswirkung erst wahrnehmen, wenn man den Vorteil hat, in zwei unterschiedlichen Kulturkreisen Zuhause zu sein", erklärt sie. „Erst wenn man den Kulturkreis wechselt, wird auch ein Wechsel der Sicht auf ihn möglich. Man ist dann in der Lage, die Besonderheiten und den Blickwinkel der jeweiligen Kultur zu erkennen."

Um diese These zu veranschaulichen, erzählt sie eine Geschichte aus ihrer Kindheit. „Als wir Kinder waren, bekam meine Familie Besuch aus England. Meine Geschwister und ich freuten uns sehr über die mitgebrachten Geschenke. Unser Besuch erwartete, dass wir Danke sagen und ihm zuliebe taten wir das. Fast jedes Mal, wenn die Engländer in die Stadt gingen, brachten sie uns etwas mit und erwarteten nach der Überreichung der Gabe ein Dankeschön.

Das Dankeschön, das die Europäer erwarteten, war für uns wie eine Bezahlung. Man bekommt etwas geschenkt, sagt Dankeschön und schon ist man quitt. In unserer Kultur erwartet keiner ein Dankeschön. Wenn man etwas schenken möchte, tut man es. Es ist selbstverständlich, dass die Älteren den Jüngeren, die Reichen den Armen und die Herren den Dienern etwas schenken. Das ist bei uns so selbstverständlich, das niemand ein Danke erwartet.

Genauso selbstverständlich ist es aber auch, dass die Jüngeren für die Älteren und die Armen für die Reichen Dienstleistungen erbringen. Es kann in Indien vorkommen, dass jemand aus einer höheren Kaste den Angehörigen aus einer niederen Kaste beauftragt, den Einkauf nach Hause zu tragen ohne diese Dienstleistung zu entlohnen. Für die Hilfe gibt es genauso wenig eine Entlohnung, wie es für ein Geschenk, ein Dankeschön gibt. In Indien sind die Eltern ein Leben lang verpflichtet, ihren Kindern finanziell zu helfen. Dafür haben die Kinder ein Leben lang die Pflicht, ihren Eltern zu Diensten zu sein. Das ist Ausdruck indischer Denkweise und Kultur und es klappt wie in jeder Kultur, in manchen Familien besser und in anderen schlechter.

Wir konnten damals als Kinder nicht verstehen, warum unser Besuch nach jeder Gabe ein Dankeschön erwartete. So dachte ich mir, dass es doch eine gute Sache ist, wenn ich den Dank sammle. Und so sagte ich beim Abschied Thank you for every thing.“

Die Referentin erzählt weiter: „Als Kind verstand ich noch nicht die Eigenarten der europäischen Kultur, in der es einen direkten Ausgleich gibt, während in Indien der Ausgleich an einem ganz anderen Ort und zu einer ganz anderen Zeit geschehen kann. Ich lerne durch mein Leben in Deutschland die Denk- und Verhaltensweisen beider Kulturkreise ganz anders kennen und verstehen und sehe die eigenen Wurzeln mit ganz anderen Augen.“

Nach dem Vortrag setzen sie sich die vier noch auf ein Bier und einen Wein in ein kleines Lokal.

„Das war spannend", äußert sich Roswitha, „aus dieser Perspektive habe ich das Dankeschön noch nie betrachtet."

„Es gibt aber auch hier Menschen, die für ihre Geschenke mehr als nur ein Dankeschön erwarten", wirft Simone ein. „Sie leben frei nach der Devise: Ich habe dir gegeben, jetzt bist du mir was schuldig. Das scheint es so in Indien nicht zu geben. Da muss der Beschenkte nichts zurückschenken."

„Dafür muss er Dienstleistungen erbringen", erwidert Christiane, „nein sagen scheint ein gesellschaftliches Tabu zu sein. Auf die Idee, einem Ärmeren die Einkaufstasche in die Hand zur drücken und zu erwarten, dass er sie kostenfrei nach Hause bringt, würde hier niemand kommen."

„Wie ist das in Eumerika?", will Christiane von Viktoria wissen.

„Bei uns bedankt man sich auch für ein Geschenk, aber man würde keine Gegenleistung erwarten. Allerdings erwartet man von Menschen, die aus dem Sozialfond Hilfe bekommen, dass sie im Gegenzug andere in ihrer Gemeinde unterstützen. Das können Kranke sein, für die man einkaufen geht, eine Mutter, auf deren Kinder man aufpasst oder man repariert den Wasserhahn des Nachbarn. Auch Firmen, die staatliche Zuwendungen erhalten, stellen einen Teil ihrer Dienstleistungen oder Produkte der Gemeinschaft kostenfrei zur Verfügung. Wir sind der Überzeugung, dass es gut ist, wenn Geben und Nehmen im Ausgleich ist. Dann bleibt der soziale Frieden gewahrt und jeder fühlt sich nützlich. Das stärkt den Selbstwert und die Menschen können leichter nehmen, wenn sie auch die Möglichkeit haben, etwas zurückzugeben."

Es gibt so viele unterschiedliche Kulturen und Lebensweisen und es ist immer wieder erstaunlich, welchen Einfluss kulturelle und familiäre Erfahrungen auf unser Leben haben, sind sich alle einig.

Roswitha erzählt dazu eine Begebenheit aus ihrer Praxis. „Vor etwa drei Jahren habe ich ein Seminar in Kinesiologie gehalten. Eine Teilnehmerin konnte nicht verstehen, warum es ihr nicht gelang, eine Berufsausbildung abzuschließen. Sie hatte schon verschiedene Ausbildungen angefangen, doch keine zu Ende gemacht, weil immer irgendetwas nicht gepasst hat. Das führte dazu, dass sie nun Gelegenheitsjobs ausübte.

Wir waren dabei, einen Zielsatz für sie auszutesten, der mit dem Thema Wert zu tun hatte. Ich fragte sie, welches Ziel sie sich denn vorstellen könnte. ‚Ich gebe jedem seinen Wert‘, war ihr Vorschlag. Über den Punkt, der anzeigt, ob dieser Testsatz auch im Einklang mit ihrer seelischen Führung ist, habe ich ihn dann geprüft. Nein, hat ihre seelische Führung getestet. Wir waren alle ganz verdutzt. Es ist doch eine prima Sache, wenn sie allem einen Wert beimessen will.

Mithilfe der seelischen Führung ermittelten wir als besten Zielsatz: Ich lasse jedem seinen Wert. Alle waren ganz beeindruckt von der Weisheit dieses Satzes. Ja, wer sind wir denn, dass wir festlegen, wer oder was welchen Wert besitzt. Der Wert ist doch immer sehr subjektiv und richtet sich nach persönlichen Bedürfnissen und Maßstäben.

Um ihr Inneres System zu provozieren und dadurch den Umfang ihres behindernden Glaubenssatzes aufzudecken, fing ich an, unterschiedliche Gegenstände durchzutesten. Ich wollte wissen, welchen Wert ihr Unterbewusstsein den Dingen beimisst. Dabei kam Erstaunliches zu Tage. Ihr Unterbewusstsein war bereit, für ein abgebranntes Streichholz tausend Euro zu zahlen und für einen goldenen Ring nur einen halben Cent.

Ähnlich war es auch mit anderen Dingen. Je mehr etwas kostete, umso weniger war ihr Unterbewusstsein bereit, dafür zu zahlen und je geringer sein finanzieller Wert war, umso mehr wollte das Unterbewusstsein dafür ausgeben.

Ich habe danach noch lange darüber nachgedacht, wie solch ein Wertmaßstab im Unterbewusstsein entstehen kann und bin zu dem Schluss gekommen, dass die Erziehung ihrer Eltern maßgeblich dazu beigetragen hat."

„Wie kommst du denn auf die Idee?", wollen Simone und Christiane fast gleichzeitig wissen.

„Ich beobachte immer wieder, dass Eltern möchten, dass es ihren Kindern besser geht und sich für ihre Kinder aufopfern. Das betrifft ganz besonders die Eltern, die in der Kriegs- oder Nachkriegszeit Kind waren. Sie sorgen in vorbildlicher Weise dafür, dass es ihren Kindern materiell an nichts fehlt. Sie geben ihnen Taschengeld, damit sie sich ihre Wünsche erfüllen können: Kaugummi, Comics, Abziehbilder, Plastikfiguren und so weiter.

Diese Kinder machen dadurch eine ganz bestimmte Lernerfahrung. Sie lernen: Für alles, was lebensnotwendig ist, kommen meine Eltern auf. Das, was nicht gebraucht wird, muss ich mir selbst ersparen. Dadurch entsteht im Unterbewusstsein eine Werteverschiebung, die Nutzloses und Unwichtiges wertvoll macht. Diese Kinder geben viel Geld für ihre Wünsche aus und haben dann als Erwachsene kein Geld mehr für Miete, Strom und Lebensmittel, denn das haben ja immer die anderen gezahlt. Sie machen Schulden, um sich das Notwendige leisten zu können und wissen oft nicht mehr, wie sie aus dieser Falle rauskommen."

„So habe ich das noch nie gesehen", äußert sich Christiane. Sie muss an ihre beiden Kinder denken. Wie kann sie verhindern, dass sich in ihrem Unterbewusstsein so ein Mist ansammelt?

„Was kann man denn dagegen tun?", möchte sie deshalb von Roswitha wissen.

„Es ist wichtig, dass Kinder lernen, von ihrem Taschengeld auch wichtige und nützliche Sachen zu kaufen und Rücklagen für notwendige Anschaffungen zu bilden."

„Was wäre das denn?"

„Ich musste bei meinen Eltern immer Rücklagen für meine Schulsachen machen. Sie haben mir so viel Taschengeld gegeben, dass ich dafür meine Hefte und Süßigkeiten kaufen konnte. Wenn ich kein Geld mehr für Hefte hatte, weil ich das ganze Taschengeld schon ausgegeben hatte, gab es richtig Ärger."

Christiane ist nachdenklich geworden. Wie gut, dass sie heute Abend miteinander gesprochen haben. Sie war gerade dabei, mit ihren Kindern denselben Fehler zu begehen.

Ihre Tochter Marlene hat von ihren Großeltern ein Kaninchen geschenkt bekommen. Christiane nimmt sich vor, dass sie ab morgen Marlene mehr Taschengeld gibt. Davon soll sie ihre Schulhefte und das Futter für das Kaninchen kaufen. Und damit das Kaninchen nie Hunger leidet, werden Rücklagen gebildet. Ihre Kinder sollen lernen, was die lebensnotwendigen Dinge wert sind.

„Christiane, was ist aus deinem Café geworden?", erkundigt sich Viktoria.

„Ja, das Café, es fällt mir doch sehr schwer, mich davon zu trennen. Meine Eltern haben mir das Geld für die Steuernachzahlung geliehen. Ich werde es ihnen in drei Jahren zurückzahlen. Dann braucht mein Vater es für ein neues Auto. Seit er in Rente ist, kann er mich auch nicht mehr so unterstützen."

„Klasse!", freut sich Roswitha mit ihr, „aber das löst doch dein grundsätzliches Problem nicht."

„Nein, mein Problem löst es nicht. Ich lebe halt eben nach dem Prinzip Hoffnung, dass ich so viel verdiene, dass ich die Schulden und die Steuer bezahlen kann. Für mich und die Kinder bleibt da nur sehr wenig übrig."

„Aber kannst du denn im Moment davon leben?", will Simone wissen.

„Nein, natürlich nicht. Wie sollte das denn auch gehen? Ich muss den Abtrag für das Haus so versteuern, als ob ich dieses Geld zum Leben hätte."

„Was heißt das für dich?", will Viktoria wissen.

„Wenn ich ein Café anmiete, kann ich die gesamten Raumkosten für das Café vor der Steuer vom Umsatz abziehen. Sie gehören also nicht zum Gewinn. Da das Haus mir gehört, rechnet der Staat diese Kosten als Gewinn. Ich habe zwar im Moment nichts davon, aber wenn das Haus bezahlt ist, kann ich mietfrei wohnen. Das heißt, ich muss immer so viel verdienen, dass ich mir den Abtrag des Cafés wie eine Einlage ins Sparbuch leisten kann. Nur ist das am Anfang der Selbstständigkeit nicht so leicht.

Darlehen, die ich zurückzahle, kann ich nur in der Höhe steuerlich geltend machen, wie es die gesetzliche Abschreibung vorsieht. Das habe ich zu Beginn meiner Selbstständigkeit nicht gewusst. Das hat mir niemand gesagt und weil ich nicht wusste, dass es diese Regelungen gibt, konnte ich auch nicht fragen.

Wir haben hier in Deutschland zurzeit einen Steuerfreibetrag von 7200 € jährlich. Dieser Freibetrag soll den Mindestlebens-

unterhalt sichern und muss nach einem Urteil des Bundes-
verfassungsgerichts immer steuerfrei sein.

Ich muss jedoch meinen Lebensunterhalt bestreiten und den
Abtrag für das Haus in Höhe von 900 € monatlich zahlen. Das
heißt durch den Abtrag meines Hauses ist der gesamte Steuerfreibetrag von 7.200 € im Jahr verbraucht und alles, was wir
zum Leben brauchen wird versteuert. Auch wenn ich nach
Steuern etwas mehr verdiene, reicht es hinten und vorne nicht,
weil zu dem geringen Verdienst auch noch die steuerliche Belastung kommt. In den ersten beiden Jahren lag mein Einkommen durch die Investitionen nur bei 2.000 und 5.000 €.
Das heißt mein Gewinn lag unter dem Steuerfreibetrag. Ich
habe Schulden gemacht, damit meine Kinder und ich leben
konnten. Diese Schulden kann ich überhaupt nicht steuerlich
geltend machen, weil das nach dem Gesetzgeber Privat-
schulden sind und die Differenz zu dem Freibetrag von
7.200 € kann ich ebenfalls nicht ins nächste Jahr übertragen.
Wenn das möglich wäre, wäre mir schon geholfen. Das geht
aber nicht, weil man nur Verluste abschreiben kann.
    Wenn ich als Selbstständige den Steuerfreibetrag nicht er-
reiche, ist das mein Problem. Ich muss dann sehen, wie ich
damit zurechtkomme. Dadurch rutsche ich immer mehr ins
Minus ab, mache Schulden, um leben zu können, die sich aber
mit der Zeit wie ein Klotz am Bein auswirken. Wenn ich dann
endlich einmal so viel verdiene, dass ich die Schulden zahlen
kann, habe ich wieder nichts zum Leben, weil die Steuer den
Erlös auffrisst. Ich zahle also die ganze Zeit Steuern, obwohl
ich noch nicht einmal den Mindestunterhalt zum Leben habe.
Jeder Sozialhilfeempfänger bekommt da mehr. Und eine
Altersvorsorge aufbauen, daran ist überhaupt nicht zu denken

und selbst wenn ich sie mir leisten könnte, würde ich dafür nur minimal von der Steuer befreit."

„Davon wird einem ja ganz schummrig", stöhnt Viktoria. „Das ist doch unlogisch und auch schwer zu verstehen, wenn man ganz normal denkt."

„Das kannst du laut sagen", erwidert Christiane.

„Und ungerecht ist es obendrein", beteiligt sich Simone.

„Ja, das empfinde ich auch so", äußert sich Christiane ganz resigniert, „deshalb habe ich auch, obwohl ich es nie wollte, angefangen, die ein oder andere Einnahme nebenbei laufen zu lassen."

„Du machst Schwarzgeld?"

„Ja, was bleibt einem denn anderes übrig? Das ganze Steuersystem ist eine himmelschreiende Ungerechtigkeit. Wie soll ich mich denn sonst über Wasser halten? Und wenn ich mir eine Stelle suche, bin ich noch weniger für meine Kinder präsent. So können sie wenigstens im Notfall zu mir kommen."

„Aber was ist, wenn du dabei erwischt wirst? Hast du denn keine Angst davor?"

„Natürlich, aber was soll ich denn tun?"

„Kann man dagegen denn nicht gerichtlich vorgehen?"

„Ja, aber dafür braucht man Zeit und Geld. Beides habe ich nicht. Und was nützt es mir, wenn ein Gericht mir vielleicht in sechs Jahren recht gibt und ich heute um meine Existenz kämpfen muss?"

Alle schauen betreten drein. Sie wünschen sich so sehr eine gute Lösung für Christiane. Der Staat benimmt sich hier wie ein moderner Raubritter, ist ihre einhellige Meinung.

„Die Politiker sorgen schon dafür, dass sie selbst keine Not haben und wenn sie Gesetze für andere machen, fragen sie sich in den seltensten Fällen, ob das Ganze auch realistisch ist", bemerkt Simone. „Hauptsache rechnerisch stimmt es, aber ob es gerecht, bezahlbar oder machbar ist, wen interessiert das?"

Viktoria schlägt diese trübe Stimmung aufs Gemüt. Sie fühlt sich an ihre Kindheit in Nestland erinnert, als sie mit dem Vater von Boot zu Boot ging und die Reichen sich über die Steuern mokierten.

„Bei uns in Nestland war das früher auch so", erzählt sie. „Das hat dann dazu geführt, dass jeder glaubte, Steuern hinterziehen zu müssen, um überhaupt leben zu können. Es fing an wie bei dir, Christiane. Keiner traute sich, sich zu wehren, oder die Gerichte anzurufen, weil das in der Phantasie der Menschen zu teuer, langwierig und zeitraubend war. Hinzu kam, dass man dachte, die Gerichte geben eh dem Staat recht.

Doch es hörte dann mit der Steuerhinterziehung nicht mehr auf. Wenn die Menschen mehr verdienten, war es zur Gewohnheit geworden, Steuern zu hinterziehen. Das schlechte Gewissen war durch die Gewohnheit der Überzeugung gewichen, dass Menschen, die keine Steuern hinterziehen bankrott gehen und dumm sind. Die Menschen, die ein regelmäßiges Gehalt bekamen, fühlten sich als die Dummen, die immer zahlen müssen und versuchten, durch Schwarzarbeit ihr Einkommen aufzubessern. Sie waren der Überzeugung, dass das der gerechte Ausgleich sei. Dadurch ging das Rechtsempfinden in Nestland so ziemlich den Bach runter.

Da es mit den Steuern aber auf den anderen Inseln wesentlich besser lief, hat sich die Regierung von Nestland bei ihnen einiges abgeschaut. Am Anfang hatte die Regierung von Nestland große Angst, eine Steuergerechtigkeit herzustellen, weil sie befürchteten, dass die Staatseinnahmen dann sinken würden.

Sie hatten Angst, dass es zu gesellschaftlichen Unruhen und damit zu einem Machtverlust für sie kommt.

‚Angst ist immer ein schlechter Ratgeber', hat Miriam zu solchen Situationen gesagt. Wer aus der Angst heraus Entscheidungen trifft, hat schon verloren. Nur Entscheidungen, die aus Überzeugung getroffen werden sind gute Entscheidungen.

Als ich mit Miriam darüber sprach, hat sie mir aufgezeigt, dass in Nestland alle Beteiligten aus der Angst heraus handelten. Die einen, weil sie Angst hatten Pleite zu gehen und die Regierung, weil sie sinkende Staatseinnahmen befürchtete und die Stimmen ihrer Wähler nicht verlieren wollte.

Auf Heilland kann man in besonderer Weise sehen, wie gut es allen geht, wenn jeder dem anderen auch seinen Lohn gönnt. Da würde der Werbeslogan ‚Geiz ist geil' gar nicht gut ankommen. Die Menschen würden diese Produkte nicht mehr kaufen und in Liebland ist das ähnlich. Preiswert ist, was seinen Preis wert ist, denn keiner hat etwas zu verschenken und jeder muss von seiner Arbeit leben."

„Und was ist passiert, dass sich auf Nestland etwas geändert hat?", fragen alle wie aus einem Mund.

„Als man endlich den Mut hatte etwas zu verändern, wurden unabhängige Kommissionen eingerichtet. Zuerst befragte man die Bevölkerung, was sie als ungerecht erlebt. Dann setzte man eine Kommission ein, die den Auftrag erhielt, innerhalb von sechs Monaten erste Vorschläge zu machen. Diese Kommission bestand aus drei ranghohen Richtern, drei Politkern, drei Menschen aus dem Volk, die unter dem Problem zu leiden hatten und drei Experten mit den Menschen, die in ihrer täglichen Arbeit mit der Thematik zu tun haben. Im Fall der Steuern waren das ein Finanzrichter, ein Verfassungsrichter und ein Strafrichter. Für die Menschen aus dem Volk waren ein Selbstständiger, ein Angestellter und eine Honorarkraft dabei. Die Menschen, die täglich in ihrer Arbeit damit zu tun hatten, wurden vertreten durch einen Steuerberater, einen Finanzbeamten und jemanden aus der Gemeindeverwaltung.

Sie sollten erarbeiten, was für alle als gerecht und richtig gelten konnte. Wichtig war dabei, dass gerade bei den niedrigen Einkommen die Belastung einen Puffer braucht, damit nicht die nächste Preiserhöhung oder eine unvorhergesehene Ausgabe automatisch eine neue Schieflage bringt. Diese Menschen wurden für ein halbes Jahr freigestellt und der Selbstständige erhielt in dieser Zeit staatliche Unterstützung, um eine Vertretung einzustellen. Nach einem halben Jahr wurden die erarbeiteten Vorschläge dem Volk, den Politikern und den entsprechenden Gremien vorgestellt. Jetzt hatten alle drei Monate Zeit, Stellung dazu zu beziehen. In diesen drei Monaten wurden weitere Vorschläge und Anregungen gesammelt und entsprechend ihrem Inhalt sortiert und geordnet. Nach diesen drei Monaten kam die Kommission noch einmal für weitere vier Monate zusammen, um daraus einen ersten Entwurf für eine gesetzliche Vorlage zu erstellen.

Dieser Entwurf wurde wiederum für drei Monate allen zur Diskussion vorgelegt und danach machten die Politiker ein Gesetz daraus, über das ein Volksentscheid abgestimmt hat.

Seitdem ist Nestland viel reicher. Die Ängste der Politiker haben sich als unbegründet herausgestellt und die Steuereinnahmen sind enorm gestiegen. Die Menschen haben viel mehr Freude an ihrer Arbeit und es gibt mehr Zustimmung zu Projekten des Straßenbaus und anderer öffentlicher Gebäude, weil keiner mehr das Gefühl hat, dass das auf seine Kosten geht. Interessanterweise ist seitdem die Wahlbeteiligung größer, die Menschen bringen sich mehr in den Parteien ein und nehmen sie als ein Forum wahr, das ihnen hilft, ihr Leben zu verbessern."

„Wow, das ist ja spannend. So etwas könnten wir hier in Deutschland auch gebrauchen. Und wird jetzt in Nestland wirklich nicht mehr so viel schwarzgearbeitet?"

„Nein, das gibt es so gut wie gar nicht mehr. – Gut, es gibt immer Menschen, die betrügen, aber Menschen, die glauben, sie müssen Steuern hinterziehen, um leben zu können, das gibt es seitdem nicht mehr."

An diesem Abend gehen alle sehr nachdenklich nach Hause. Ob so etwas in Deutschland möglich wäre? Ob die Politiker so etwas zuließen?

Wessen Angelegenheit ist das?

Das Gespräch mit Christiane hat Viktoria innerlich ganz aufgewühlt. Es scheint in Deutschland öfter so zu sein, dass sich Menschen nicht trauen, sich für ihre wichtigsten Interessen einzusetzen oder das als nutzlos ansehen. In Eumerika gibt es Stellen, an die sich die Bürger wenden, wenn sie Probleme haben. Sie können sicher sein, dass ihre Belange weitergeleitet werden und man versucht, eine Lösung zu finden.

Sie hat auch beobachtet, dass die Menschen hier manchmal Dinge sagen, die sie gar nicht meinen. Heute war z. B. Silvia auf Empfehlung von Roswitha bei ihr in Behandlung. Als Viktoria Silvia begrüßt, treffen sie Roswitha im Flur.

„Danke für deine letzte Behandlung, sie hat mir wirklich sehr gut getan", lobt Silvia Roswitha.

„Schön, das freut mich", antwortet Roswitha.

„Komm doch rein", mit diesen Worten führt Viktoria Silvia in den Behandlungsraum, „was kann ich für dich tun?"

„Also ich bin ja wegen meiner Kopfschmerzen bei Roswitha in Behandlung. Aber viel hat mir das noch nicht gebracht. Mir geht es zwar hinterher immer gut, aber die Kopfschmerzen sind immer noch da."

„Warum hast du Roswitha das nicht gesagt?"

„Ich weiß nicht, sie ist immer so nett und ich will nicht, dass sie mir böse ist."

„Warum sollte sie dir böse sein?"

„Weil es bei mir nicht hilft denkt sie vielleicht, dass ich ihre Ratschläge nicht befolge."

Viktoria sagt dazu nichts und beginnt ihre Arbeit. Zum Abschluss bittet sie Silvia: „Aber sagen, wenn es nichts geholfen hat! Dann müssten wir noch einmal nachschauen."

„Ja, mach ich", und damit ist sie gegangen. Viktoria ist unsicher, ob Silvia wirklich etwas sagen wird.

Sie hat beobachtet, dass Roswitha auch noch mit Patienten arbeitet, wenn sie keine Kraft mehr hat. Manchmal ist sie dann am nächsten Tag krank und muss alle Termine absagen.

„Warum tust du das?", fragt Viktoria.

„Wenn ich das nicht mache, sind sie mir böse und kommen vielleicht nicht wieder", ist ihre Antwort.

Auch Viktoria musste schon öfter feststellen, dass Patienten es ihr übel nehmen, wenn sie keine Zeit für sie hat. Sie glauben, dass Viktoria ihre Anliegen nicht wichtig nimmt und fühlen sich abgelehnt.

Komisch, auf Heilland ist das anders. Jeder weiß, dass man in seiner Kraft sein muss, um Energieheilkunde auszuüben. Wenn der Heiler nicht in seiner Kraft ist, kann er nicht helfen. Im Gegenteil, er nimmt der Person, mit der er arbeitet, Kraft.

Und auf Erdland, wo sie diese wunderbare Arbeit mit den Inneren Weisen kennengelernt hat, ist es ganz selbstverständlich, dass ein Nein, nein heißt. Es würde niemand auf die Idee kommen, da noch etwas anderes als ein Nein hineinzuinterpretieren. In Deutschland interpretieren die Menschen viel in ein Nein. Das kann sein: Du willst mich nicht, du liebst mich nicht, ich bin dir nichts wert, anderes ist dir wichtiger ...

Oft entsteht durch ein Nein ein riesengroßer Streit. Um den zu vermeiden, suchen viele nach Ausreden. Eine Notlüge nennen sie das und unterscheiden zwischen Lügen und Notlügen. Notlügen sind erlaubt, weil sie das Leben leichter machen und sicherstellen, dass man gemocht und geliebt wird.

Liebe und Zuneigung werden in Deutschland oft an Bedingungen geknüpft, die sich durch folgende Sätze bemerkbar machen: ‚Wenn du mein Freund bist, hilfst du mir. Wenn du mein Freund bist, hast du Zeit für mich. Wenn du mich liebst, weist du, was ich brauche, ohne dass ich es dir sagen muss. Wenn du mich liebst, liest du mir jeden Wunsch von den Augen ab. Wenn du mein Freund bist, findest du alles, was ich tue gut. Wenn du mein Freund bist, redest du nie wieder ein Wort mit den Menschen, die mich verletzt haben.'

Viktoria kennt dieses Verhalten aus Eumerika von Kindern und Jugendlichen. Es sind dort Phasen in ihrer Entwicklung zum Erwachsenen.

Diese Phasen gliedern sich in 7 Entwicklungsabschnitte:

- ❖ Wenn du mit mir spielst (Zeit für mich hast), bist du mein Freund.
- ❖ Wenn du mir hilfst, bist du mein Freund.
- ❖ Wenn du gut findest, was ich tue, bist du mein Freund.
- ❖ Wenn du machst, was ich sage, bist du mein Freund.
- ❖ Ich mag dich, deshalb bin ich dein Freund.
- ❖ Weil ich dich mag, bin ich dein Freund, unterstütze ich dich und helfe ich dir.
- ❖ Ich liebe, deshalb unterstütze ich alles, was Ausdruck von Liebe ist.

Mit 25 Jahren sind die meisten Menschen in Eumerika bei Phase 5 und 6 angekommen und unterstützen sich gegenseitig. Sie entscheiden frei, ob, wann und wen sie unterstützen und niemand kommt auf die Idee, ein Nein persönlich zu nehmen und als Zeichen von Ablehnung oder Illoyalität zu sehen.

In Deutschland scheint das anders zu sein. Sogar viele ältere Paare kämpfen noch darum, einen Beweis für die entgegengebrachte Liebe und Wertschätzung in Form von Unterstützung und Geschenken zu bekommen. Da werden der vergessene Geburtstag oder die unterlassene Hilfe bei der Reparatur des Wasserhahns zum Drama.

Doch da, wo es wirklich wichtig ist, setzen sich die wenigsten Menschen durch. Sie nennen das Rücksicht nehmen. Wie kann sie den Menschen hier nur helfen? Das ist doch unmöglich so zu leben. Es kocht und gärt in ihr.

Dann gibt es noch die vielen Situationen, in denen die Menschen nicht sagen, was sie meinen. Sie reden um den heißen Brei, das heißt, sie beherrschen die Kunst, mit vielen Worten nichts zu sagen. Besonders unter den Politikern ist diese Technik weit verbreitet. Auf diese Weise entstehen Täuschungen mit den daraus entstehenden Enttäuschungen. Manchmal ist das Durcheinander so groß, dass die Menschen unter ihren eigenen Täuschungen leiden. Wenn das ein großes Thema im Leben eines Menschen ist, steht bei der astrologischen Symbolaufstellung oft die Lüge, die sehr viel Kraft bindet. Wenn die Lügen dann in die Wahrheit umgewandelt sind, hat der Aufsteller so viel mehr Energie, dass es eine Freude ist.

Viktoria geht spazieren. Dabei fällt ihr das Seminar mit den vier Weisen wieder ein. Das wollte sie sowieso anbieten, denn es ist eine wunderbare Sache, um in seine Kraft zu kommen, sich im Außen klar und deutlich zu zeigen. Ja, das ist eine Möglichkeit, den Menschen hier zu helfen.

Viktoria geht nach Hause, setzt sich an ihren Schreibtisch und erarbeitet ein Konzept.

In der folgenden Nacht schläft Viktoria unruhig und als sie am nächsten Morgen erwacht, ist sie innerlich voll Anspannung. Sie versteht das nicht. Es ging ihr doch gestern noch gut. Wie gewohnt meditiert sie auch an diesem Morgen und fragt nach innen, weil sie verstehen möchte, woher diese Unruhe kommt.

Nach dem Frühstück räumt Viktoria auf. Sie weiß immer noch nicht, was eigentlich los ist. Doch dann, auf dem Weg von der Küche ins Wohnzimmer fällt es ihr siedend heiß ein. ‚Wessen Angelegenheit ist das?', hat Miriam immer gefragt.

‚Wessen Angelegenheit ist das?', diese Frage muss sie sich ernstlich stellen. ‚Was geht es sie an, welche Gesetze es in Deutschland gibt? Und warum macht sie es sich zu ihrer Sache, ob die Menschen hier andere täuschen?'
   Sie weiß, dass alles, worüber sie sich ereifert letztendlich ihre Angelegenheit ist. ‚Wo also ist sie der Mensch, der sich nicht für sich selbst einsetzt? Wo täuscht sie und woran macht sie das Maß der Liebe und Wertschätzung, das ihr entgegen-gebracht wird, fest?'

Viktoria setzt sich auf ihr Sofa und atmet tief durch. Sie nimmt Papier und Stift und schreibt auf: ‚Woran mache ich das Maß an Liebe und Wertschätzung fest, das andere mir entgegen-bringen?
   In welchen Bereichen setzte ich mich nicht für mich selbst ein?
   Wo täusche ich?'

Dann kocht sie sich erst einmal einen Tee und will das Ganze einen Moment wirken lassen. Nachdem sie sich wieder gesetzt hat schaut sie auf ihr Blatt. Ihr erster Blick fällt auf den Satz: ,Woran mache ich das Maß an Liebe und Wertschätzung fest, das andere mir entgegenbringen?'

,Nun gut, fangen wir damit an. Woran mache ich das Maß an Liebe und Wertschätzung fest, das andere mir entgegenbringen?' Sie lässt es wirken, erlaubt, dass die Wahrheit darüber aus ihrem Unbewussten aufsteigt.

Und dann steht da diese Frage vor ihrem Inneren: ,Bist du mit mir einverstanden, egal was ich tue?' – Macht sie das wirklich? Will sie von ihren Freunden eine Antwort auf diese unbewusste Frage? Also fragt sie sich: ,Tue ich das wirklich?' – ,Ja', steigt die Antwort in ihrem Inneren hoch. – ,Wie mach ich das denn?' – ,Indem du Dinge tust, die den anderen stören könnten. Du machst es zwar sehr charmant, indem du ihn neckst, aber letztlich willst du wissen, wie weit darf ich bei dir gehen? Wann werde ich dir zu viel? Wann hörst du auf, mich zu lieben?'

Ja, das stimmt. Sie hat oft Lust Menschen, die sie liebt herauszufordern. Das ist für sie zwar ein Spiel, aber macht es dem anderen wirklichen Spaß? Da ist sie sich plötzlich nicht mehr so ganz sicher.

Und noch eine weitere Art, wie sie sich das Einverständnis der anderen erschleicht, kommt ihr in den Sinn. Sie verpackt Informationen so, dass sie für ihr Gegenüber annehmbar sind. In ihren Kinesiologie Seminaren zeigt sie z. B. den Leuten, wie sie die Menschen darin unterstützen, heil und gesund zu sein. Ein Testsatz von ihr ist: ,Ich stehe auf der Sonnenseite des

Lebens!' – Der Umkehrsatz lautet dann: ‚Ich stehe auf der Schattenseite des Lebens!' Alle Menschen möchten natürlich auf der Sonnenseite des Lebens stehen. Und wenn sie das tun, wirkt die Arznei viel schneller und tief greifender. Sie ist stolz darauf, dass sie die Idee hatte, diese Dinge mit in die Arbeit einzubeziehen.

Jetzt, in diesem Moment, erkennt Viktoria, wie unehrlich sie ist, wenn sie diesen Satz austestet. Der ursprüngliche Satz, den ihr ihre Seele als Erkenntnis geschenkt hat heißt: ‚Ich wachse zum Licht.' – Der Umkehrsatz ist entsprechend: ‚Ich wachse zur Dunkelheit.' Viktoria hatte befürchtet, dass die Leute Anstoß an den Sätzen nehmen und sie ablehnen. Deshalb hat sie sie so verpackt, dass jeder dazu ja sagen kann. Wer will nicht auf der Sonnenseite des Lebens stehen? Auf diese Weise hat sie die Menschen getäuscht und sich dafür noch auf die Schulter geklopft. Damit hat sie einem Atheisten die Chance genommen, nein zu sagen!

Viktoria wird es ganz heiß. Aber jetzt will sie es wissen. ‚Warum habe ich getäuscht?', stellt sie sich die nächste Frage. – ‚Du hattest Angst vor einer Auseinandersetzung. Du wolltest keine Ablehnung riskieren und geliebt werden. Deshalb hast du eine Formulierung gewählt, die sehr soft ist. Da warst du sicher, keinen Widerspruch herauszufordern. Hätte dir jemand widersprochen, hättest du den Wert deiner Arbeit infrage gestellt. – Und so wie du gestrickt bist, hättest du dich damit selbst infrage gestellt. Du wolltest deinen Selbstwert schützen.' – ‚Ja verliere ich denn meinen Wert, wenn mich jemand infrage stellt?', wandte sie sich an ihr Inneres. – ‚Natürlich nicht, dein Wert bleibt. Wenn jemand einen roten Apfel anschaut und zu dem Schluss kommt, dass er lieber nach dem grünen Apfel

greift, ist deshalb doch der rote Apfel nicht weniger wert. Er
bleibt das, was er ist, der rote Apfel. Er ist und bleibt genauso
nahrhaft, gesund und schön wie vorher. Genauso ist es mit dir.
Egal, wie der andere dich beurteilt, oder auf dich reagiert, du
bleibst du. Nur wenn du dich selbst abwertest, weil der andere
sich nicht für dich interessiert, hast du ein Problem.'

Oh, wie das stimmt. Viktoria fühlt sich ganz aufgeweicht, von
dem, was gerade in ihr vorgeht. Das muss sich erst einmal
setzen. Sie nimmt ihren Mantel und macht einen Spaziergang.

Nachdem sie eine halbe Stunde durch die frische Luft gegangen ist, geht es ihr schon wieder deutlich besser. Wie gut,
dass sie nach Innen geschaut hat. Da hat sie doch wahrhaftig
an diesem Morgen eine ganze Menge über sich selbst gelernt.
Worin sie andere bzw. sich selbst täuscht, ist gleich in einem
Abwasch mit dabei gewesen.

Wer war sie, durch eine List andere dazu zu bringen, von
einer Arbeit zu profitieren, die vielleicht gar nicht das Ziel
dieses Menschen oder dieser Seele ist? Sie weiß aus ihren Erfahrungen mit Rückführungen, dass es Seelen gibt, die sich auf
der Planungssitzung für das nächste Leben bereit erklären, der
Schurke im Leben einer befreundeten Seele zu sein, damit
diese in ihre Kraft kommt. Wenn sich z. B. eine Seele in Geduld üben möchte, ist die befreundete Seele bereit, diese Geduld auf eine harte Probe zu stellen. Leider haben wir das hier
auf der Erde vergessen.

Wer war sie, dass sie anderen heimlich ihre Entscheidung
und damit die Verantwortung für sich selbst abnimmt? In dem
Bilderbuch von Neale Donald Walsch ‚Ich bin das Licht' wird
so schön beschrieben, wie eine Seele, die ganz und gar Licht
ist, sich bereit erklärt, der Bösewicht im nächsten Leben der

kleinen Seele zu sein, nur damit diese die Erfahrung machen kann, wie es ist, Vergebung zu sein.

Oh, diese Lektion saß. Viktoria nimmt sich vor, nie mehr über einen Menschen zu urteilen, egal was er tut. Jesus hat nicht umsonst gesagt: ‚Verurteile nicht, damit du nicht verurteilt wirst.' Das steht nun wirklich nur Gott zu.

Wenn die Menschen bereit sind, in ihre eigene Kraft zu gehen, hat alles Böse keine Wirkung mehr. Dann wird der Satz wahr: ‚Stell dir vor es ist Krieg und niemand geht hin.' Das Böse ist nur so stark, weil das Gute seine Kraft nicht nutzt und weil so viele Menschen sich für unwichtige Dinge einsetzen und sich bei den wichtigen nicht trauen.

‚Aber halt, da war doch noch ein Satz', Viktoria nimmt sich ihren Zettel noch einmal vor. ‚Wo setzte ich mich nicht für mich selbst ein?' Das passte ja wieder wie die Faust aufs Auge. Hat sie sich nicht gerade wieder genau in dieser Sache um die anderen gekümmert? Also los.

Viktoria geht ins Badezimmer und stellt sich vor den Spiegel. Sie schaut sich an und sagt mehrmals hintereinander: „Ich setze mich nicht für mich selbst ein, ich setze mich nicht für mich selbst ein." Nachdem sie den Satz zehnmal wiederholt hat, steigt auf einmal eine unendliche Traurigkeit in ihr hoch. Ihr ist zum Heulen zu mute, sodass sie sich auf den Rand der Badewanne setzt und ihre Hände auf ihr Herz legt. Sie spürt in diesen alten Schmerz hinein und lässt sich von ihrem Unterbewusstsein in die Zeit hineingleiten, in der dieser Schmerz entstanden ist.

Da plötzlich sieht sie sich als 3 Wochen altes Baby. Sie hat Hunger und wagt es nicht zu schreien. Der Hunger schmerzt

im Bauch, doch sie schreit nicht. ‚Warum schreie ich nicht?',
stellt sie sich innerlich die Frage. Dann sieht sie eine Szene. Als
sie schreit, wird ihr Vater wütend und schreit ihre Mutter an:
‚Kannst du nicht endlich einmal dafür sorgen, dass das Kind
stille ist.' Ihre Mutter ist verzweifelt. Sie will es ihrem Mann
recht machen und hat Schuldgefühle. Die kleine Viktoria, erst
3 Wochen alt, gibt sich die Schuld an der Wut des Vaters und
der Verzweiflung ihrer Mutter.

Die große Viktoria von heute nimmt die kleine Viktoria von
damals auf den Arm. Sie hält sie im Arm und stillt sie. Endlich
kann die kleine Viktoria trinken. Im Herzen von Viktoria trinkt
sie solange, bis sie satt ist. Dann schaukelt die große Viktoria
die kleine Viktoria in ihrem Arm und tröstet sie. ‚Du bist nicht
schuld', flüstert sie ihr ins Ohr, ‚dass deine Eltern sich streiten,
hat nichts mit dir zu tun.' Es dauert eine ganze Weile, bis sich
die kleine, drei Wochen alte Viktoria beruhigt hat. Als sie ganz
ruhig und friedlich ist, fragt Viktoria sie: ‚Wessen Angelegenheit ist es, dass du etwas zu essen bekommst?' – ‚Die meiner
Eltern', antwortet die Kleine. – ‚Genau, die deiner Eltern. Und
was ist Deine Angelegenheit?' – ‚Ich muss schreien, wenn ich
Hunger habe.' – ‚Ja und deine Eltern müssen dich füttern,
damit du satt wirst. Aber schau, jetzt kann die große Viktoria
der kleinen Viktoria helfen. Ich werde immer für dich da sein',
verspricht sie der Kleinen in ihrem Herzen.

Dann lässt die große Viktoria die kleine Viktoria ins Heute
schauen. ‚Ja, jetzt ist die kleine Viktoria schon groß. Jetzt kann
sie selbst für etwas zu essen sorgen. Die große Viktoria wird
sich von nun an immer für sich selbst einsetzen.'

„Puuh", Viktoria atmet tief durch. Sie geht ins Wohnzimmer, setzt sich auf ihr Sofa und atmet tief aus. „Das war heftig."

Viktoria beginnt, mit Energieheilkunde an sich zu arbeiten. Zuerst gleicht sie ihre Chakren aus, dann die Aura und zuletzt die Meridiane, denn wenn das so heftig wird, ist ein Energieausgleich unbedingt notwendig.

Danach geht es ihr schon deutlich besser. Sie geht wieder ins Bad, schaut sich im Spiegel an und sagt: „Ich setzte mich nicht für mich selbst ein. Ich setze mich nicht für mich selbst ein." Ein Lächeln geht über ihr Gesicht. Viktoria weiß, dass sie sich von nun an in allen wichtigen Angelegenheiten für sich selbst einsetzen wird. Aber sie weiß auch, dass es hin und wieder Situationen geben wird, in denen sie das nicht tut. Aber das ist für sie okay. Sie hat die Freiheit der Wahl.

‚Ach du meine Güte, wie sehr das doch alles mit einem selbst zu tun hat, wenn man sich über andere aufregt.' Für Viktoria wird wieder einmal klar, je mehr sie sich über andere aufregt, umso mehr muss sie erst einmal nach sich selbst schauen. Wenn sie das nicht tut, verlagert sie den eigenen inneren Konflikt nach außen und kämpft auf einem völlig falschen Platz und kann dabei nur verlieren. ‚Wollen wir für andere Frucht und Nahrung sein, müssen wir selbst erst reifen', sagen die Erdländer dazu. Wie wahr das ist, kann sie erst in diesem Moment so richtig verstehen.

Drei Wochen später treffen sich die vier, um Roswitha zu helfen, ihre Programme einzutüten. Das ist immer eine ganz unterhaltsame Angelegenheit. Sie wünschen jedem Empfänger alles erdenklich Gute und dass er das für ihn Passende findet.

Gleichzeitig trinken sie Tee und genießen die mitgebrachten Kekse.

„Nach unserem letzten Treffen ist es für mich noch ganz schön heiß her gegangen", erzählt Viktoria. „Ich hatte mich so richtig in die Ungerechtigkeiten, über die wir gesprochen hatten, hineingesteigert. Gleichzeitig war ich gedanklich damit beschäftigt, wie ich die Menschen darin unterstützen kann, sich in der Welt besser durchzusetzen. Als ich überlegt habe, ob ich ein Seminar aus Eumerika anbiete, fiel mir ein Satz von Miriam ein: Wessen Angelegenheit ist das? Danach habe ich mir erst mal alle Vorwürfe angesehen, die sich nach unserem Gespräch in der Kneipe in mir gesammelt haben. Und was meint ihr, musste ich zu meinem Leidwesen feststellen? Was ich anderen vorwerfe, praktiziere ich selbst."

Danach erzählt sie von ihrer Arbeit mit sich selbst und welch tiefen inneren Verletzungen sie auf die Spur gekommen ist.

„Schade, dass wir von deiner Arbeit nicht profitieren können. Das ist sicher nicht nur dein Problem. Wir hängen bestimmt auch in dieser Falle."

„Kennt ihr die Geschichte vom hundertsten Affen?", fragt Christiane in die Runde.

„Nein, erzähl mal", fordert Roswitha sie auf.

„Also, die Geschichte geht so. Auf einer Insel vor Borneo leben Affen. Diese Affen kennen keine Bananen, weil diese auf der Insel nicht wachsen. Ein Team Wissenschaftler wirft eines Tages aus einem Flugzeug jeden zweiten Tag geschälte Bananen auf den Strand. Die Affen sind neugierig, probieren die Bananen und freuen sich an der neuen Leckerei. Da die Bananen geschält sind, klebt an ihnen viel Sand, der den Genuss stört.

Nach ein paar Tagen fängt der erste Affe an, den Sand von der Banane zu putzen. Viele Affen machen ihm das nach und im Laufe der Zeit machen fast alle Affen von den Bananen den Sand ab. Nur einige wenige Affen halten an der ersten Gewohnheit fest und essen weiterhin Bananen mit Sand.

Nach etwa fünf bis sechs Wochen werfen dieselben Wissenschaftler die Bananen auf eine der Nachbarinseln. Die dort lebenden Affen sind zunächst erstaunt und schauen sich die Bananen an. Dann greifen sie zu, machen den Sand weg und stecken die Bananen in den Mund."

„Spannend", unterbricht Viktoria. „Was wollten die Wissenschaftler damit bezwecken?"

„Sie wollten damit zeigen: Wenn ein gewisser Prozentsatz der Affen etwas gelernt hat, haben die anderen Affen auch Zugang zu diesem Wissen. Sie vermuten, dass die Schwelle bei 10 % liegt. Sie glauben, wenn 10 % der Menschen etwas gelernt haben, dann haben alle Menschen Zugang zu diesem Wissen. Es brauchen also nur 10 % der Menschen eine bestimmte Erkenntnis zu erlangen und schon steht sie allen, die möchten zur Verfügung."

„Das ist ja genial", entfährt es Simone. „Dann muss ich mich ja gar nicht so abrackern. Wenn nur genügend Leute etwas wissen, weiß ich das automatisch auch."

„Lasst uns einmal etwas probieren", schlägt Viktoria vor. Wenn wir gleich fertig sind, gehen wir in Roswithas Behandlungszimmer und jede von euch stellt sich eine Situation vor, in der es um genau die Dinge geht, die ich für mich erkannt habe. Dann denke ich intensiv an meine Erfahrung und ihr öffnet eure Herzen dafür. Danach schaut ihr, ob die Situationen für euch anders geworden sind."

„Ja, das machen wir", erklären alle ihr Einverständnis.

Zwei Stunden später treffen sie sich im Behandlungsraum. Simone, Christiane und Roswitha denken zuerst an eine Situation, in der es ihnen schwer fällt, sich für sich selbst einzusetzen. Nachdem alle mit ihrer ganz persönlichen Situation in Kontakt sind und wissen, wie sich das anfühlt, geben sie einander die Hand.

Viktoria öffnet ihr Herz und lässt die drei wie durch ein Schaufenster in ihr Herz schauen. Während niemand ein Wort spricht, kann jede ihre Erfahrung anschauen und daraus lernen. Nach etwa 10 Minuten lösen sie die Hände.

Jetzt gehen Simone, Christiane und Roswitha wieder in Kontakt mit ihrer ganz persönlichen Situation.

„Das ist ja klasse", freut sich Roswitha, „alles scheint viel leichter und ist überhaupt kein Problem mehr."

„Bei mir kann ich noch keine Lösung erkennen, doch mein Herz klopft nicht mehr so und in der Magengegend ist es auch viel ruhiger geworden", berichtet Simone.

„Und ich weiß jetzt eine Lösung", sagt Christiane. „Ich werde mit meinem Rechtsanwalt sprechen und fragen, ob man auf dem Klageweg etwas erreichen kann. Der Bundesgerichtshof hat ja auch vor ein paar Jahren die Regierung dazu verurteilt, den Steuerfreibetrag mindestens auf die Höhe des Sozialhilfesatzes zu erhöhen. Wieso sollte ich hier kein Glück haben?"

Alle vier sind begeistert. Wenn es so leicht ist, voneinander zu lernen, warum nutzt man das nicht mehr? Sie beschließen, diese Erfahrung auch für ihre anderen Themen zu nutzen.

Nachdem diese Arbeit beendet ist, kommt Viktoria ein neuer Gedanke. „Wie wäre es, wenn wir unsere Erfahrung allen Menschen über das Magnetfeld der Erde zur Verfügung stellen? – So muss das doch auch bei den Affen gewesen sein."

Alle sind Feuer und Flamme. Sie fassen sich an den Händen und bilden einen Kreis. Dann öffnen sie ihr Herz und geben allen Wesenheiten auf der Erde die Erlaubnis, durch ein Schaufenster in ihr Herz zu schauen. Sie visualisieren zu ihrem Schutz eine Glaswand vor ihrem Herzen, durch die jeder hineinschauen und die Wahrheit sehen, aber nicht ins Herz greifen kann. Sie denken ganz bewusst an die gemeinsam gemachten Erfahrungen und wünschen sich, dass möglichst viele Menschen daraus lernen. Das fühlt sich super an.

Am Ende dieses Nachmittags gehen alle glücklich nach Hause. ‚Wie einfach man doch einander unterstützen kann, ohne gleich ein Weltverbesserer zu sein', denkt Viktoria.

Die Dinge fügen sich

Am nächsten Tag spricht Roswitha Viktoria in der Mittagspause an: „Du, das gestern war eine super Sache. Heute musste ich einer Patientin eine unangenehme Wahrheit sagen. Das ging viel leichter."

„Super, dann haben wir ja was Wunderbares zusammen entdeckt."

„Du hast das entdeckt! Es war allein deine Idee. Du hast überhaupt viele gute Ideen."

„Danke für das Kompliment, aber mit so prima Freundinnen ist das auch leicht, da macht das Spaß."

„Viktoria, du kannst wirklich was. Ich schätze deine Arbeit sehr. Oft machst du dich viel zu klein. Du hast wirklich etwas zu geben."

Viktoria ist nachdenklich. Für sie ist es einfach eine Freude, Ideen in die Tat umzusetzen, sie gleich auszuprobieren. Dass das etwas Besonderes ist, daran hat sie noch nie gedacht.

„Viktoria?", fragt Roswitha nach einer Pause, „du hast gestern von einem Seminar gesprochen, das du in Eumerika gehalten hat. Was ist das für ein Seminar?"

Viktoria erklärt ihr: „Es geht um die Arbeit mit den vier Inneren Weisen. Es ist in vielerlei Hinsicht ähnlich wie das Seminar mit der Inneren Familie. Nur geht es bei den Inneren Weisen darum, klar und stark in der Welt zu stehen, seinen eigenen Weg zu gehen. Es geht darum, sein eigener Lehrmeister zu sein und sich mit dem was man ist und kann zu zeigen."

„Kannst du mir mehr davon erzählen?"

„Ja gerne, ich habe nur gleich eine Klientin. Aber heute Abend hätte ich Zeit."

„Au prima, das passt mir gut. Dann werde ich für uns etwas kochen und du erzählst mir beim Essen davon."

„Das ist eine prima Idee. An wie viel Uhr hast du gedacht?"

„Was hältst du von 19:30 Uhr?"

„Das passt mir gut. Dann bis heute Abend", verabschiedet sich Viktoria.

Um 19:30 Uhr schellt Viktoria bei Roswitha. Sie hat zum Nachtisch noch ein Tiramisu gemacht und überreicht es, nachdem Roswitha sie hereingelassen hat.

„Danke, aber das war doch nicht nötig", freut sich Roswitha, „da werden wir heute ja so richtig schlemmen können."

„Was gibt es?", erkundigt sich Viktoria

„Lachs mit Bandnudeln und Spinat."

Zum Essen hat Roswitha extra eine Flasche Wein geöffnet. Als sie mit der Nachspeise beginnen, fragt sie ganz gespannt: „Was ist das für ein Seminar, von dem du gestern gesprochen hast?"

„Bei dem Seminar geht es um die vier Inneren Weisen. Man arbeitet an der Entwicklung des liebenden Inneren Kriegers, des liebenden Inneren Sehers, des liebenden Inneren Heilers und des liebenden Inneren Lehrers, um klar und stark in der Welt zu sein.

Die Kraft des liebenden Inneren Kriegers ist Präsenz, Innere Einstellung und Kommunikation. Er drückt sich klar und deutlich aus, sagt, was er denkt und tut, was er sagt.

Die Werkzeuge des liebenden Inneren Sehers sind Wahrnehmung, Vision, Intuition und Einsicht und seine Kräfte sind Dynamik, Anziehungskraft und Integration. Er lebt frei von Abneigungs- und Täuschungsmustern, hat die Fähigkeit, Wahrheiten ohne Vorwürfe auszusprechen und achtet sich selbst genauso wie andere.

Der liebende Innere Lehrer verfügt über Klarheit, Objektivität und Urteilskraft. Er lebt aus dem süßen Reich der Stille und lernt aus seinen Erfahrungen.

Der liebende Innere Heiler hat ein offenes, reines, volles und starkes Herz. Seine Liebe drückt er durch Anerkennung, Achtung, Wertschätzung und Dankbarkeit aus. Seine Heilmittel sind Singen, Geschichten erzählen, Tanzen und die Stille."

„Ja, Musik und Geschichten können sehr heilsam sein, das habe ich auch immer wieder erfahren. Aber was ist der Unterschied zur Inneren Familie und zur astrologischen Symbolaufstellung? Geht es nicht bei allen dreien darum, in die eigene Kraft zu kommen? Sind es nicht einfach nur unterschiedliche Wege, mit denen ich das gleiche Ziel erreiche?"

„Du hast recht, alle drei Methoden helfen dir, in deine Kraft zu kommen. Sie haben jedoch unterschiedliche Wirkungsweisen, die sich hervorragend ergänzen.

Die astrologische Symbolaufstellung stärkt die Verbindung zur Seele. Sie deckt Lernaufgaben der Seele, karmische und familiäre Verstrickungen auf und zeigt, in welchen Bereichen du nicht in Verbindung mit deiner Seele bist. Durch die Lösung dieser Blockaden stellt sie die Verbindung zur Seele wieder her.

Die Innere Familie arbeitet mit archetypischen Kräften. Archetypische Kräfte sind seelische Urbilder des kollektiven menschlichen Bewusstseins, die uns mit seelischen Urkräften in Kontakt bringen. In einer Welt, in der Leitbilder immer mehr verloren gehen, können sie dir den Weg zeigen. Heute weiß zum Beispiel kaum jemand mehr, was Mannsein und Frausein wirklich bedeutet.

Du kannst das mit dem Bauplan eines Hauses vergleichen, auf dem so viele Änderungen und Notizen stehen, dass keiner mehr weiß, wie das Haus gebaut werden sollte, weil der ursprüngliche Plan nicht mehr erkennbar ist. Um das Haus weiterbauen zu können, ist es notwendig, sich den ursprünglichen Plan zu besorgen.

Im Laufe seiner Geschichte hat der Mensch so viel Facetten des Mann- und Frauseins, des für sich Kämpfens, Heilens und viele weitere Aspekte seines Seins ausprobiert und dabei den Kontakt zum Sinn, Zweck und Ziel dieser Kräfte verloren und ist deshalb orientierungslos geworden.

Die archetypischen Kräfte der Inneren Familie helfen dir, Geborgenheit und Liebe im Innen zu erfahren und dadurch unabhängig von äußeren Beziehungen zu sein. Das heißt, wenn du in deiner Familie nur wenig Liebe und Geborgenheit genossen haben, findest du über die Innere Familie Zugang zu diesen Grunderfahrungen. Durch die Innere Familie kommst du mit den Urbildern von Vater-, Mutter- und Kindsein in Kontakt.

Mit einer starken Inneren Familie fühlst du dich geschützt, genährt, geliebt und lebst in der Freude und im Urvertrauen. Du entwickelst durch diese Urkräfte die Fähigkeit, dich mit dir selbst rundum wohlzufühlen und dir selbst zu genügen."

„Du meinst, ich brauche keine Familie, keine Beziehungen mehr?"

„Nein, du hast doch selbst erlebt, wie dich die Arbeit mit deiner Inneren Familie frei und unabhängig gemacht hat. Erinnere dich, wie hat sie sich bei dir ausgewirkt?"

„Mein Vater konnte mich nicht mehr so unter Druck setzen, wenn ich keine Zeit für ihn hatte. Wenn er heute seine Spiele macht, muss ich schmunzeln. Ich fühle mich nicht mehr verletzt, wenn er mir sagt, ich wäre undankbar und würde mich nicht genügend um ihn kümmern."

„Siehst du, hast du dich deshalb von ihm abgewandt?"

„Nein im Gegenteil, wenn wir uns begegnen, ist es viel tiefer und intensiver geworden, weil seine Redensarten mir nicht mehr weh tun. Er hat mittlerweile auch fast ganz aufgehört, mir Vorwürfe zu machen."

„Genau das meine ich, wenn wir im Innen frei und unabhängig sind, können wir im Außen leichter im Kontakt bleiben. Eine starke und kraftvolle Innere Familie ist der Rückhalt der Inneren Weisen. Menschen, hinter denen eine starke Familie steht, können stark im Beruf, in der Öffentlichkeit, im Leben stehen. Die Innere Familie und die Inneren Weisen ergänzen sich hervorragend.

Die Inneren Weisen sind genau wie die Innere Familie archetypische Kräfte. In einer Welt ohne Vorbilder zeigen sie dir den Weg zu Klarheit, Stärke, Güte und Weisheit.

Nehmen wir zum Beispiel den Vortrag, den du nächste Woche hältst. Deine liebende Innere Kriegerin sorgt dafür, dass du klar und eindeutig sprichst. Wenn jemand dich verunsichern möchte, bleibst du zentriert und lässt dich nicht irritieren. Du weißt, was Sinn und Zweck deines Vortrags ist und lässt dich nicht auf ein anderes Gleis ziehen.

Deine liebende Innere Seherin lässt dich erkennen, was die Intention eines Einwands aus dem Publikum ist. Sie lässt dich erkennen, ob jemand etwas nicht verstanden hat, sich zeigen oder mit dir messen will. Sie zeigt dir, bei wem es sich nicht lohnt, weiter darauf einzugehen und wie du die Wahrheit sagen kannst, ohne zu verurteilen.

Die liebende Innere Lehrerin zeigt dir, wie du mit unterschiedlichen Situationen umgehen kannst. Sie ist objektiv und klar und hilft dir, aus Erfahrung zu lernen. Sie hilft dir, auf die Zuhörer einzugehen und sie so zu nehmen, wie sie sind.

Deine liebende Innere Heilerin findet für die Zuhörer heilsame Worte und weiß Geschichten und Gleichnisse zu erzählen, die deinen Vortrag verständlich machen. Sie zeigt dir, wo du noch verletzlich bist und wie du diese Verletzung heilen kannst."

„Puuuh, das ist aber viel", seufzt Roswitha.

„Noch mal zum klaren Verständnis: Die astrologische Symbolaufstellung erschließt dir die Verbindung zu deiner Seele. Durch die Innere Familie fühlst du dich geliebt und in dir geborgen. Die Inneren Weisen helfen dir, stark und klar in der Welt zu stehen. Ob das an deinem Arbeitsplatz, unter Freunden, mit Nachbarn, in der Öffentlichkeit oder im Verein ist, spielt dabei keine Rolle.

Alle drei Seminare wirken zusammen mehrdimensional. Es ist, als ob diese Kräfte sich miteinander verbinden und zu etwas viel Größerem werden. Es ist ein Gefühl, als ob dich im Leben nichts mehr umhauen kann, du durch jede Krise lernst, gelassener wirst und stärker daraus hervorgehst. Wie sagt man so schön: Das Ganze ist mehr als die Summe seiner Teile."

„Das verstehe ich. Das ist ja spannend. Warum bietest du dann das Ganze nicht als eine Einheit an? Wenn es so perfekt zusammenpasst, mach doch ein Ganzes draus."

„Darüber habe ich noch nie nachgedacht, aber du hast recht, das sollte ich tun."

Drei Monate nach der Aufstellung von Robert, dem autistischen Jungen, trifft Viktoria Ilona.

„Wie geht es Robert?", erkundigt sie sich.

„Gut! Ich war vier Wochen in Amerika. Normalerweise ist meine Abwesenheit für ihn ganz schlimm. Deshalb war er immer sehr sauer, wenn ich nach einem Urlaub wieder kam. Doch diesmal war er ganz fröhlich. Als ich ihn fragte, wie es ihm in meiner Abwesenheit gegangen ist, hat er gesagt, dass er innen glücklicher ist und sich nicht mehr so allein fühlt."

„Klasse!" Viktoria ist stolz auf diesen Erfolg. Das ist wunderbar. Wenn sie so etwas für Menschen bewirken kann, ist sie glücklich. Es ist für sie jedes Mal ein Geschenk.

Gertrud hat ihnen erklärt, dass hinter jeder Konstellation eine Gabe steckt. Die Gabe, die hinter dem Schock steht ist die Fähigkeit, seelische Hebamme zu sein. Ja, seelische Hebamme war sie in der Tat während der Aufstellung von Robert. Das war wirklich wie unter einer Geburt. Jetzt versteht sie immer besser, was es heißt, seelische Hebamme zu sein. Wenn das Geschenk hinter dem Schock in ihrer Kindheit so eine wunderbare Gabe ist, dann soll ihr das recht sein, dann hat sie das gerne dafür durchlebt.

In Viktorias Aufstellungen treten viele seelische Verletzungen zutage. Das hat sie in der Ausbildung bei Gertrud nicht so oft erlebt.

Inspiriert von Sandras Astrokinesiologie integriert sie Isis. Isis als Geistführer für die Seele, das war bei Roberts Aufstellung sehr unterstützend. Isis als Geistführer erweist sich auch in den anderen Aufstellungen, in denen die Seele ein Problem hat, als sehr effektiv.

Wenn die Seele ein Problem hat, macht der Stellvertreter bei ihr erst einmal Pause. Sie stellt dann Isis auf den Platz der Seele und die Seele in ihr Haus. Danach fragt sie die Seele nach ihrem Kontakt zu Isis.

In Daniels Aufstellung hat die Seele keinen Kontakt zu ihrem Geistführer.

„Warum hast du keinen Kontakt?", fragt Viktoria sie.

„Das brauche ich nicht, ich bin doch vollkommen", ist seine klare Antwort.

„Ja, das ist richtig, du bist vollkommen." Zuerst ist Viktoria etwas irritiert. Doch dann erwidert sie: „Du bist genauso vollkommen wie diese Zelle in meiner Hand. Und wenn man sie klonen würde, käme eine Viktoria dabei heraus, die genauso ist wie ich. Auch in dir ist alles vollkommen."

„Ja", Daniels Seele nickt.

„Doch kann diese Zelle hier in meiner Hand sehen? Kann diese Zelle laufen? Kann diese Zelle essen?"

„Nein", ist die irritierte Antwort der Seele.

„Was braucht sie denn, um das tun zu können?"

„Die Anderen!"

„Ja, genau die braucht sie dafür.

„Und wie ist das nun mit dir, kannst du alles alleine?" Der Helfer für die Seele denkt nach.

„Nein!"

„Was brauchst du denn?"

„Ich brauche auch die Anderen", ist die erstaunte Antwort.

„Dann nimm mal Kontakt zu deinem Geistführer auf." Die Seele nimmt sofort Kontakt auf. Das fühlt sich für sie wunderschön und stark an.

Danach ist auf Seelenebene alles gut. Die Seele hat verstanden, dass man vollkommen sein und dennoch in Verbindung leben kann und diese Verbindung wunderschön ist. Jetzt ist die Auflösung für den Stellvertreter ganz einfach.

‚Ist das nicht wunderbar?', Viktoria fühlt sich ganz beglückt von dieser Arbeit. Wie sich alles fügt. Alles, was gebraucht wird, ist zur rechten Zeit da. Ist es nicht großartig, dass sie die Arbeit von Sandra und Gertrud kennenlernen durfte?

Und der Himmel zeigt ihr, wie sie das alles zusammenfügen kann. Und jetzt auch noch diese Anregung von Roswitha.

Ist das nicht genial?

So fügt sich alles zu einem Ganzen.

Viktoria spürt, dass ihre weitere Lebensaufgabe hier in Europa sein wird. Die Menschen hier brauchen noch so viel von der wunderbaren Arbeit, die sie in Eumerika kennengelernt hat. Sie sind so offen und dankbar, für alles, was sie zu geben hat.

Viktoria will damit beginnen, die Arbeit mit der Inneren Familie, den Inneren Weisen und der astrologischen Symbolaufstellung zusammenzufügen. Ein wichtiger Schlüssel scheint Isis zu sein. Isis als der Gesamtaspekt der Seele über Zeit und Raum und als unbestechlicher, liebevoller Geistführer, der uns alle Zeit für unser Wachstum lässt. Was Isis nun davon genau ist, das ist für Viktoria noch nicht ganz klar. Das wird die Zukunft noch zeigen.

Wie wird sie das Ganze nennen, welchen Namen wird sie dem geben? Eine Arbeit, die so viel umfasst, braucht vielleicht auch einen Namen?

Diese Antwort kann Viktoria zurzeit noch nicht geben. Sie muss an Anjai denken. Wie hat er immer gesagt? ‚Du musst nur die richtige Frage finden, die Antworten sind alle da.'

Sie ist bereit, noch viele Fragen zu stellen und sie wird auch die richtige Frage dafür finden. Gott wird ihr dabei helfen, so wie er es immer getan hat.

Plötzlich hat Viktoria das Gefühl, Marcel ganz nahe zu sein. Sie ist umhüllt von einer Präsenz der Wärme und der Liebe. Sie setzt sich in ihren Sessel, um dieses Gefühl ganz in sich aufzunehmen. Da flüstert eine Stimme in ihrem Herzen: ‚Mama, ich danke dir, dass du dieses Geschenk von mir angenommen hast. Mama, jetzt hat mein Tod wahrhaft einen Sinn. Mama ich bin so stolz auf dich.'

Danach ist alles wieder ruhig. Nur diese Wärme, diese Präsenz ist noch da und macht Viktoria unbeschreiblich glücklich.

Aufstellungsarbeit:
- Astrologische Symbolaufstellung
- Innere Familie
- Innere Weisen
- In Kontakt mit mir Selbst

Seminare:
- Akupressur
- Chakra Arbeit
- Psychologische Kinesiologie
- Vernetzte Wahrnehmung
- I Ging und genetischer Code
- Die Entwicklung der Inneren Weisen
- Ratgeber Innere Familie
- Der Rat der Weisen

Ausbildungen:
- Resoma Therapie® I – Grundausbildung in Energieheilkunde
- Resoma Therapie® II – Ausbildung zum Coach und Berater in Energieheilkunde
- Resoma Therapie® III – Ausbildung zum Therapeuten in Energieheilkunde
- Resoma Aufsteller astrologischer Symbole
- Resoma Aufsteller archetypischer Seelenkräfte

Zusatz Qualifikationen:
- Expertin in den verschiedenen Bereichen.

Ein Highlight ist die Kompaktausbildung in der Karibik.

Informationen und Termine finden Sie unter:
www.energieheilkunde.de oder centrum@energieheilkunde.de

Nach der großen Katastrophe in Japan im März 2011 hat
Almut Resoma spontan zusammen mit Michael Tartsch die
Seite Kettenreaktion-japan ins Leben gerufen, damit die
japanischen Menschen die Möglichkeit haben, ihr Land zu verlassen, bis das Ausmaß der nuklearen Katastrophe geklärt ist
und sie vor der zu erwartenden Verstrahlung geschützt sind.

Ein Jahr später wurde daraus **Kettenreaktion-erde.de**.
Es ist eine Plattform, über die Menschen direkt untereinander
in Kontakt treten können, um sich gegenseitig zu unterstützen,
wenn es irgendwo auf der Erde zu einer Katastrophe kommt.

So kann ein Maurer aus Deutschland in seinem Türkei Urlaub
den Opfern von Erdbeben eine Woche lang tatkräftige Unterstützung anbieten oder ein Therapeut Traumata Therapie für
die von Krieg und Folter traumatisierten Menschen.
Jeder so, wie er es vermag. Die Menschen kommen über ein
Kontaktformular miteinander in Kontakt und sind selbst verantwortlich für die Hilfe, die sie anbieten oder annehmen.

Finanzielle Hilfe wird ausdrücklich nicht über diese Plattform
vermittelt.
Sachspenden, besonders von nicht mehr gebrauchten Dingen,
sind durchaus erwünscht.

Ich freue sich sehr, wenn dieses Projekt bekannt wird, viele
Menschen zusammenführt und Not lindert.

Almut Resoma